Der Anspruch aus § 642 BGB – Grundlagen und Berechnung der zusätzlichen Vergütung

Europäische Hochschulschriften

Publications Universitaires Européennes
European University Studies

Reihe II
Rechtswissenschaft

Série II Series II
Droit
Law

Bd./Vol. 4431

PETER LANG
Frankfurt am Main · Berlin · Bern · Bruxelles · New York · Oxford · Wien

Hendrik Schilder

Der Anspruch aus § 642 BGB – Grundlagen und Berechnung der zusätzlichen Vergütung

PETER LANG
Europäischer Verlag der Wissenschaften

Bibliografische Information der Deutschen Nationalbibliothek
Die Deutsche Nationalbibliothek verzeichnet diese Publikation in der Deutschen Nationalbibliografie; detaillierte bibliografische Daten sind im Internet über <http://www.d-nb.de> abrufbar.

Zugl.: Köln, Univ., Diss., 2006

D 38
ISSN 0531-7312
ISBN 3-631-55680-2

www.peterlang.de

Vorwort

Die Arbeit lag der Rechtswissenschaftlichen Fakultät der Universität zu Köln im Wintersemester 2005/2006 als Dissertation vor. Rechtsprechung und Literatur sind auf dem Stand Juli 2005.

Herzlich bedanken möchte ich mich bei Professor Dr. Barbara Dauner-Lieb für die herausragende Betreuung der Arbeit als Doktormutter. Mein besonderer Dank gilt auch Herrn Rechtsanwalt Dr. Claus von Rintelen für die konstruktive Kritik, die wesentlich zum Gelingen der Arbeit beigetragen hat, und Herrn Rechtsanwalt Prof. Dr. Klaus D. Kapellmann, der die Anregung zu dem Thema der Arbeit gab. Für die zügige Erstellung des Zweitgutachtens bedanke ich mich bei Professor Dr. Barbara Grunewald.

Meinen Eltern Ulrike und Dr. Hanno Schilder gilt mein besonderer Dank für die Unterstützung während der Erstellung dieser Arbeit und meiner Ausbildung. Ihnen widme ich diese Arbeit.

Inhaltsverzeichnis

Literatur

Aust, Manfred/Jacobs, Rainer/Pasternak, Dieter: Die Enteignungsentschädigung; 5. Auflage; Berlin 2002; zit.: Bearbeiter in: Aust/Jacobs/Pasternak

Ballerstedt, Kurt: Buchbesprechung zu Reimer Schmidt, Die Obliegenheiten; in: ZHR 121 (1958), S. 78; zit.: Ballerstedt, ZHR 121 (1958), S. 78

Bamberger, Heinz/Roth, Herbert: Kommentar zum Bürgerlichen Gesetzbuch; Band 1: §§ 1- 610; München 2003; Band 2: §§ 611 – 1296; München 2003; zit.: Bearbeiter in: Bamberger/Roth

Bartl, Harald: Das neue „Reisevertragsrecht"; in: NJW 1979, S. 1384; zit.: Bartl, NJW 1979, S. 1384

Baumbach, Adolf/Hopt, Klaus: Handelsgesetzbuch; 31. Auflage; München 2003; zit.: Bearbeiter in: Baumbach/Hopt, HGB

Beck'scher VOB-Kommentar: Verdingungsordnungen für Bauleistungen; Teil B München 1997; zit.: Bearbeiter in: Beck'scher VOB-Kommentar, Teil B

Bonner Kommentar: Bonner Kommentar zum Grundgesetz; Loseblatt, Stand: 116. Lfg. 4/05; Heidelberg; zit.: Bearbeiter in: BK, GG

Borgmann: Die Zusatzvergütung des Planers nach § 21 HOAI; in: BauR 1994, S. 707; zit.: Borgmann, BauR 1994, S. 707

Braun, Thomas: Das frachtrechtliche Leistungsstörungsrecht nach dem Transportrechtsreformgesetz; Münster 2002; zit.: Braun

Brockhaus/Wahrig, Gerhard: Deutsches Wörterbuch; (in sechs Bänden); Zweiter Band: BU-FZ; Stuttgart 1981; zit.: Brockhaus/Wahrig, Deutsches Wörterbuch

Brox, Hans/Walker, Wolf-Dietrich: Allgemeines Schuldrecht; 30. Auflage München 2004; zit.: Brox/Walker, SchR AT

Bruns, Rudolf: Recht und Pflicht als Korrespondenzbegriffe des Privatrechts; in: Festschrift für Hans Carl Nipperdey, Band I, München 1965, S. 3; zit.: Bruns, FS Nipperdey, Bd. I, S. 3

Bub, Wolf-Rüdiger/Treier, Gerhard: Handbuch der Geschäfts- und Wohnraummiete; 3. Auflage; München 1999; zit.: Bearbeiter in Bub/Treier

Buchka, Gerhard von: Die indirekte Verpflichtung zur Leistung; Leipzig 1904; zit.: v.Buchka

Büchs, Heribert: Handbuch des Eigentums- und Entschädigungsrechts; 3. Auflage; Stuttgart 1996; zit.: Büchs

Bunjes, Johann/Geist, Reinhold: Umsatzsteuergesetz; 7. Auflage; München 2003; zit.: Bearbeiter in: Bunjes/Geist, UStG

Canaris, Claus-Wilhelm: Schuldrechtsreform 2002; München 2002; zit.: Canaris, Schuldrechtsreform

Canaris, Claus-Wilhelm: Die Feststellung von Lücken im Gesetz; Berlin 1964; zit.: Canaris, Feststellung von Lücken im Gesetz

Clemm, Nils: Erstattung der Mehrkosten des Auftragnehmers bei Planlieferverzug des Auftraggebers nach der VOB/B; in: DB 1985, S. 2597; zit.: Clemm, DB 1985, S. 2597

Craushaar, Götz von: Der Vorunternehmer als Erfüllungsgehilfe des Auftraggebers; in: Festschrift für Klaus Vygen, Düsseldorf 1999, S. 154; zit: v.Craushaar, FS Vygen, S. 154

Craushaar, Götz von: Risikotragung bei mangelhafter Mitwirkung des Bauherrn; in: BauR 1987, S. 1; zit.: v.Craushaar, BauR 1987, S. 1

Dauner-Lieb, Barbara/Heidel, Thomas/Ring, Gerhard/Hüßtege, Rainer/Mansel, Heinz-Peter/Noack, Ulrich: Anwaltkommentar BGB; Band 1: Allgemeiner Teil mit EGBGB; Bonn 2005

Dauner-Lieb, Barbara/Heidel, Thomas/Ring, Gerhard/Langen, Werner: Anwaltkommentar BGB; Band 2: Schuldrecht; Teilband 1: §§ 241 – 610; Teilband 2: §§ 611 – 853; Bonn 2005; zit.: Bearbeiter in: AnwK

Dauner-Lieb/Barbara/Dötsch, Wolfgang: § 326 Abs. 2 S. 2 BGB (analog) bei der Selbstvornahme?; in: NZBau 2004, S. 233; zit.: Dauner-Lieb/Dötsch, NZBau 2004, S. 233

Dauner-Lieb, Barbara/Dötsch, Wolfgang: Selbstvornahme im Kaufrecht?; in: ZGS 2003, S. 250; zit.: Dauner-Lieb/Dötsch, ZGS 2003, S. 250

Dauner-Lieb, Barbara/Dötsch, Wolfgang: Nochmals: Selbstvornahme im Kaufrecht?; in: ZGS 2003, S. 455; zit.: Dauner-Lieb/Dötsch, ZGS 2003, S. 455

Denzinger, Michael: Die Auswirkungen des AGB-Gesetzes auf die Verdingungsordnung für Bauleistungen unter Berücksichtigung des § 5 AGBG; in: BB 1981, S. 1123; zit.: Denzinger, BB 1981, S. 1123

Deutsch, Erwin: Fahrlässigkeit und erforderliche Sorgfalt; 2. Auflage; Köln 1995; zit.: Deutsch, Fahrlässigkeit

Didier, Timo: Risikozurechnung bei Leistungsstörungen im Gütertransportrecht; Duisburg 2001; zit.: Didier

Döring, Christian: Die Vorunternehmerhaftung und § 642 BGB; in: Festschrift für Jagenburg, München 2002, S. 111; zit.: Döring, FS Jagenburg, S. 111

Döring, Christian: Der Vorunternehmer als Erfüllungsgehilfe des Auftraggebers; in: Festschrift für v. Craushaar, Düsseldorf 1997, S. 193; zit.: Döring, FS v.Craushaar, S. 193

Dreier, Horst: Grundgesetz-Kommentar; Band I: Art. 1 – 19; 2. Auflage; Tübingen 2004; zit.: Bearbeiter in: Dreier, GG

Drittler, Matthias: Behinderungsschaden des Auftragnehmers nach § 6 Nr. 6 VOB/B – Gehören Allgemeine Geschäftskosten dazu?; in: BauR 1999, S. 825; zit.: Drittler, BauR 1999, S. 825

Duffek, Hans: Vergütungsanspruch des Unternehmers ohne Werkleistung; in: BauR 1999, S. 979; zit.: Duffek, BauR 1999, S. 979

Ebenroth, Thomas/Boujong, Karlheinz/Joost, Detlev: Handelsgesetzbuch; Band 2: §§ 343 – 475h; München 2001; zit.: Bearbeiter in: Ebenroth/Boujong/Joost, HGB

Eberle, Rainer: Neuregelung des Reiserechts durch das Reisevertragsgesetz; in: DB 1979, S. 341; zit.: Eberle, DB 1979, S. 341

Ehricke, Ulrich: Zur Bedeutung der Privatautonomie bei der ergänzenden Vertragsauslegung; in: RabelZ 60 (1996), S. 661; zit.: Ehricke, RabelZ 60 (1996), S. 661

Ehrlich, Eugen: Das zwingende und nichtzwingende Recht im Bürgerlichen Gesetzbuch; Jena 1899; zit.: Ehrlich

Eichinger, Karl: Der Rücktritt des Reisenden vom Reisevertrag vor Reisebeginn (§ 651i BGB); Berlin 1984; zit.: Eichinger

Elshorst, David: Ersatzansprüche benachbarter Grundstücksbesitzer gegen Bauherren bei Beeinträchtigungen durch Baumaßnahmen; in: NJW 2001, S. 3222; zit.: Elshorst, NJW 2001, S. 3222

Enneccerus, Ludwig/Lehmann, Heinrich: Recht der Schuldverhältnisse; 14. Auflage; Tübingen 1954; zit.: Enneccerus/Lehmann

Enneccerus, Ludwig/Nipperdey, Hans Carl: Allgemeiner Teil des Bürgerlichen Rechts; 15. Auflage; Tübingen 1959; zit.: Enneccerus/Nipperdey

Erichsen, Hans-Uwe/Ehlers, Dirk: Allgemeines Verwaltungsrecht; 12. Auflage; Berlin 2002; zit.: Bearbeiter in: Erichsen/Ehlers, VerwR AT

Erman, Walter: Bürgerliches Gesetzbuch; Band I: §§ 1 – 811; Band II: §§ 812 – 2385; 11. Auflage; Köln 2004; zit.: Bearbeiter in: Erman

Esser, Josef/Weyers, Hans-Leo: Schuldrecht; Band II: Besonderer Teil; Teilband 1: Verträge; 8. Auflage; Heidelberg 1998; zit.: Esser/Weyers, SchR BT, Bd. 1

Esser, Josef/Schmidt, Eike: Schuldrecht; Band I: Allgemeiner Teil; Teilband 1: Entstehung, Inhalt und Beendigung von Schuldverhältnissen; 8. Auflage; Heidelberg 1995; zit.: Esser/Schmidt, SchR AT, Bd. 1

Esser, Josef: Schuldrecht; 2. Auflage; Karlsruhe 1960; zit.: Esser, Schuldrecht, 2. Auflage

Esser, Josef: Buchbesprechung zu Reimer Schmidt, Die Obliegenheiten; in: AcP 154 (1954), S. 49; zit.: Esser, AcP 154 (1954), S. 49

Fikentscher, Wolfgang: Schuldrecht; 9. Auflage; Berlin 1997; zit.: Fikentscher

Franke, Horst/Kemper, Ralf/Zanner, Christian/Grünhagen, Matthias: VOB-Kommentar; Düsseldorf 2002; zit.: Bearbeiter in: Franke/Kemper/Zanner/Grünhagen

Fremuth, Fritz/ Thume, Karl-Heinz: Kommentar zum Transportrecht; Heidelberg 2000; zit.: Bearbeiter in: Fremuth/Thume, Transportrecht

Fuchs, Heiko: Kooperationspflichten der Bauvertragsparteien; Düsseldorf 2003; zit.: Fuchs

Gather, Hans Herbert: Die verspätete Rückgabe der Mietsache; in: DWW 2001, S. 78; zit.: Gather, DWW 2001, S. 78

Gehlen, Hans von: Haftung des Auftraggebers bei einem durch seinen Vorunternehmer verursachten Baustillstand; in: ZfBR 2000, S. 291; zit.: Gehlen, ZfBR 2000, S. 291

Gernhuber, Joachim: Das Schuldverhältnis; Tübingen 1989; zit.: Gernhuber

Glatzel, Ludwig/Hofmann, Olaf/Frikell, Eckhard: Unwirksame Bauvertragsklauseln nach dem AGB-Gesetz; 10. Auflage; Stamsried 2003; zit.: Bearbeiter in: Glatzel/Hofmann/Frikell

Gleichmann, Peter: Der Anspruch des Werkunternehmers auf einen der geleisteten Arbeit entsprechenden Teil der Vergütung und Ersatz der in der Vergütung nicht inbegriffenen Auslagen gemäß § 645 Abs. 1 S. 1 des Bürgerlichen Gesetzbuches; Hamburg 1991; zit.: Gleichmann

Gößmann, Wolfgang/Look, Frank van: Die Banküberweisung nach dem Überweisungsgesetz; in: WM 2000, Sonderbeilage 1, S. 43; zit.: Gößmann/v.Look, WM 2000, Sonderbeilage 1, S. 43

Götz, Heinrich: Obliegenheiten und positive Forderungsverletzung – BGHZ 11, 80; in: JuS 1961, S. 56; zit.: Götz, JuS 1961, S. 56

Grimm, Jacob/Grimm, Wilhelm: Deutsches Wörterbuch; 8. Band; Stuttgart 1999; zit.: Grimm, Deutsches Wörterbuch.

Grundlagen: Grundlagen des Vertrags- und Schuldrechts; München 1974; zit.: Bearbeiter in: Grundlagen

Hadding, Walther: Leistungsstörungen und Rückgriff nach dem neuen Überweisungsrecht; in: WM 2000, S. 2465; zit.: Hadding, WM 2000, S. 2465

Hanau, Peter: Objektive Elemente im Tatbestand der Willenserklärung; in: AcP 165 (1965), S. 220; zit.: Hanau, AcP 165 (1965), S. 220, S.

Handkommentar: Bürgerliches Gesetzbuch; 4. Auflage; Baden-Baden 2005; zit.: Bearbeiter in: HK-BGB

Hansen, Ewald: Das Rücktrittsrecht des Reisenden vom Reisevertrag gemäß § 651i BGB; Mönchengladbach 1989; zit.: Hansen

Hartmann, Christian: Die unterlassen Mitwirkung des Gläubigers; Berlin 1997; zit.: Hartmann

Hasche, Christoph: Der Rücktritt des Reisenden und der Entschädigungsanspruch des Veranstalters nach § 651i BGB; Frankfurt 1987; zit.: Hasche

Heiermann, Wolfgang/Riedl, Richard/Rusam, Martin: Handkommentar zur VOB; Teile A und B, Rechtsschutz im Vergabeverfahren; 10. Auflage; Wiesbaden 2003; zit.: Bearbeiter in: Heiermann/Riedl/Rusam

Heiermann, Wolfgang: Die Spezialregelung des § 6 VOB/B bei Behinderungen und Unterbrechungen der Ausführung von Bauleistungen; in: BB 1981, S. 876; zit.: Heiermann, BB 1981, S. 876

Heiermann, Wolfgang/Riedl, Richard/Schwab, Fritz: Handkommentar zur VOB; Teile A und B; 1. Auflage; Wiesbaden 1975; zit.: Heiermann/Riedl/Schwab, 1. Aufl.

Heilfort, Thomas: Abrechnung der Folgen von Bauablaufstörungen im VOB-Vertrag; in: Baumarkt und Bauwirtschaft 2004, S. 22; zit.: Heilfort in: Baumarkt + Bauwirtschaft 2004, S. 22

Hein, Georg/Eichhoff, Erich: Güterkraftverkehrsrecht; Loseblatt, Stand: 3/04; Berlin; zit.: Hein/Eichoff

Heinle, Joachim: Ansprüche des Architekten bei Bauzeitverlängerung – Zum Schattendasein des § 642 BGB; in: BauR 1992, S. 428; zit.: Heinle, BauR 1992, S. 428

Heinrichs, Helmut: Die Entwicklung des Rechts der Allgemeinen Geschäftsbedingungen im Jahre 1995; in: NJW 1996, S. 1381; zit.: Heinrichs, NJW 1996, S. 1381

Henss, Olaf: Obliegenheit und Pflicht im Bürgerlichen Recht; Frankfurt/Main 1988; zit.: Henss

Herig, Norbert: Praxiskommentar VOB Teile A, B, C; 2. Auflage; München 2004; zit.: Herig

Herrlein, Jürgen/Kandelhard, Ronald: ZAP-Praxiskommentar Mietrecht; Recklinghausen 2001; zit.: Bearbeiter in: Herrlein/Kandelhard

Heymann, Eckehardt von/Rösler, Patrick: Die Berechnung von Vorfälligkeits- und Nichtabnahmeentschädigung; in: ZIP 2001, S. 441; zit.: v.Heymann/ Rösler, ZIP 2001, S. 441

Hofmann, Gerhard: Die rechtliche Einordnung der Mitwirkungspflichten des Auftraggebers beim Bauvertrag; in: Festschrift für v. Craushaar, Düsseldorf 1997, S. 219; zit.: Hofmann, FS v.Craushaar, S. 219

Huber, Ulrich: Handbuch des Schuldrechts; Leistungsstörungen; Band I; Tübingen 1999; zit.: Huber, Bd. I

Hubmann, Heinrich: Die Methode der Abwägung; in: Festschrift für Ludwig Schnorr von Carolsfeld, S. 173; Rosenheim 1972; zit.: Hubmann, FS Carolsfeld, S. 173

Hubmann, Heinrich: Grundsätze der Interessenabwägung; in: AcP 155 (1955), S. 85; zit.: Hubmann, AcP 155 (1955), S. 85

Hüffer, Uwe: Leistungsstörungen durch Gläubigerhandlungen; Berlin 1976; zit.: Hüffer

Ihde, Rainer: Das Pflichtenheft beim Softwareerstellungsvertrag; in: CR 1999, S. 409; zit.: Ihde, CR 1999, S. 409

Ingenstau, Heinz/Korbion, Hermann: VOB – Teile A und B; Kommentar; 15. Auflage; Düsseldorf 2004; zit.: Bearbeiter in: Ingenstau/Korbion

Intveen, Michael/Lohmann, Lutz: Das IT-Pflichtenheft; in: CR 2003, S. 640; zit.: Intveen/Lohmann, CR 2003, S. 640

Jagenburg, Inge: Vorunternehmer – kein Erfüllungsgehilfe des Auftraggebers?; in: Festschrift für Jack Mantscheff, München 2000, S. 99; zit.: Jagenburg, FS Mantscheff, S. 99

Jakobs, Horst Heinrich/Schubert, Werner: Die Beratung des Bürgerlichen Gesetzbuchs; Recht der Schuldverhältnisse II; §§ 433 bis 651; Berlin 1980; zit.: Jakobs/Schubert

Jauernig, Othmar: Bürgerliches Gesetzbuch; Kommentar; 11. Auflage; München 2004; zit.: Bearbeiter in: Jauernig

Jochem, Hans Rudolf: Die Auswirkungen der unterlassenen Mitwirkung des Bauherrn gegenüber dem Architekten; in: BauR 1976, S. 392; zit.: Jochem, BauR 1976, S. 392

Junker, Abbo/Benecke, Martina: Computerrecht; 3. Auflage; Baden-Baden 2003; zit.: Junker/Benecke, Computerrecht

Kaiser, Gisbert A.: Die konkurrierende Haftung von Vor- und Nachunternehmer; in: BauR 2000, S. 177; zit.: Kaiser, BauR 2000, S. 177

Kapellmann, Klaus D./ Messerschmidt, Burkhard: VOB – Teile A und B; München 2003; zit.: Bearbeiter in: Kapellmann/Messerschmidt

Kapellmann, Klaus D./Schiffers, Karl-Heinz: Vergütung, Nachträge und Behinderungsfolgen beim Bauvertrag; Band 1: Einheitspreisvertrag; 4. Auflage; Düsseldorf 2000; zit.: Kapellmann/Schiffers, Bd. 1; Band 2: Pauschalvertrag einschließlich Schlüsselfertigbau; 3. Auflage; Düsseldorf 2000; zit.: Kapellmann/Schiffers, Bd. 2

Kapellmann, Klaus D.: Ansprüche des Auftraggebers auf Verzugsschadensersatz, Vertragsstrafe oder Kündigung aus wichtigem Grund bei Verletzung der eigenen Mitwirkungspflicht, aber unterlassener Behinderungsanzeige seitens des Auftragnehmers?; in: Festschrift für Klaus Vygen, Düsseldorf 1999, S. 194; zit.: Kapellmann in: FS Vygen, S. 194

Kapellmann, Klaus D.: § 645 BGB und die Behinderungshaftung für Vorunternehmer; in: BauR 1992, S. 433; zit.: Kapellmann, BauR 1992, S. 433

Kapellmann, Klaus D./Schiffers, Karl-Heinz: Die Ermittlung der Ersatzansprüche des Auftragnehmers aus vom Bauherrn zu vertretender Behinderung (§ 6 Nr. 6 VOB/B); in: BauR 1986, S. 615; zit.: Kapellmann, BauR 1986, S. 615

Kapellmann, Klaus D.: Der Verjährungsbeginn beim (vergütungsgleichen) Ersatzanspruch des Auftragnehmers aus § 6 Nr. 6 VOB Teil B und aus § 642 BGB; in: BauR 1985, S. 123; zit.: Kapellmann, BauR 1985, S. 123

Kirn, Michael: Leistungspflichten im gegenseitigen Vertrag; in: JZ 1969, S. 325; zit.: Kirn, JZ 1969, S. 325

Klees, Edgar: La Demeure; Münster 1968; zit.: Klees

Kleine-Möller, Nils/Merl, Heinrich: Handbuch des privaten Baurechts; 3. Auflage; München 2004; zit.: Bearbeiter in: Kleine-Möller/Merl

Kleine-Möller, Nils: Die Haftung des Auftraggebers gegenüber einem behinderten Nachfolge-Unternehmer; in: NZBau 2000, S. 401; zit.: Kleine-Möller, NZBau 2000, S. 401

Kniffka, Rolf: Bauvertragsrecht; IBR-Online Kommentar; Stand: 3.3.2005; zit.: Kniffka

Kniffka, Rolf/Koeble, Wolfgang: Kompendium des Baurechts; 2. Auflage; München 2004; zit.: Bearbeiter in Kniffka/Koeble

Kniffka, Rolf: Die Kooperationspflichten der Bauvertragspartner im Bauvertrag; in: Jahrbuch Baurecht 2001, S. 1; zit.: Kniffka, Jahrbuch Baurecht 2001, S. 1

Kniffka, Rolf: Die neuere Rechtsprechung des Bundesgerichtshofes zur Abrechnung nach Kündigung des Bauvertrages; in: Jahrbuch Baurecht 2000, S. 1; zit.: Kniffka, Jahrbuch Baurecht 2000, S. 1

Kniffka, Rolf: Anmerkung zu OLG Düsseldorf Urteil 29.6.1999; in: BauR 1999, S. 1312; zit.: Kniffka, BauR 1999, S. 1312

Knorre, Jürgen/Temme, Jürgen /Müller, Peter/Schmid, Reinhard /Demuth, Klaus: Praxishandbuch Transportrecht; Loseblatt, Stand: 6/03; München; zit.: Bearbeiter in: Praxishandbuch Transportrecht

Köndgen, Johannes: Darlehen, Kredit und finanzierte Geschäfte nach neuem Schuldrecht – Fortschritt oder Rückschritt?; in: WM 2001, S. 1637; zit.: Köndgen, WM 2001, S. 1637

Köpcke, Günther: Typen positiver Vertragsverletzung; Stuttgart 1965; zit.: Köpcke

Köhler, Helmut: Vertragliche Unterlassenspflichten; in: AcP 190 (1990), S. 496; zit.: Köhler, AcP 190 (1990), S. 496

Kohler, Josef: Annahme und Annahmeverzug; in: JhJb 17 (1879), S. 261; zit.: Kohler, JhJb 17 (1879), S. 261

Koller, Ingo: Transportrecht; 5. Auflage; München 2004; zit.: Koller, Transportrecht

Koller, Ingo: Die Risikozurechnung bei Vertragsstörungen in Austauschverträgen; München 1979; zit.: Koller, Risikozurechnung

Kraus, Steffen: Bauverzögerung durch Vorunternehmer; in: BauR 2000, S. 1105; zit.: Kraus, BauR 2000, S. 1105

Kraus, Steffen: Ansprüche des Auftragnehmers bei einem durch Vorunternehmer verursachten Baustillstand; in: BauR 1986, S. 17; zit.: Kraus, BauR 1986, S. 17

Kreft, Friedrich: Öffentlich-rechtliche Ersatzleistungen; 2. Auflage; Berlin 1998; zit.: Kreft

Kreft, Friedrich: Bemessung der Enteignungsentschädigung nach der Rechtsprechung des BGH; in: WM 1982, Beilage 7, S. 3; zit.: Kreft, WM 1982, Beilage 7, S. 3

Kreft, Friedrich: Der Gewerbebetrieb als verfassungsrechtlich geschütztes Eigentum nach der Rechtsprechung des BGH; in: WM 1977, S. 382; zit.: Kreft, WM 1977, S. 382

Kreuzer, Karl/ Stehle, Hans-Joachim: Grundprobleme des Gläubigerverzugs; in: JA 1984, S. 69; zit.: Kreuzer/Stehle, JA 1984, S. 69

Kumlehn, Frank: Bewertung gestörter Bauabläufe der Höhe nach; in: BuB 2004, S. 28; zit.: Kumlehn, BuB, S. 28

Lachmann, Ulrike: Die Rechtsfolgen unterlassener Mitwirkungshandlungen des Werkbestellers; in: BauR 1990, S. 409; zit: Lachmann, BauR 1990, S. 409

Lange, Hermann/Schiemann, Gottfried: Schadensersatz; 3. Auflage; Tübingen 2003; zit.: Lange/Schiemann

Langen, Werner/ Schiffers, Karl-Heinz: Bauplanung und Bauausführung; Düsseldorf 2005; zit.: Langen/Schiffers

Larenz, Karl/Wolf, Manfred: Allgemeiner Teil des Bürgerlichen Rechts; 9. Auflage; München 2004; zit.: Larenz/Wolf, AT

Larenz, Karl/Wolf, Manfred: Allgemeiner Teil des Bürgerlichen Rechts; 8. Auflage; München 1997; zit.: Larenz/Wolf, AT, 8. Aufl.

Larenz, Karl/Canaris, Claus-Wilhelm: Methodenlehre der Rechtswissenschaft; 3. Auflage; Berlin 1995; zit.: Larenz/Canaris, Methodenlehre

Larenz, Karl: Allgemeiner Teil des Deutschen Bürgerlichen Rechts; 7. Auflage; München 1989; zit.: Larenz, AT, 7. Auf.

Larenz, Karl: Lehrbuch des Schuldrechts; Erster Band: Allgemeiner Teil; 14. Auflage München 1987; zit.: Larenz, SchR AT

Larenz, Karl: Lehrbuch des Schuldrechts; Zweiter Band: Besonderer Teil, Erster Halbband; 13. Auflage; München 1986; zit: Larenz, SchR BT 1

Larenz, Karl: Zur Typologie des Reisevertrages; in: VersR 1980, S. 689; zit.: Larenz, VersR 1980, S. 689

Larenz, Karl: Die Methode der Auslegung des Rechtsgeschäfts; Frankfurt 1966; zit.: Larenz, Auslegung

Larenz, Karl: Ergänzende Vertragsauslegung und dispositives Recht; in: NJW 1963, S. 737; zit.: Larenz, NJW 1963, S. 737

Lehmann, Heinrich: Anmerkung zu BGH, JZ 1954, S. 239; in: JZ 1954, S. 240; zit.: Lehmann, JZ 1954, S. 240

Lehmann, Michael: Rechtsschutz und Verwertung von Computerprogrammen; 2. Auflage; Köln 1993; zit.: Bearbeiter in: Lehmann, Computerprogramme

Leinemann, Ralf: VOB/B; 2. Auflage; Köln 2004; zit.: Bearbeiter in: Leinemann

Leineweber, Anke: Mehrkostenforderungen des Auftragnehmers bei gestörtem Bauablauf; in: Jahrbuch Baurecht 2002, S. 107; zit.: Leineweber, Jahrbuch Baurecht 2002, S. 107

Lenzen, Elmar: Ansprüche gegen den Besteller, dem Mitwirkungspflichten unmöglich werden; in: BauR 1997, S. 210; zit.: Lenzen, BauR 1997, S. 210

Locher, Horst: Das private Baurecht; 6. Auflage; München 1996; zit.: Locher

Löwe, Walter: Anmerkung zu BGH, Urt. v. 4.5.1995, I ZR 90/93; in: ZIP 1995, S. 1273; zit.: Löwe, ZIP 1995, S. 1273

Looschelders, Dirk/Roth, Wolfgang: Juristische Methodik im Prozess der Rechtsanwendung; Berlin 1996; zit.: Looschelder/Roth

Lorenz, Egon: Die Haftung für Erfüllungsgehilfen; in: Festschrift 50 Jahre Bundesgerichtshof; Band I: Bürgerliches Recht; München 2000; zit.: Lorenz, FS 50 Jahre BGH, S. 329

Lorenz, Stephan: Voreilige Selbstvornahme der Nacherfüllung im Kaufrecht: Der BGH hat gesprochen und nichts ist geklärt; in: NJW 2005, S. 1321; zit.: Lorenz, NJW 2005, S. 1321

Lorenz, Stephan: Selbstvornahme der Mängelbeseitigung im Kaufrecht; in: NJW 2004, S. 1417; zit.: Lorenz, NJW 2004, S. 1417

Lorenz, Stephan/Riehm, Thomas: Lehrbuch zum neuen Schuldrecht; München 2002; zit.: Lorenz/Riehm

Mangold. Wolfgang: Eigentliche und ergänzende Vertragsauslegung; in: NJW 1961, S. 2284; zit.: Mangold, NJW 1961, S. 2284

Mankowski, Peter/Knöfel, Oliver: Das außerordentliche Kündigungsrecht in § 490 Abs. 2 BGB des Regierungsentwurfes zur Schuldrechtsreform – eine gelungene Konstruktion?; in: ZBB 2001, S. 335; zit.: Mankowski/Knöfel, ZBB 2001, S. 335

Markus, Jochen/Kaiser, Stefan/Kapellmann, Susanne: AGB-Handbuch Bauvertragsklauseln; München 2004; zit.: Bearbeiter in: Markus/Kaiser/Kapellmann

Marly, Jochen: Softwareüberlassungsverträge; 4. Auflage; München 2004; zit.: Marly, Softwareüberlassungsverträge

Martinek, Michael: Die Lehr von Neuverhandlungspflichten – Bestandsaufnahme, Kritik … und Ablehnung; in: AcP 98 (1998), S. 329; zit.: Martinke, AcP 98 (1998), S. 329
Martinek, Michael: Moderne Vertragtypen; Band III; München 1993; zit: Martinek, Moderne Vertragstypen III
Maurer, Hartmut: Allgemeines Verwaltungsrecht; 15. Auflage; München 2004; zit.: Maurer, VerwR AT
Maxem, Werner: Rechtsfolgen bei Verletzung von Mitwirkungspflichten durch den Besteller beim (Bau-) Werkvertrag; in: BauR 2003, S. 952; zit.: Maxem, BauR 2003, S. 952
Meurer, Wolfgang: Kooperationspflichten der Bauvertragsparteien – Konsequenzen für die Baupraxis; in: MDR 2001, S. 848; Meurer, MDR 2001, 848
Motive: Motive zu dem Entwurfe eines Bürgerlichen Gesetzbuchs für das Deutsche Reich; Band II: Recht der Schuldverhältnisse; 2. Auflage; Berlin 1896; zit.: Motive, Bd. 2
Motzer, Stefan: Schutzpflichtverletzung und Leistungsunmöglichkeit; in: JZ 1983, S. 884; zit.: Motzer, JZ 1983, 884
Müller-Foell, Christoph: Die Mitwirkung des Bestellers beim Werkvertrag; Berlin 1982; zit.: Müller-Foell
Müller-Hengstenberg, Claus D./Krcmar, Helmut: Mitwirkungspflichten des Auftraggebers bei IT-Projekten; in: CR 2002, S. 549; zit.: Müller-Hengstenberg/ Krcmar, CR 2002, S. 549
Müller-Hengstenberg, Claus D.: Risikoteilung bei DV-Projekten; in: CR 1995, S. 198; zit.: Müller-Hengstenberg, CR 1995, S. 198
Münchener Kommentar: Münchener Kommentar zum Bürgerlichen Gesetzbuch; Band 1a: §§ 80, 81, 105a, 126 – 127, 194 – 218, ProstG; 4. Auflage; München 2003; Zit.: Bearbeiter in: MüKo, BGB, Bd. 1a; Band 1: §§ 1- 240; 4. Auflage; München 2001; Band 2a: §§ 241 – 432; 4. Auflage; München 2003; Band 3: §§ 433 – 610; 4. Auflage; München 2004; Band 4: §§ 611 – 704; 4. Auflage; München 2005; Band 6: §§ 854 – 1296; 4. Auflage; München 2004; zit.: Bearbeiter in: MüKo, BGB
Münchener Kommentar: Münchener Kommentar zum Handelsgesetzbuch; Band 7: Handelsgeschäfte; München 1997; zit.: Bearbeiter in: MüKo, HGB
Münchener Kommentar: Münchener Kommentar zur Zivilprozessordnung; Band 3: §§ 803 – 1066; 2. Auflage; München 2001; zit.: Bearbeiter in: MüKo, ZPO
Nelle, Andreas: Neuverhandlungspflichten; München 1993; zit.: Nelle
Nicklisch, Fritz/Weick, Günter: VOB Teil B; 3. Auflage; München 2001; zit.: Bearbeiter in: Nicklisch/Weick
Nicklisch, Fritz: Komplexe Computerverträge und das Konzept des komplexen Langzeitvertrages; in: Nicklisch, Verträge über Computertechnik in For-

schung, Verwaltung, Wirtschaft und Technik, Heidelberg 1990, S. 95; zit.: Nicklisch in: Nicklisch, Verträge über Computertechnik, S. 95

Nicklisch, Fritz: Empfiehlt sich eine Neukonzeption des Werkvertragsrechts?; in: JZ 1984, S. 757; zit: Nicklisch, JZ 1984, S. 757

Nicklisch, Fritz: Mitwirkungspflichten des Bestellers beim Werkvertrag, insbesondere beim Bau- und Industrieanlagenvertrag; in: BB 1979, S. 533; zit.: Nicklisch, BB 1979, S. 533

Nicklisch, Fritz: Instrumente der Internationalen Handelsschiedsgerichtsbarkeit zur Konfliktlösung bei Langzeitverträgen; in: RIW/AWD 1978, S. 633; zit.: Nicklisch, RIW/AWD, S. 633

Nüßgens, Karl/Boujong, Karlheinz: Eigentum, Sozialbindung, Enteignung; München 1987; zit.: Nüßgens/Boujong

Oberhauser, Iris: Formelle Pflichten des Auftragnehmers bei Behinderungen; in: BauR 2001, S. 1177; zit.: Oberhauser, BauR 2001, S. 1177

Oberhauser, Iris: Bauvertragsrecht im Umbruch; Düsseldorf 2000; zit.: Oberhauser

Ossenbühl, Fritz: Staatshaftungsrecht; 5. Auflage; München 1998; zit.: Ossenbühl

Palandt, Otto: Bürgerliches Gesetzbuch; 64. Auflage; München 2005; zit.: Bearbeiter in: Palandt

Pauly, Holger: Zum Verhältnis von VOB/B und AGB; in: BauR 1996, S. 328; zit.: Pauly, BauR 1996, S. 328

Peter, Karl/Burhoff, Armin/Stöcker,Ernst: Umsatzsteuer – Kommentar; Stand: 12/04; Herne; Zit.: Bearbeiter in: Peter/Burhoff/Stöcker, UStG

Peters, Frank: Der Einwand des Mitverschuldens gegenüber Erfüllungsansprüchen; in: JZ 1995, S. 754; zit.: Peters, JZ 1995, S. 754

Peters, Frank: Abrechnungsmodelle für den vorzeitig beendeten Werkvertrag; in: Festschrift für Reinhold Thode, München 2005, S.65; zit.: Peters, FS Thode, S. 65

Prölss, Jürgen/Martin, Anton: Versicherungsvertragsgesetz; 27. Auflage; München 2004; zit.: Prölss/Martin

Protokolle: Protokolle der Kommission für die zweite Lesung des Entwurfs eines Bürgerlichen Gesetzbuchs; Band II: Recht der Schuldverhältnisse; Berlin 1898; zit.: Protokolle, Bd. 2

Raab, Thomas: Anmerkung zu BGH VII ZR 185/98; in: JZ 2001, S. 251; zit.: Raab, JZ 2001, S. 251

Rathjen, Peter: Probleme der Haftung für den Erfüllungsgehilfen; in: BauR 2000, S. 170; zit.: Rathjen, BauR 2000, S. 170

Redeker, Helmut: IT-Recht in der Praxis; 3. Auflage; München 2003; zit.: Redeker, IT-Recht

Rehmer, Wolfgang A.: Herstellung von Individualanwendersoftware; in: CR 1989, S. 961; zit.: Rehmer, CR 1989, S. 961
RGRK: Das Bürgerliche Gesetzbuch; Kommentar; Band II, 4. Teil: §§ 631 – 811; 12. Auflage; Berlin 1978; zit.: Bearbeiter in: RGRK
Rintelen, Claus von: Der Übergang nicht-akzessorischer Sicherheiten bei der Forderungszession; Bielefeld 1996; zit.: v.Rintelen
Römer, Wolfgang/Langheid, Theo: Versicherungsvertragsgesetz; 2. Auflage; München 2003; zit.: Römer/Langheid
Rösler, Patrick/Wimmer, Konrad/Lang, Volker: Vorzeitige Beendigung von Darlehensverträgen; München 2003; zit.: Rösler/Wimmer/Lang
Roquette, Andreas J./Paul, Matthias: Sonderprobleme bei Nachträgen; in: BauR 2003, S. 1097; zit.: Roquette/Paul, BauR 2003, S. 1097
Sachs, Michael: Grundgesetz; 3. Auflage; München 2003; zit.: Bearbeiter in: Sachs, GG
Sandrock, Otto: Zur ergänzenden Vertragsauslegung im materiellen und internationalen Schuldvertragsrecht; Köln 1966; zit.: Sandrock
Seidel, Hans-Jürgen: Das „Nachbesserungsrecht" des Unternehmers beim Werkvertrag; in: JZ 1991, S. 391; zit.: Seidel, JZ 1991, S. 391
Scheube, Jan: Die Auftraggebermitwirkung im VOB/B – Bauvertrag – Obliegenheit oder Pflicht?; Berlin 2003; zit.: Scheube
Schlegelberger, Franz: Handelsgesetzbuch; 5. Auflage; München 1977; zit.: Bearbeiter in: Schlegelberger, HGB
Schlotke, Helmut: Mitwirkungspflichten bei Langzeitverträgen; in: Der komplexe Langzeitvertrag, S. 377; Heidelberg 1987; zit.: Schlotke in: Der komplexe Langzeitvertrag, S. 377
Schmalz, Dieter: Methodenlehre für das juristische Studium; 4. Auflage; Baden-Baden 1998; zit.: Schmalz, Methodenlehre
Schmidt, Reimer: Die Obliegenheiten; Karlsruhe 1953; zit.: R.Schmidt
Schmidt-Assmann, Eberhard: Die enteignungsrechtliche Folgenentschädigung; in: NJW 1974, S. 1265; zit.: Schmidt-Assmann, NJW 1974, S. 1265
Schmidt-Futterer, Wolfgang: Mietrecht; 8. Auflage; München 2003; zit.: Bearbeiter in Schmidt-Futterer
Schmitt-Kammler, Arnulf: Enteignungsentschädigung und staatliche Unrechtshaftung; in: Festschrift für Ernst Wolf, S. 595; Köln 1985; zit.: Schmitt-Kammler, FS Wolf, S. 595
Schneider, Jochen: Handbuch des EDV-Rechts; 3. Auflage; Köln 2003; zit.: Schneider, Hdb EDV-Recht
Scholl, Amand: Zum Umfang der Entschädigung des Zeitwerts nach § 547a BGB; in: WuM 1998, S. 327; zit.: Scholl, WuM 1998, S. 327

Schwab, Gudrun/Krohn, Günter: Die neuere Rechtsprechung des Bundesgerichtshofs zum Enteignungsrecht; in: WM 1991, S. 33; zit.: Schwab/Krohn, WM 1991, S. 33

Schwarze, Torsten: Das Kooperationsprinzip des Bauvertragsrechts; Berlin 2003; zit.: Schwarze

Schwenker, Hans Christian: Anmerkung zu BGH VII ZR 440/01; in: EWiR 2003, S. 247; zit.: Schwenker, EwiR 2003, S. 247

Siber, Heinrich: Der Rechtszwang im Schuldverhältnis nach deutschem Reichsrecht; Leipzig 1903; zit.: Siber

Sölch, Otto/Ringleb, Karl: Umsatzsteuer; Stand: 1. September 2004; München 2004; zit.: Bearbeiter in: Sölch/Ringleb, Umsatzsteuer

Soergel, Hans Theodor: Bürgerliches Gesetzbuch; Band 2: §§ 241 – 432; 12. Auflage; Stuttgart 1990; Band 4, 1: §§ 516 – 651; 12. Auflage; Stuttgart 1998; Band 14: §§ 854 – 984; 13. Auflage; Stuttgart 2002; zit.: Bearbeiter in: Soergel; Band 2: Schuldrecht I, §§ 241 – 610; 10. Auflage; Stuttgart 1967; zit.: Bearbeiter in: Soergel, 10. A.

Stamm, Jürgen: Die Frage nach der Eigenschaft des Vorunternehmers als Erfüllungsgehilfe des Bauherrn im Verhältnis zum Nachunternehmer: Ein Problem der Abgrenzung von Schuldner- und Annahmeverzug; in: BauR 2002, S. 1; zit.: Stamm, BauR 2002, S. 1

Staub, Hermann: Handelsgesetzbuch – Großkommentar; 4. Auflage; Berlin 2004 (Stand: Dezember 1993); zit.: Bearbeiter in: Großkom., HGB

Staudinger, Julius von: Kommentar zum Bürgerlichen Gesetzbuch; §§ 134 – 163; 13. Auflage; Berlin 1996; §§ 164 – 240; 13. Auflage; Berlin 2004; Einl. §§ 241ff, §§ 241 – 243; 13. Auflage; Berlin 1995; §§ 249 – 255; 13. Auflage; Berlin 2005; §§ 255 – 304; 13. Auflage; Berlin 2004; §§ 315 – 326; 13. Auflage; Berlin 2004; §§ 535 – 562d; 13. Auflage; Berlin 2003; §§ 631-651; 13. Auflage; Berlin 2003; §§ 651a – 651m; 13. Auflage; Berlin 2003; §§ 652 – 704; 13. Auflage; Berlin 1995; §§ 903 – 924; 13. Auflage; Berlin 2002; §§ 925 – 984; 13. Auflage; Berlin 1995; zit.: Bearbeiter in: Staudinger; AGB; 13. Auflage; Berlin 1998; zit.: Bearbeiter in: Staudinger, AGBG

Staudinger, Julius von: Band II, Recht der Schuldverhältnisse; Teil 1a: §§ 241, 243 – 248; 11. Auflage; Berlin 1967; Zit.: Bearbeiter in: Staudinger, 11. A.,

Stein, Friedrich/Jonas, Martin: Kommentar zur Zivilprozessordnung; Band 9: §§ 916 – 1068; 22. Auflage; Tübingen 2002; zit.: Bearbeiter in: Stein/Jonas

Stoll, Heinrich: Abschied von der Lehre von der positiven Vertragsverletzung; in: AcP 136 (1932), S. 257; zit.: Stoll, AcP 136 (1932), S. 257

Stürner, Rolf: Der Anspruch auf Erfüllung von Treue- und Sorgfaltspflichten; in: JZ 1976, S. 384; zit.: Stürner, JZ 1976, S. 384, S.

Swoboda, Hans Wolfgang: Methoden für Quantifizierung und Nachweis von Zusatzansprüchen; in: BB 1991, Beilage 15, S. 6; zit.: Swoboda, BB 1991, Beilage 15, S. 6

Tegelen, Otto Wilhelm von/Lammich, Klaus/Pöttinger, Franz Josef: Gütertransportrecht; Loseblatt, Stand: 5/04; Neuwied; zit.: Tegelen/Lammich/Pöttinger

Teichmann, Arndt: Die Struktur der Leistungsstörungen im Reisevertrag; in: JZ 1979, S. 737; zit.: Teichmann, JZ 1979, S. 737

Tempel, Otto: Ist die VOB/B noch zeitgemäß?; in: NZBau 2002, S. 465 u. S. 532; zit.: Tempel, NZBau 2002, S. 465 bzw. 532

Thode, Reinhold: Nachträge wegen gestörten Bauablaufs im VOB/B-Vertrag – Eine kritische Bestandsaufnahme; in: ZfBR 2004, S. 214; zit.: Thode, ZfBR 2004, S. 214

Thume, Karl-Heinz: Kommentar zur CMR; Heidelberg 1995; zit.: Bearbeiter in: Thume, CMR

Thur, Andreas von: Allgemeiner Teil des Bürgerlichen Rechts; Band 1; Berlin 1910-1918; zit.: vThur

Ulmer, Peter/Brandner, Hans Erich /Hensen, Horst-Diether: AGB-Gesetz; 9. Auflage; Köln 2001; zit.: Bearbeiter in: Ulmer/Brandner/Hensen, AGBG

Valder, Hubert: Ablieferung von Gütern; in: TranspR 2001, S. 363; zit.: Valder, TranspR 2001, S. 363

Vogel, Joachim: Juristische Methodik; Berlin 1998; zit.: Vogel, Methodik

Voigt, Christian: Die Haftungsfolgen im Staatshaftungsrecht im Vergleich zu den Haftungsfolgen im Zivilrecht; Münster 2001; zit.: Voigt

Vygen, Klaus/Schubert, Eberhard/Lang, Andreas: Bauverzögerung und Leistungsänderung; 4. Auflage; Düsseldorf 2002; zit.: Vygen/Schubert/Lang, Bauverzögerung

Vygen, Klaus: Bauvertragsrecht nach VOB und BGB; 3. Auflage; Wiesbaden 1997; zit.: Vygen, Bauvertragsrecht

Vygen, Klaus: Behinderung des Auftragnehmers durch verspätete oder mangelhafte Vorunternehmerleistungen; in: BauR 1989, S. 387 – 397; zit.: Vygen, BauR 1989, S. 387

Waas, Bernd: Der Entschädigungsanspruch des Vermieters bei verspäteter Rückgabe der Mietsache durch den Mieter; in: ZMR 2000, S. 69; zit.: Waas, ZMR 2000, S. 69

Wahl, Matthias: Die Haftung des Auftraggebers im Bauwerkvertrag bei verzögerter, unterlassener und fehlerhafter Mitwirkung nach BGB und VOB/B; Tübingen 2004; zit.: Wahl

Weise, Stefan: Regress zwischen Bauunternehmern und Regressbehinderung durch den Auftraggeber; in: BauR 1992, S. 685; zit.: Weise, BauR 1992, S. 685

Werner, Ulrich/Pastor, Walter: Der Bauprozess; 11. Auflage; München 2005; zit.: Bearbeiter in: Werner/Pastor

Wertheimer, Frank: Der Gläubigerverzug im System der Leistungsstörungen; in: JuS 1993, S. 646; zit.: Wertheimer, JuS 1993, S. 646

Widmann, Hubert: Ablieferung von Gütern nach der Neufassung des HGB; in: TranspR 2001, S. 72; zit.: Widmann, TranspR 2001, S. 72

Wieling, Hans Josef: Venire contra factum proprium und Verschulden gegen sich selbst; in: AcP 176 (1976), S. 334; zit.: Wieling, AcP 176 (1976), S. 334

Wieser, Eberhard: Einführung in das Bürgerliche Recht mit Allgemeinem Teil und Übung; Köln 1982; zit.: Wieser

Wolf, Eckhard/Eckert, Hans-Georg/Ball, Wolfgang: Handbuch des gewerblichen Miet-, Pacht- und Leasingrechts; 9. Auflage; Köln 2004; zit.: Wolf/Eckert/ Ball

Wolf, Manfred/Horn, Norbert/Lindacher, Walter F.: AGB-Gesetz; 4. Auflage; München 1999; zit.: Bearbeiter in: Wolf/Horn/Lindacher, AGBG

Zippelius, Reinhold: Juristische Methodenlehre; 9. Auflage; München 2005; zit.: Zippelius, Methodenlehre

Zitelmann, Ernst: Das Recht des Bürgerlichen Gesetzbuchs; Allgemeiner Teil; Leipzig 1900; zit.: Zitelmann

Einleitung

„Zum Schattendasein des § 642 BGB"

Diesen bezeichnenden Untertitel trägt ein Aufsatz von *Heinle* aus dem Jahre 1992[1], in dem er sich mit Ansprüchen des Architekten bei Bauzeitverlängerung beschäftigt. Obwohl § 642 BGB seit jeher im BGB enthalten ist, ist die praktische Bedeutung der Norm lange Zeit gering geblieben. Endgültig ins Blickfeld der insbesondere baurechtlichen Rechtsprechung und Literatur ist die Vorschrift erst mit der Entscheidung „Vorunternehmer II" des BGH[2] gerückt. In dieser bejaht das Gericht in Abkehr von der Entscheidung „Vorunternehmer I"[3] einen Anspruch des Nachfolgeunternehmers aus § 642 BGB gegen den Besteller, wenn der von diesem beauftragte Vorunternehmer seine Werkleistung nicht rechtzeitig erbringt und infolgedessen der Nachfolgeunternehmer nicht zum ursprünglich vorgesehenen Termin seine eigene Leistung erbringen kann. Die Abhängigkeit der Leistung eines Unternehmers von der eines anderen ist bei Bauvorhaben Alltäglichkeit, z.B. kann der Bodenleger erst tätig werden, wenn der Estrich aufgebracht und gehärtet ist. Nach Auffassung des BGH in der Entscheidung „Vorunternehmer II" existiert eine entsprechende Mitwirkungshandlung des Bestellers, so dass dieser dem Nachfolgeunternehmer rechtzeitig das mit einer Vorunternehmerleistung versehene Baugrundstück zur Verfügung stellen muss. Diese Handlung qualifiziert der BGH als Obliegenheit, deren Unterlassen den Anspruch aus § 642 BGB nach sich zieht. Die überwiegende Literatur[4] hingegen ging und geht von einer entsprechenden Pflicht des Bestellers aus, so dass ein Schadensersatzanspruch gemäß §§ 280, 286 BGB (ggf. i.V.m. § 6 Nr. 6 VOB/B) die Folge eines Unterlassens ist.

Durch die seitens des BGH vorgenommene Einordnung sind zudem weitere klärungsbedürftige Fragen aufgeworfen worden. Die Ausführungen in der Entscheidung „Vorunternehmer II" zum Verhältnis des § 642 BGB zu § 6 Nr. 6 VOB/B und etwaigen Wechselwirkungen zwischen den beiden Bestimmungen sowie vor allem zum Umfang der angemessenen Entschädigung gemäß § 642

---

1 Heinle, BauR 1992, S. 428ff.

2 BGH, BauR 2000, S. 722.

3 BGH, BauR 1985, S. 561.

4 Grundlegend Kapellmann/Schiffers, Bd. 1, Rn. 1368ff; Vygen/Schubert/Lang, Rn. 263ff.

BGB haben zu einer umfangreichen Diskussion im Schrifttum geführt. Ein Festschriftbeitrag *Dörings* aus dem Jahre 2002[5], der sich mit diesen Punkten beschäftigt, trägt den treffenden Untertitel

„Gedanken zu des Rätsels Lösung".

Die Auswirkungen der Entscheidung „Vorunternehmer II" werden in der Praxis nach wie vor unterschätzt. Die Tatbestandsvoraussetzungen des § 642 BGB können in vielen Behinderungsfällen erfüllt sein, die bisher über einen Schadensersatzanspruch gelöst wurden. Aufgrund dessen ist die Norm inzwischen zu einer der zentralen Anspruchsgrundlagen im Baurecht zu zählen. Hiermit sind die bestehenden Rechtsunsicherheiten bei der Anwendung des § 642 BGB nicht zu vereinbaren. Ziel dieser Abhandlung ist es, die aufgeworfenen Fragen einer fundierten Untersuchung zu unterziehen, einer aufeinander abgestimmten Lösung zuzuführen und so eine rechtssichere Anwendung des § 642 BGB in der Praxis zu ermöglichen.

Ausgangspunkt der Untersuchung ist die rechtliche Einordnung der Bestellermitwirkung als Obliegenheit oder Pflicht, insbesondere im Hinblick auf die Vorunternehmerleistung, sowie die Klärung der weiteren Voraussetzungen der Norm. Nachfolgend werden die Berechnungsmethode des Anspruches und die einzelnen in Betracht kommenden Entschädigungspositionen ermittelt. Abschließend sind das Verhältnis zu anderen Anspruchsgrundlagen sowie der Entstehenszeitpunkt des Anspruches zu klären.

5 Döring, FS Jagenburg, S. 111ff.

Erster Teil: Die Voraussetzungen des Anspruches aus § 642 BGB

Erstes Kapitel: Die Entstehungsgeschichte des § 642 BGB

Vor In-Kraft-Treten des BGB gab es einen Theorienstreit über die Grundlagen des Gläubigerverzuges. Die Culpa-Theorie, die von der Gleichwertigkeit von Annahme- und Schuldnerverzug ausging und daher bei beiden ein Verschulden forderte, sah sich zunehmend Kritik ausgesetzt.[6] Insbesondere *Kohler* bestritt vehement die Existenz einer Pflicht des Gläubigers zur Annahme.[7] Andernfalls würde sich der Besteller zum Sklaven seines Spenglers, Schneiders, Zimmermanns, Stiefelputzers, Bodenwichsers machen.[8]

Die erste Kommission folgte im Wesentlichen *Kohlers* Ansicht und entschied sich hinsichtlich des allgemeinen Annahmeverzuges für eine verschuldensunabhängige Konstruktion.[9] Die anderen diskutierten Ansichten, die ein subjektives Element in Form von Verschulden oder zumindest in Gestalt einer Willensentscheidung zur Nichtannahme seitens des Gläubigers vorsahen, sah die erste Kommission als „bedenkliche Anschauung, die zu schwerwiegenden Folgen führt" an.[10] Im Rahmen der Begründung zu § 261 (E 1, heute § 304 BGB) findet sich die eindeutige Formulierung „dass der Gläubiger als solcher zur Annahme nicht verpflichtet ist", weshalb nur ein Anspruch auf Ersatz von Mehraufwendungen und nicht auf Schadensersatz gerechtfertigt sei.[11] Letzterer käme nur in den Ausnahmefällen in Betracht, in denen der Gläubiger zur Annahme verpflichtet sei.[12]

Für den Werkvertrag sah die erste Kommission die allgemeinen Annahmeverzugsregeln als nicht ausreichend an. Sofern der Besteller subjektiv verhindert sei, bei der Herstellung des Werkes in der erforderlichen Weise mitzuwirken, würden die allgemeinen Annahmeverzugsregeln nur unbefriedigende Ergebnisse

6 Vgl. hierzu und generell zum gemeinen Recht ausführlich Müller-Foell, S. 14ff.
7 Kohler, JhJb 17 (1879), S. 261ff.
8 Kohler JhJb 17 (1879), S. 261, 280; umfassend zur historischen Entwicklung der Mitwirkungsproblematik: Müller-Foell, S. 14ff.
9 Motive, Bd. 2, S. 68f.
10 Motive, Bd. 2, S. 69.
11 Motive, Bd. 2, S. 76.
12 Motive, Bd. 2, S. 76.

liefern.[13] Dies führte zur Schaffung des Anspruches aus § 575 (E 1, heute § 642 BGB), der die Interessen beider Parteien schützen sollte.[14] Als Vorbild für den Anspruch galten die Vorschriften der neueren Gesetze, die einen Ersatzanspruch des Unternehmers für den Fall vorsahen, dass die Ausführung des Werkes durch einen in der Person des Bestellers liegenden Zufall verhindert wird.[15] Zur Rechtsfolge des § 575 (E 1, heute § 642 BGB) vertrat die erste Kommission ausweislich der Protokolle ihrer Beratungen die Meinung, „dass durch eine solche den Besteller zur Leistung des vollen Schadensersatz keineswegs verpflichtenden Bestimmung das Interesse beider Theile in angemessener Weise gewahrt werde".[16] In den Motiven verwies die erste Kommission auch für das Werkvertragsrecht auf die Möglichkeit eines Erfüllungsverzugs im Falle der schuldhaften Verletzung einer nach dem Inhalte des Schuldverhältnisses ausnahmsweise bestehenden Pflicht zur Annahme.[17] Das Leitbild einer fehlenden Verpflichtung zur Annahme sollte demnach auch nicht für die Mitwirkung des Gläubigers im Werkvertrag geändert werden. Eine Ausnahme bildet lediglich die Abnahmepflicht aus § 572 (E 1, heute § 640 BGB), zu deren Begründung nur ein Hinweis auf die Abnahme beim Kauf erfolgte.[18]

Die zweite Kommission stützte sich bei ihren Beratungen zur Gläubigermitwirkung im Werkvertragsrecht in erster Linie auf die Begründung der ersten Kommission. Eine weitere Verbesserung der Rechtsstellung des Unternehmers hielt sie – auf Vorschlag der Vorkommission des Reichsjustizamtes[19] – durch die Einführung eines Rücktrittsrechts für notwendig, da andernfalls der Unternehmer bei fortdauerndem Annahmeverzug in unzumutbarer Weise ins Unbestimmte gebunden bliebe.[20] Die zweite Kommission hielt also an der Grundkonzeption der Motive fest und rundete deren Entwurf durch das heute in § 643 BGB geregelte Rücktrittsrecht ab.

Zusammenfassend sahen die Erschaffer des BGB die unterlassene Mitwirkung des Gläubigers als einen Spezialfall des allgemeinen Annahmeverzuges an, dessen Rechtsfolgen im Werkvertragsrecht nur ergänzt wurden.

---

13 Motive, Bd. 2, S. 495.
14 Motive, Bd. 2, S. 496.
15 Motive, Bd. 2, S. 496.
16 Protokolle der ersten Kommission nach Schubert/Lang, §§ 642, 643, S. 889.
17 Motive, Bd. 2, S. 496.
18 Motive, Bd. 2, S. 490.
19 Protokolle der Vorkommission nach Schubert/Lang, §§ 642, 643, S. 891.
20 Protokolle, Bd. 2, S. 931.

Zweites Kapitel: Die Abgrenzung von Obliegenheiten und Pflichten

Um die praktisch relevanten Anwendungsfälle des Anspruches aus § 642 BGB herausarbeiten zu können, ist zunächst von Interesse, bei welcher Art von Mitwirkungshandlungen regelmäßig ein Anspruch aus § 642 BGB geltend gemacht werden wird. In Betracht kommen insoweit Mitwirkungsobliegenheiten und Mitwirkungspflichten.

A. Relevanz der Abgrenzung

Bevor näher auf die Abgrenzung von Obliegenheiten und Pflichten eingegangen wird, ist die Relevanz dieser Frage für die Bestimmung des Anwendungsbereichs des Anspruches aus § 642 BGB aufzuzeigen.

Die Art der von § 642 BGB erfassten Mitwirkungshandlungen ist umstritten. Unter Zugrundelegung des allgemeinen Grundsatzes, dass sich Annahmeverzug und Schuldnerverzug nicht gegenseitig ausschließen, geht die überwiegende Auffassung davon aus, dass der Anspruch aus § 642 BGB unabhängig von der rechtlichen Qualität der Mitwirkungshandlung eingreift.[21] Nach anderer Meinung soll indes bereits der Wortlaut der Norm wegen der Bezugnahme auf die Regeln des Annahmeverzuges zeigen, dass die Norm auf Mitwirkungspflichten nicht anwendbar sei und bezüglich dieser die allgemeinen Regeln gelten würden.[22]

Dem Wortlaut des § 642 BGB ist eine einschränkende Auslegung nicht zu entnehmen. Vielmehr ergibt sich aus dem Verweis auf die Regeln des Annahmeverzuges nur, dass jedenfalls das Unterlassen einer Mitwirkungsobliegenheit ausreichend ist. Der historische Gesetzgeber ging ebenfalls von der Anwendbarkeit der Norm sowohl bezüglich Mitwirkungsobliegenheiten als auch -pflichten aus. Ausweislich der eindeutigen Motive sollen im Falle einer Verpflichtung zur Mitwirkung außer den Regeln über den Annahmeverzug auch die allgemeinen Grundsätze über den Erfüllungsverzug Anwendung finden.[23] Eine Verdrängung des § 642 BGB durch die Schuldnerverzugsregeln sollte also gerade nicht erfolgen. Ursprünglich war im Rahmen der Schuldrechtsmodernisierung sogar eine entsprechende Klarstellung in § 643 Abs. 3 DiskE[24] vorgesehen, die aber letzten

---

21 Raab in: AnwK, § 642, Rn. 18; Kapellmann in: Kapellmann/Messerschmidt, § 6 VOB/B, Rn. 47; Sprau in: Palandt, § 642, Rn. 3 u. 5; Teichmann in: Soergel, § 642, Rn. 2; Leinemann in: Leinemann, § 6, Rn. 98; Kapellmann/Schiffers, Bd. 1, Rn. 1648.

22 Busche in: MüKo, BGB, § 642, Rn. 4.

23 Motive, Bd. 2, S. 496f.

24 Canaris, Schuldrechtsreform, S. 332.

Endes nicht Gesetz wurde. Eine Verdrängung des § 642 BGB durch §§ 280, 286 BGB wäre angesichts von deren Verschuldenserfordernis zudem nicht sachgerecht. Schuldnerverzug tritt nur beim verschuldeten Unterlassen einer Mitwirkungspflicht ein. Wenn sich § 642 BGB auf die Fälle der verschuldeten oder unverschuldeten Obliegenheitsverletzung beschränken würde, bliebe eine unverschuldete Mitwirkungspflichtverletzung ohne Folgen; dem Unternehmer stünde kein Anspruch zu. Dies ist nicht interessengerecht und deshalb nicht zu rechtfertigen.

Für die Anwendbarkeit der Norm ist es daher auf den ersten Blick ohne Bedeutung, ob die unterlassene Handlung als Pflicht oder Obliegenheit einzustufen ist. Jedoch spielt § 642 BGB regelmäßig nur eine praktisch relevante Rolle, wenn keine Schuldnerpflichten verletzt werden. Im Falle einer Pflichtverletzung besteht nämlich – Vertretenmüssen und die ggf. weiteren Voraussetzungen unterstellt – bereits ein Schadensersatzanspruch aus § 280 Abs. 1 Satz 1 BGB wegen Schlechterfüllung oder gemäß § 280, 286 BGB wegen verspäteter Erbringung der Pflicht.[25] Dieser wird dann in der Praxis vorrangig geltend gemacht, so dass § 642 BGB beim Unterlassen einer Mitwirkungspflicht nur eine praktische Bedeutung zukommt, wenn ausnahmsweise kein Verschulden vorliegt. Hieraus folgt, dass der praktisch relevante Anwendungsbereich des § 642 BGB im Bereich des Unterlassens von Gläubigerobliegenheiten liegt. Es muss deshalb untersucht werden, welche werkvertraglichen Mitwirkungshandlungen lediglich Obliegenheiten sind, mit der Folge, dass ihr Unterlassen in Annahmeverzug begründender Weise ausschließlich einen Anspruch aus § 642 BGB auslöst.

B. Die Begriffe

Um eine Abgrenzung zu ermöglichen, bedürfen zunächst die juristischen Kategorien „Pflicht" und „Obliegenheit" einer Erläuterung.

25 Kapellmann in: Kapellmann/Messerschmidt, § 6 VOB/B, Rn. 55; Peters in: Staudinger, § 642, Rn. 33; Schwenker in: Erman, § 642, Rn. 10; im Falle der Kündigung gemäß § 643 BGB will Raab in: AnwK, § 642, Rn. 18, den Anspruch aus §§ 280, 241 Abs. 2 BGB herleiten, weil es um den Ersatz des Schadens wegen der verloren gegangenen Möglichkeit zur Erbringung der eigenen Leistung ginge. Dies ist nicht überzeugend, da die Nichterfüllung der Leistung auf einem eigenen Entschluss des kündigenden Unternehmers beruhte, weshalb eine Schadenszurechnung regelmäßig ausscheidet. Der Unternehmer kann also auch nach einer Kündigung nur den Schadensersatz wegen der verzögerten Erbringung der Mitwirkungspflicht verlangen. Anspruchsgrundlage sind daher §§ 280, 286 BGB.

I. Pflichten

Der Terminus „Pflicht" ist einer der Grundbegriffe des BGB, er ist kennzeichnend für jedes vertragliche Schuldverhältnis. Grundsätzlich versteht man unter einer Pflicht ein rechtliches Gebot, dem der Verpflichtete nachkommen muss.[26] Dieses Gebot dient der Herbeiführung eines von der Rechtsordnung erwünschten Zustandes, der für ein anderes Rechtssubjekt günstig ist.[27] Typische Rechtsfolge der Verletzung einer Pflicht ist ein Schadensersatzanspruch, wie sich bereits aus § 280 Abs. 1 Satz 1 BGB ergibt. Mit dieser Norm ist die Pflichtverletzung in den Mittelpunkt des Leistungsstörungsrechts gerückt, denn jedes objektive Zurückbleiben hinter dem Pflichtenprogramm des Schuldverhältnisses löst nun den Schadensersatzanspruch aus § 280 Abs. 1 Satz 1 BGB aus, unabhängig von der Art der Pflichtverletzung.[28] Hinzu tritt ein Rücktrittsrecht, § 323 BGB, das neben dem Schadensersatzanspruch ausgeübt werden kann, § 325 BGB.

Man unterscheidet zwei Kategorien von Pflichten: die Leistungspflichten und die nichtleistungsbezogenen Pflichten. Die Leistung des Schuldners stellt bei Ersteren das Mittel zur Befriedigung des Interesses des Gläubigers dar, sie ist eine Wertbewegung zwischen zwei Interessenkreisen.[29] Das Leistungsverhalten ist einklagbar und unterliegt der Zwangsvollstreckung.[30] Bei der Pflichterfüllung kommt es dabei weniger auf eine im Einzelnen bestimmte Tätigkeit des Schuldners und die damit dann notwendigerweise verbundene vollständige Einengung seiner Willensfreiheit an, entscheidend ist vielmehr ein „Bekommensollen" des Gläubigers, auf das der Schuldner sein Verhalten innerhalb des durch seinen Pflichtenkreis bestimmten Rahmens auszurichten hat.[31] Stellt das Gesetz auf den Leistungserfolg ab, wie z.B. in § 362 Abs. 1 BGB, muss das Schuldnerverhalten zusätzlich von Erfolg gekrönt sein; ein bloßes Tätigwerden reicht nicht.[32] Unabhängig davon hat der Gläubiger immer nur ein Interesse am Leistungserfolg, so dass der Schuldner das notwendige Leistungsverhalten auf einen Dritten übertragen kann.[33] Einer Leistungspflicht des Schuldners steht spiegelbildlich ein Forderungsrecht des Gläubigers gegenüber, denn diese Begriffe bezeichnen dieselbe

26 Enneccerus/Lehmann, § 3 I; Larenz/Wolf, AT, § 13, Rn. 32.
27 vThur, § 4 II. (S. 96).
28 Dauner-Lieb in: AnwK, § 280, Rn. 29; Lorenz/Riehm, Rn. 161 u. 172.
29 Enneccerus/Lehmann, § 1 IV.
30 Enneccerus/Lehmann, § 3 I; Larenz/Wolf, AT, § 13, Rn. 32; nur ausnahmsweise scheidet eine Vollstreckung wegen der Natur der Verpflichtung aus, worauf bereits v.Thur, § 4 III., hinweist.
31 Bruns, FS Nipperdey, Bd. I, S. 3, 13f.
32 Larenz, SchR AT, § 2 I; Emmerich in: Grundlagen, § 3 I. 1.
33 Esser/Schmidt, SchR AT, Bd 1, § 6 I.

rechtliche Verbindung nur aus jeweils anderem Blickwinkel.[34] Das Forderungsrecht ist zudem identisch mit dem Schuldverhältnis im engeren Sinne, wohingegen das Schuldverhältnis im weiteren Sinne ein ganzes Bündel von Pflichten und Rechten meint, insbesondere aus einem Vertrag.[35] Bei den Leistungspflichten handelt es sich somit um die Kernbestandteile eines jeden Schuldverhältnisses. Den Parteien kommt es regelmäßig beim Vertragsschluss gerade auf die Begründung der Leistungspflichten an. Das Gesetz nimmt hierbei in erster Linie den Blickpunkt des Gläubigers ein, wie sich bereits aus der Formulierung des § 241 Abs. 1 S. 1 BGB ergibt, der dessen Forderungsrecht beschreibt und nicht die Pflicht des Schuldners.

Innerhalb der Leistungspflichten findet eine weitere Unterteilung statt, wobei regelmäßig von Haupt- und Nebenleistungspflichten gesprochen wird.[36] Unter Hauptleistungspflichten werden die vertragstypischen Pflichten, die essentialia negotii, verstanden, die bei den einzelnen gesetzlich normierten Schuldverhältnissen kodifiziert sind und zu jedem Vertragsschluss gehören.[37] Die Vertragsschließenden müssen sie im Einzelfall „mit Leben erfüllen", sonst besteht kein Vertrag.

Die Nebenleistungspflichten ergeben sich aus einer negativen Abgrenzung, denn es sind die nicht den Charakter des Vertrages prägenden, aber dennoch leistungsbezogenen Pflichten.[38] Sie dienen der Vorbereitung, Unterstützung und Sicherung der Hauptleistungen.[39] Eine ausdrückliche Normierung fehlt regelmäßig, stattdessen werden sie gesondert vereinbart oder allgemein im Wege der ergänzenden Vertragsauslegung hergeleitet.[40]

Innerhalb der Gruppe der Leistungspflichten ist auch die Unterscheidung zwischen primären und sekundären Leistungspflichten geläufig. Unter die primären fallen alle Pflichten, die das eigentliche Ziel des Vertrages sind, wohingegen die sekundären eingreifen, wenn eine „programmwidrige" Störung der Primärpflichten vorliegt.[41] Zu den Sekundärpflichten gehören neben der Schadensersatz-

34 Larenz, SchR AT, § 2 II.

35 Emmerich in: Grundlagen, § 2 I.

36 Heinrichs in: Palandt, § 241, Rn.5; Esser/Schmidt, SchR AT, Bd. 1, § 6 III.; Larenz, SchR AT, § 2 I.; Gernhuber, § 2 III. 4., verwendet die Begriffe „selbständige" und „unselbständige" Leistungspflichten; J. Schmidt in: Staudinger, Einl. zu § 241ff, Rn. 316, präferiert die Bezeichnung „ vertragstypbestimmende" und „nicht-vertragstypbestimmende" Pflichten.

37 Kramer in: MüKo, BGB, § 241, Rn. 18; Esser/Schmidt, SchR AT, Bd 1, § 6 III.1.

38 H.P. Westermann in: Erman, Einl. § 241, Rn. 7; Kramer in: MüKo, BGB, § 241, Rn. 18.

39 Mansel in : Jauernig, § 241, Rn. 9; Gernhuber, § 2 III. 4.

40 Mansel in : Jauernig, § 241, Rn. 9; Larenz, SchR AT, § 2 I.

41 Kramer in: MüKo, BGB, § 241, Rn. 14; Gernhuber, § 2 III. 5.

pflicht auch die Pflichten aus einem Rückabwicklungsverhältnis nach Rücktritt vom Vertrag oder Beendigung eines Dauerschuldverhältnisses.[42]

Schließlich besteht heutzutage Einigkeit über die Existenz weiterer Pflichten im Schuldverhältnis, die nun auch in § 241 Abs. 2 BGB erwähnt werden oder sich aus § 242 BGB ergeben. § 241 Abs. 2 BGB stellt dabei entscheidend auf den Inhalt des jeweiligen Schuldverhältnisses ab, eine generalisierende Betrachtungsweise mit konkreter Benennung einzelner Pflichten unterbleibt und wäre angesichts der Vielschichtigkeit ohnehin kaum möglich. Die in der Literatur verwendeten Begrifflichkeiten sind bei dieser Kategorie nicht eindeutig. So wird von Schutz-, Informations- und Aufklärungspflichten gesprochen[43], allgemein von Schutzpflichten[44], von weiteren Verhaltenspflichten[45] oder Nebenpflichten[46]. Unabhängig von diesen terminologischen Unterschieden fallen hierunter jedenfalls alle Pflichten, die der Beachtung des Integritätsinteresses der anderen Vertragspartei dienen.[47] Aufgrund der Sonderverbindung in Form eines Vertrages müssen die Parteien sich redlich und loyal verhalten und die Belange der jeweils anderen Partei wahren.[48] Es handelt sich gleichsam um „flankierende" Verhaltensaufforderungen, die die Beteiligten treffen, weil sie sich wegen des Schuldverhältnisses nicht mehr wie beliebige Dritte gegenüber stehen, sondern für den geregelten Lebensbereich miteinander verbunden und in bestimmtem Umfang aufeinander angewiesen sind. Dies rechtfertigt die Annahme von Pflichten, die über die vorrangig vereinbarten hinausgehen. Bei diesen Schutzpflichten ist bis heute nicht abschließend geklärt, ob das typische Pflichtenmerkmal der Klagbarkeit erfüllt ist.[49] Auf der Sekundärebene lösen sie jedenfalls die pflichtentypische Rechtsfolge in Form eines Schadensersatzanspruches aus.[50] Hier hat die Schuldrechtsmodernisierung mit dem nun weiten Pflichtverletzungsbegriff des § 280 Abs. 1 Satz 1 BGB eine eindeutige Regelung geschaffen.

Zusammenfassend bleibt festzuhalten, dass es sich bei Pflichten um ein rechtliches Sollen der einen Partei handelt, dessen Verletzung Schadensersatzansprüche nach sich zieht. Jedenfalls bei den Leistungspflichten treten die Klagbarkeit

---

42 Kramer in: MüKo, BGB, § 241, Rn. 14.
43 So z.B. H.P. Westermann in: Erman, § 241, Rn. 10ff.
44 Brox/Walker, SchR AT, Rn. 11; der Begriff ist von Stoll, AcP 136 (1932), S. 257, 298, geprägt worden.
45 Heinrichs in: Palandt, § 241, Rn. 6; Larenz, SchR AT, § 2 I.
46 Kramer in: MüKo, BGB, § 241, Rn. 18; Esser/Schmidt, SchR AT, Bd. 1, § 6 IV.
47 Brox/Walker, SchR AT, Rn. 12.
48 Larenz, SchR AT, § 2 I.; Emmerich in: Grundlagen, § 3 II. 1.
49 Vgl. hierzu J. Schmidt in: Staudinger, Einl. zu §§ 241ff, Rn. 317ff; Motzer, JZ 1983, S. 884, 886ff; Stürner, JZ 1976, S. 384ff.
50 Motzer, JZ 1983, S. 884, 888f, der allerdings sogar diese Pflichten auch als Leistungspflichten versteht.

und Vollstreckbarkeit hinzu. Die Erfüllung der Pflichten besteht in erster Linie im Interesse des Gläubigers, da sein Vermögen bereichert werden soll. Daneben hat auch der Schuldner ein Interesse an der Erfüllung seiner Pflichten, da er den negativen Folgen einer Pflichtverletzung wie einem Schadensersatzanspruch entgehen will und im Falle von synallagmatischen Pflichten der Erhalt der Gegenleistung von der eigenen Pflichterfüllung abhängt, sofern nicht der andere Teil vorleistungspflichtig ist. Letztlich stellt sich dieses Schuldnerinteresse aber nur als gegenüber dem Gläubigerinteresse untergeordnet dar, weil die negativen Folgen einer Pflichtverletzung der Sicherung des Gläubigerinteresses an der Erfüllung dienen. Sie sind also gerade Ausprägung dieses Interesses.

II. Obliegenheiten

Der Begriff der „Obliegenheit" ist dem BGB nicht so immanent wie der der „Pflicht".

1. Versicherungsrecht

Im Versicherungsrecht findet sich eine ausdrückliche Erwähnung des Terminus „Obliegenheiten", § 6 VVG. Trotz der hohen Bedeutung dieses Begriffes in diesem Bereich hat der Gesetzgeber auf eine Legaldefinition verzichtet. Als Beispiele für versicherungsrechtliche Obliegenheiten sind zu nennen: die Obliegenheiten zur Anzeige bereits vorvertraglich bestehender Gefahrerhöhung, §§ 16f VVG, und nachvertraglicher Risikoerhöhung, § 23 VVG, die Obliegenheit zur unverzüglichen Anzeige eines Versicherungsfalles, § 33 VVG, und die Schadensabwendungs- und Schadensminderungsobliegenheit gemäß § 62 Abs. 1 S. 1 VVG.

2. Das allgemeine Zivilrecht

In das allgemeine Zivilrecht hat der Begriff „Obliegenheit" erst nach dessen Verwendung im Versicherungsrecht Einzug gehalten. Der Terminus findet sich im BGB lediglich in § 2217 Abs. 1 Satz 1, wird dort aber nur als Synonym für die Aufgaben des Testamentsvollstreckers verwendet.

a. Erste Ansätze

Die Existenz einer Art von Verhaltensaufforderungen, die unterhalb der Kategorie der Pflichten angesiedelt sind, erkannte die Lehre Anfang des 20. Jahrhunderts. Nach *von Thur* kann dann nicht von einer Rechtspflicht gesprochen werden, wenn als Folge der Nichtbeachtung einer Vorschrift nur der Verlust eines Rechtes droht oder der Erwerb eines Rechtes gehindert ist, da dann essentielle Bestandteile des Pflichtenbegriffes nicht erfüllt seien.[51] Zudem erfülle der Betreffende in solchen Fällen bereits im eigenen Interesse die Voraussetzungen für einen für ihn vorteilhaften Zustand.[52] *Zitelmann* identifizierte diese Kategorie als „Pflichten des eigenen Interesses“, deren Vornahme rechtlich nicht geboten und daher nicht erzwingbar sei, wobei an die Verletzung dennoch negative Rechtsfolgen geknüpft würden.[53] Aufgrund dessen stelle die Zuwiderhandlung letztlich ein Verschulden gegen sich selbst dar.[54] Einen wesentlichen Beitrag zu der Rechtsentwicklung haben auch *Siber* und *von Buchka* geleistet, die den Begriff „indirekte Verpflichtung“ wählten und deren Absicherung im Unterschied zur Klagbarkeit einer Rechtspflicht in einem Vorteil bei freiwilliger Leistung oder einem Nachteil im Falle des Unterlassens sahen.[55]

b. Reimer Schmidt

Auf Grundlage des versicherungsrechtlichen Obliegenheitsbegriffs hat *Reimer Schmidt* als Erster Voraussetzungen und Folgen der Obliegenheiten im allgemeinen Zivilrecht untersucht.[56] Er unterscheidet innerhalb der Gruppe von verhaltensbezogenen Rechtsnormen vier Kategorien: funktionelle und teleologische Anreizungstatbestände sowie funktionelle und teleologische Nötigungstatbestände.[57] Anreizungs- und Nötigungstatbestände unterscheiden sich durch die Rechtsfolge im Falle ihrer Verwirklichung: im Falle der Ersteren besteht sie in einem Vorteil, bei den anderen in einem Nachteil für den sie Verwirklichenden.[58] Teleologische Tatbestände sind solche, bei denen durch die Rechtsfolge das Verhalten des Normadressaten zielgerichtet beeinflusst werden soll, wohingegen bei den funktionellen Tatbeständen die Rechtsfolge lediglich die Folge der Verknüpfung von Tatbestand und Rechtsfolge ist.[59]

Der Begriff „Verbindlichkeiten“ steht nach *R. Schmidt* für die Gruppe der teleologischen Nötigungstatbestände, innerhalb derer er noch zwischen solchen

---

51 vThur, § 4 III.
52 vThur, § 4 III.
53 Zitelmann, S. 166f.
54 Zitelmann, S. 166.
55 Siber, S. 18; v.Buchka, S. 2 und S. 5 speziell zur Einordnung des Annahmeverzuges als „indirekte Verpflichtung“.
56 R. Schmidt, Die Obliegenheiten, 1953.
57 R. Schmidt, S. 53ff.
58 R. Schmidt, S. 53f.
59 R. Schmidt, S. 56f.

Tatbeständen mit starkem Rechtszwang und solchen mit schwachem differenziert.[60] Die Rechtsfolge der Verwirklichung eines Tatbestandes der ersten Gruppe ist ein Schadensersatzanspruch, die der anderen eine sonstige negative Rechtsfolge.[61] Dieser letzten Kategorie weist *R. Schmidt* den Begriff Obliegenheiten zu.[62] Demnach sind nach seiner Auffassung Obliegenheiten Pflichten minderer Zwangsintensität, deren Erfüllung im Interesse beider Vertragsparteien ist und deren Verletzung nie zu einem Schadensersatzanspruch führen kann.[63]

c. Weitere Entwicklung

Bis in die heutige Zeit besteht trotz der Bemühungen *R. Schmidts* keine Einigkeit über allgemeine Kriterien zur Definition von Obliegenheiten.

aa. Definition über die Rechtsfolge

Immerhin besteht hinsichtlich der Rechtsfolge im Falle der Verletzung einer Obliegenheit insoweit Einigkeit, als dass diese nie Schadensersatz sein kann.[64] Stattdessen knüpft das Gesetz andere, für den Schuldner negative Folgen an die Nichtbefolgung der Obliegenheit, wie z.B. den Verlust einer günstigen Rechtsposition.[65] Ergänzend kann das Kriterium des fehlenden Erfüllungsanspruches und damit der fehlenden Klagbarkeit und Vollstreckungsmöglichkeit herangezogen werden.[66] Für sich genommen wäre Letzteres allerdings nicht ausreichend, weil auch nicht einklagbare Pflichten existieren. Basierend auf den genannten Kriterien findet sich die Formulierung, es handele sich um Verhaltensaufforderungen „minderer Intensität".[67] Dies rügen andere als zumindest missverständlich, weil die Sanktionen einer Obliegenheitsverletzung den Belasteten u.U. härter treffen könnten als ein Schadensersatzanspruch[68] oder doch zumindest ebenso lästig seien.[69]

---

60 R. Schmidt, S. 314.
61 R. Schmidt, S. 314.
62 R. Schmidt, S. 314f.
63 R. Schmidt, S. 314f.
64 Heinrichs in: Palandt, Einl. v. § 241, Rn. 13; Kramer in: MüKo, BGB, Einl. §§ 241ff, Rn. 50; Wiedemann in: Soergel, vor § 293, Rn. 21; Deutsch, Fahrlässigkeit, § 16 I.1.; vgl. hierzu auch Siebentes Kapitel, B. I.
65 Wieling, AcP 176 (1976), S. 334, 346.
66 Kramer in: MüKo, BGB, Einl. §§ 241ff, Rn. 49; R. Schmidt in: Soergel, 10. A., vor § 241, Rn. 8; Larenz, AT, 7. Auf., § 12 II d).
67 R. Schmidt, S. 314f; Lorenz, FS 50 Jahre BGH, Bd. I, S. 329, 343.
68 Ballerstedt, ZHR 121 (1958), S. 220, S. 82; Wieling, AcP 176 (1976), S. 334, 346.
69 Hanau, AcP 165 (1965), S. 220, 238.

Wegen der Rechtsfolgen eines Obliegenheitsverstoßes ist als Ursprung der Kategorie „Obliegenheiten“ das Verbot des venire contra factum proprium weitgehend anerkannt.[70] Im Falle einer Obliegenheitsverletzung nähme der Belastete einen mit seinem eigenen Verhalten unvereinbaren Standpunkt ein, wenn er trotzdem seine Rechtsposition geltend mache.[71] Diese Herleitung ist allerdings auch nicht ohne Widerspruch geblieben. *Esser* – der dem Begriff „Obliegenheit“ zunächst kritisch gegenüber stand – hielt die Bezeichnung „Last“ für die bessere, da es letztlich nur um eine Gefahrenabgrenzung ginge; andernfalls läge eine echte Rechtspflicht vor.[72] Dieser Begriff ist jedoch dem Prozessrecht vorbehalten und die Verwendung im allgemeinen Zivilrecht würde neue begriffliche Irritationen auslösen.[73] Die Befürworter einer Herleitung der Kategorie „Obliegenheiten“ aus dem Verbot widersprüchlichen Verhaltens sehen gerade in dieser Herleitung den Unterschied zur Last, deren Erfüllung zudem nur dem Interesse der mit ihr belasteten Partei diene.[74]

Aufgrund der Einigkeit bezüglich des Ausscheidens eines Schadensersatzanspruches als Rechtsfolge eines Obliegenheitsverstoßes und im Bemühen einer Umgehung der Diskussion der einzelnen Streitfragen[75], definieren viele Autoren Obliegenheiten in erster Linie über die Art der Verletzungsrechtsfolge.[76] Dies ist sicherlich dann möglich, wenn die Rechtsfolge ausdrücklich geregelt ist. Eine tatbestandsmäßige Beschreibung einer Obliegenheit ist damit allein jedoch nicht gewonnen.[77]

bb. Interessenlage

Von besonderer Bedeutung ist deshalb die Frage nach der Interessenlage bei Obliegenheiten.

---

70 Larenz/Wolf, AT, § 13, Rn. 37; Deutsch, Fahrlässigkeit, § 16 I.1.; Hanau, AcP 165 (1965), S. 220, 239; Wieling, AcP 176 (1976), S. 334, 352; R. Schmidt, S. 317; kritisch aber Weber in: Staudinger, 11. A., § 241, M 20.

71 Hanau, AcP 165 (1965), S. 220, 239; Wieling, AcP 176 (1976), S. 334, 352.

72 So Esser, AcP 154 (1954), S. 49, 50 und Schuldrecht, 2. Auf., § 28 5b).

73 Dies erkennt auch Hanau, AcP 165 (1965), S. 220, 239, an, der ebenfalls den Begriff „Lasten“ präferiert.

74 Larenz/Wolf, AT, § 13, Rn. 39.

75 So auch Müller-Foell, S. 51.

76 Schwenker in: Erman, § 642, Rn. 2; Köpcke, S. 113f; Wieling, AcP 176 (1976), S. 334, 347; Fuchs, S. 87, für den Fall der Kooperationspflichten; tendenziell auch Schmidt-Kessel in: AnwK, § 293, Rn. 2, der von Pflichten mit eingeschränkter Rechtsfolge und daher eingeschränktem Schutzzweck spricht.

77 Hüffer, S. 225.

(1) Meinungsstand

Nach vielfacher Ansicht besteht nur ein eigenes Interesse des mit der Obliegenheit Belasteten.[78] Diesem werde für den Fall der Obliegenheitsverletzung der Verlust einer ihm eigentlich zustehenden, aber eben von der Erfüllung der Obliegenheit abhängigen Rechtsposition angedroht.[79] Es handele sich gleichsam um eine Verpflichtung des Gläubigers einer Leistungsverbindlichkeit gegen sich selbst.[80]

Andere Stimmen weisen auf ein mögliches Interesse des Obliegenheitsbegünstigten hin, das neben das Interesse des Belasteten trete.[81] Nach *Fikentscher* handelt es sich bei einer Obliegenheit um eine Verhaltensaufforderung, die von der Rechtsordnung einem Rechtssubjekt in dessen Interesse und dem des Begünstigten auferlegt wird.[82] Hierbei sieht *Hanau* den Schutz des Begünstigten im Vordergrund, da die Rechtsordnung keine Veranlassung habe jemandem im eigenen Interesse Pflichten aufzuerlegen.[83] Andere wiederum sehen das Schwergewicht in der Wahrung des eigenen Interesses des Belasteten.[84]

Einen Mittelweg zwischen den vorgenannten Meinungen beschreitet *Weber*, der grundsätzlich ein Interesse beider Seiten bejaht, in manchen Fällen aber ein alleiniges Interesse des Belasteten annimmt.[85] Letzteres soll gerade für den hier interessierenden Fall der Gläubigermitwirkung gelten.[86]

Wieser hält bereits ein Interesse des Obliegenheitsbegünstigten für ausreichend, da der Unterschied zu Pflichten bereits das Fehlen von Erfüllungs- und Schadensersatzansprüchen sei.[87]

Bei der Vielfalt dieser Ansätze ist es wenig erstaunlich, dass keine Einigkeit darüber besteht, in welchen Rechtsnormen Obliegenheiten geregelt sind. Diskutiert wird eine solche Einordnung insbesondere bei: §§ 121 Abs. 1 Satz 1, 149 Satz 1, 254 Abs. 1 und Abs. 2, 293ff, 326 Abs. 2 Satz 1, 346, 1994 Abs. 1 Satz 2 BGB, 362, 377 HGB.[88]

---

78 Kramer in MüKo, BGB, Einl. §§ 241ff, Rn. 49; H.P. Westermann in: Erman, BGB, Einl. § 241, Rn. 24; Brox/Walker, SchR AT, Rn. 16; Köpcke, S. 112.

79 Wieling, AcP 176 (1976), S. 335, 346.

80 Lorenz, FS 50 Jahre BGH, Bd. I, S. 329, 342f; Meurer, MDR 2001, S. 848, 849.

81 Ennerceus/Nipperdey, § 74 IV.; Larenz/Wolf, AT, § 13, Rn. 36.

82 Fikentscher, Schuldrecht, Rn. 32.

83 Hanau, AcP 165 (1965), S. 221, 239.

84 Ballerstedt, ZHR 121 (1958), S. 78, 84; Scheube, S. 42.

85 Weber in: Staudinger, 11. A., § 241, M 10.

86 Weber in: Staudinger, 11. A., § 241, M 10.

87 Wieser, Rn. 204.

88 Vgl. Henss, S. 17f, der in Fn. 21 einen Überblick zum Meinungsstand gibt; Scheube, S. 39.

(2) Stellungnahme

Die meisten Autoren übersehen, dass es grundsätzlich zwei Anknüpfungspunkte für die Beurteilung der Interessenlage gibt. Zum einen kann man darauf abstellen, in wessen Interesse die bloße Übernahme einer Obliegenheit ist, zum anderen darauf, wer ein Interesse an der Erfüllung der Obliegenheit hat. Gerade Letzteres ist für die Abgrenzung zu Pflichten von besonderer Bedeutung, da bei diesen ein überwiegendes Interesse des Gläubigers eben an der Erfüllung besteht[89], dem mit der bloßen Übernahme der Pflicht nicht Genüge getan würde.

Angesichts der sehr unterschiedlichen Regelungsgehalte der Vorschriften, die Obliegenheiten enthalten, erscheint es zunächst schwierig, pauschalierende Aussagen zur Interessenlage zu treffen. So ist es z.B. unmittelbar einleuchtend, bei § 377 HGB allein ein Interesse des Belasteten an der Erfüllung der Obliegenheit anzuerkennen[90], da die Verletzung der Rügeobliegenheit für den Verkäufer nur den Vorteil des Ausschlusses der gegen ihn gerichteten Gewährleistungsansprüche hat und im Zweifel der Käufer die rechtzeitige Absendung der Rüge darlegen und beweisen muss.[91] Dem Verkäuferinteresse an einer unverzüglichen Information über die Geltendmachung von Gewährleistungsansprüchen ist deshalb bereits mit der bloßen Übernahme der Rügeobliegenheit gedient. Genauso könnte man auch bei § 254 Abs. 1 BGB[92] argumentieren, denn der Schädiger wird im Falle der Verletzung der Schadensminderungspflicht von seiner Haftung frei. Die Versicherung wird ebenfalls im Falle einer Obliegenheitsverletzung durch den Versicherungsnehmer, z. B. bei falschen Angaben zum versicherten Risiko oder nicht rechtzeitiger Schadensmeldung, von ihrer Einstandspflicht frei. Wirtschaftlich gesehen ist die Nichterfüllung der Obliegenheit also günstig für die Versicherung, deren Interesse soll daher nach einer Auffassung ebenfalls allein in der Übernahme der Obliegenheit bestehen.[93] Eine solche Argumentation lässt aber außer Acht, dass der Ausschluss der Haftung bzw. der Fortfall der Leistungspflicht nur greift, wenn die Obliegenheitsverletzung publik wird, dem Geschädigten bzw. Versicherungsnehmer sein Fehlverhalten also im Ernstfall vor Gericht nachgewiesen werden kann. Hieran bestehen in der Praxis erhebliche Bedenken: dem Schädiger wird oftmals eine Schadensbegrenzungsmöglichkeit i.S.v. § 254 Abs. 1 BGB gar nicht bewusst sein und der Versicherung wird häufig der Vollbeweis z.B. des Bestehens einer Vorerkrankung zum Zeitpunkt des Ab-

89 S. Zweites Kapitel, B. I.

90 Wieling, AcP 176 (1976), S. 334, 346, nimmt § 377 HGB gerade als Beleg für seine These.

91 Hopt in: Baumbach/Hopt, HGB, § 377, Rn. 55 u. 41.

92 Dieses Beispiel bemüht Hanau, AcP 165 (1965), S. 220, 238, für seine These.

93 Scheube, S. 33.

schlusses einer Berufsunfähigkeitsversicherung nicht gelingen. Aus diesen Gründen haben aber regelmäßig auch die Begünstigten einer Obliegenheit ein Interesse an deren Erfüllung, denn nur dann können sie sicher sein, nicht zu Unrecht in Anspruch genommen zu werden. Zuzugeben ist insoweit allerdings, dass das Interesse des Obliegenheitsbegünstigten an der Erfüllung der Obliegenheit zum einen nur einen Reflex der möglichen negativen Folgen im Falle ihrer Verletzung darstellt, also weniger schwer wiegt als das Interesse des Belasteten. Zum anderen beruhen die negativen Folgen der Beweisfälligkeit auf der die Versicherung treffenden Beweislast und nicht auf der Obliegenheit selbst. Dennoch verbleibt ein mittelbares Interesse der Versicherung an der Erfüllung der Obliegenheit, denn dieser wird es im Ergebnis nicht darauf ankommen, ob sie wegen der Obliegenheitsverletzung als solcher oder der diesbezüglichen Beweislast einen Nachteil erleidet. Aus dem Vorstehenden ist zugleich deutlich geworden, dass ein reines Interesse des Obliegenheitsbegünstigten an der Erfüllung nicht ausreicht. Wenn dies richtig wäre, wäre das Fehlen von Erfüllungs- und Schadensersatzansprüchen nicht zu erklären. Die Erfüllung einer Obliegenheit besteht also im beiderseitigen Interesse, wenngleich Ausgangspunkt und Schwerpunkt das eigene Interesse des Belasteten ist, das in Einzelfällen sogar völlig in den Vordergrund treten kann.

cc. Verzichtbarkeit des Begriffes?

Die aufgezeigten Differenzen führen dazu, dass der Begriff der Obliegenheit noch heute als konturenlos bezeichnet wird.[94] *J. Schmidt* will auf ihn sogar in Gänze verzichten, da er nicht geeignet sei, das Zivilrecht zu bereichern.[95] Die Herausarbeitung von positiven Merkmalen einer Kategorie von Verhaltensaufforderungen mit dem Namen „Obliegenheiten“ erübrige sich; die einzelnen diskutierten Fragen ergäben sich letztlich nur aus den jeweiligen Normen selbst.[96]

In der Tat ist zuzugestehen, dass aufgrund der Vielfalt der Ansätze eine Begriffsbestimmung im Sinne einer positiven Definition schwer fällt. Allgemeine Aussagen über die Merkmale, die eine Obliegenheit ausmachen, sind deshalb schwierig zu treffen, weil im BGB keine einheitliche Gruppe von Obliegenheitstatbeständen geschaffen wurde.[97] Dem historischen Gesetzgeber fehlte insoweit eine klare Vorstellung.[98] Es gibt dennoch zwei Elemente, die diese Tatbestände eindeutig von Pflichten abgrenzbar machen: die anders gelagerte Interes-

94 Fuchs, S. 84; Nelle, S. 16.
95 J. Schmidt in: Staudinger, Einl. zu §§ 241ff, Rn. 286.
96 J. Schmidt in: Staudinger, Einl. zu §§ 241ff, Rn. 286.
97 Deutsch, Fahrlässigkeit, § 16 I. 4.
98 R. Schmidt, S. 104, 317.

senlage bezüglich der Erfüllung der Verhaltensaufforderung und die Art der Rechtsfolge. Eine darüber hinausgehende positive Definition des Begriffes ist nicht notwendig. Die Abgrenzung kann genauso sinnvoll negativ vorgenommen werden, indem die Verhaltensaufforderungen, die – eben wegen der andersartigen Rechtsfolge und Interessenlage – nicht als Pflichten bezeichnet werden können, unter dem Begriff „Obliegenheiten" zusammengefasst werden. Letztlich wird man anerkennen müssen, dass der Begriff „Obliegenheiten" seinen festen Platz in der Rechtswissenschaft erlangt hat.

C. Abgrenzungskriterien für die werkvertraglichen Mitwirkungshandlungen

Im nächsten Schritt sind Kriterien zu entwickeln, die eine Abgrenzung der Kategorien bei den werkvertraglichen Mitwirkungshandlungen ermöglichen. Nach den bisherigen Feststellungen gibt es zwei maßgebliche Kriterien, an denen der Unterschied zwischen Obliegenheiten und Pflichten festgemacht werden kann: zum einen die Art der Rechtsfolge, zum anderen die Interessenlage der Beteiligten. Diese beiden sind auf ihre Tauglichkeit zur rechtlichen Qualifizierung der Bestellermitwirkungshandlungen zu untersuchen.

I. Rechtsfolge

Eine Abgrenzung über die Rechtsfolge erscheint bei der Einordnung der Mitwirkungshandlungen im Werkvertrag bereits auf den ersten Blick von zweifelhaftem Wert. Denn § 642 BGB stellt allgemein auf das Unterlassen einer erforderlichen Mitwirkungshandlung ab, ohne einzelne, konkrete Handlungen zu benennen. Die Gesetzesbegründung lässt außerdem gerade die Möglichkeit eines Schadensersatzanspruches im Falle einer pflichtigen Handlung zu.[99] Hierdurch entsteht gerade das Bedürfnis, für einzelne Mitwirkungshandlungen die Art der Rechtsfolge zu ermitteln. Der Streit um die Einordnung entzündet sich deshalb daran, dass im Falle einer Pflicht ein Schadensersatzanspruch bestünde, im Falle einer bloßen Obliegenheit jedoch „nur" der Anspruch aus § 642 BGB. Der Weg zur Bestimmung der Rechtsnatur der Mitwirkungshandlungen über einen Rückschluss aus der Rechtsfolge einer Verletzung ist also nicht nur nicht gangbar – mag er sonst Erfolg versprechend sein[100] –, sondern es soll und muss hier genau umgekehrt

---

99 Motive, Bd. 2, S. 496. Eine entsprechende Klarstellung war auch im Rahmen der Schuldrechtsmodernisierung in § 643 Abs. 2 DiskE erwogen worden.

100 Martinek, AcP 98 (1998), S. 329, 335, weist zu Recht darauf hin, dass der Rechtsfolge generell nur indizieller Wert zukommt, da der pflichtentypische Schadensersatz nur Anzeichen für die Rechtswidrigkeit des Handelns des Verpflichteten ist;

über die Einordnung bestimmter Mitwirkungshandlungen deren Rechtsfolge ermittelt werden.[101] Eine andere Vorgehensweise wäre ein offensichtlicher Zirkelschluss.

II. Interessenlage

Da das Kriterium der Rechtsfolge für diese Abhandlung entsprechend dem Vorstehenden untunlich ist, verbleibt nur die Interessenlage. Die Erfüllung einer Pflicht besteht vornehmlich im Interesse des Gläubigers, die einer Obliegenheit hingegen überwiegend im Interesse des Belasteten. Dabei spielt aber jeweils das Interesse der Gegenseite ebenfalls eine Rolle, wenngleich bei einer Obliegenheit diesem in einigen Fällen bereits mit der bloßen Übernahme der Obliegenheit Genüge getan ist. Bei den Mitwirkungshandlungen liegt dieser letztere Fall aber nicht vor. Zwar wird es keine Beweisschwierigkeiten hinsichtlich der Verletzung der Mitwirkungshandlung geben, da hierfür ein bloßes, meistens auf der Hand liegendes Unterlassen ausreicht. Dennoch ist die Interessenlage anders als z.B. bei § 377 HGB, denn die Verletzung führt nicht zu einer Anspruchsbefreiung des Unternehmers, sondern dieser bleibt entweder zur Werkherstellung weiter verpflichtet oder erhält im Falle einer Kündigung nach § 643 BGB nur eine Teilvergütung zuzüglich Auslagenersatz gemäß § 645 Abs. 1 S. 2 BGB. Um diesen Folgen zu entgehen, ist es aus Sicht des Unternehmers vorzugwürdig, wenn der Besteller seinen Mitwirkungshandlungen nachkommt. Diese gespaltene Interessenlage besteht generell beim Annahmeverzug, da der Schuldner immer ein Interesse an der Vertragsabwicklung hat.[102] Eben dieses, in seiner im Werkvertrag aufgrund der Vorleistungspflicht des Unternehmers gesteigerten Form, führte zur Schaffung der §§ 642, 643 BGB.[103] Die Vornahme der Mitwirkungshandlungen besteht demnach auch im Interesse des Unternehmers.[104]

Entscheidend für die rechtliche Einordnung ist deshalb, welches Interesse überwiegt: Ist es das des Belasteten (Bestellers), so liegt eine Obliegenheit vor

---

Hartmann, S. 50, hält die Anknüpfung an die Rechtsfolge für unbrauchbar, da unabhängig davon ermittelt werden müsse, ob eine Pflicht oder Obliegenheit vorliege.

101 Schwarze, S. 82; Wahl, S. 35, hält die Einordnung über die Rechtsfolge ebenfalls für nicht Erfolg versprechend, begründet dies aber damit, dass § 642 BGB den Annahmeverzug als Tatbestandsvoraussetzung und nicht als Rechtsfolge habe. Dieses Argument geht jedoch fehl, da der Annahmeverzug als solcher nie die Rechtsfolge ist, sondern umgekehrt werden an diesen Rechtswirkungen wie die Haftungserleichterung des § 300 BGB, der Aufwendungsersatzanspruch gemäß § 304 BGB und eben § 642 BGB geknüpft.

102 R. Schmidt, S. 146.

103 S. oben, Erstes Kapitel.

104 Schwarze, S. 93.

und der Unternehmer muss sich mit den Rechten aus §§ 642, 643 BGB begnügen. Schlägt indessen die Waage zugunsten des Gläubiger-/Unternehmerinteresses aus, so ist eine Pflicht gegeben und dem Unternehmer kann ein Schadensersatzanspruch zustehen.

D. Abgrenzungsmethode

Damit ist zugleich der Weg zur Qualifizierung einzelner Verhaltensaufforderungen aufgezeigt: Das einzige taugliche Kriterium sind die Parteiinteressen an der Vornahme der Mitwirkungshandlung. Keine Schwierigkeiten bei der Abgrenzung zwischen Obliegenheiten und Pflichten bestehen regelmäßig, wenn diesbezüglich eine eindeutige Parteivereinbarung vorliegt, da unstreitig die rechtliche Einordnung einer Verhaltensaufforderung dispositiv ist.[105] In diesem Fall liegt eine von Vertragspartnern selbst vorgegebene Interessenbewertung vor, die vom außenstehenden Rechtsanwender nicht einseitig übergangen oder abgeändert werden kann. Existiert eine solche Vereinbarung jedoch nicht, muss die Interessenlage auf andere Art und Weise Beachtung finden.

I. Rechtsfortbildung

Als dogmatischer Ansatzpunkt für die Einordnung der konkreten Mitwirkungshandlungen wird zumeist die ergänzende Vertragsauslegung nach §§ 133, 157 BGB herangezogen.[106] *Müller-Foell* hingegen bevorzugt eine vertragstypusentsprechende Norminterpretation im Wege der Rechtsfortbildung.[107]

Über das Verhältnis von dispositivem Schuldrecht und ergänzender Vertragsauslegung existieren unabhängig von der hier vorrangig interessierenden Frage der Einordnung der Bestellermitwirkung divergierende Meinungen. Das Ziel der Rechtsfortbildung ist es, Lücken des dispositiven Gesetzesrechts im Wege einer allfälligen, sinngemäßen Rechtsfortbildung zu schließen.[108] Im Gegensatz hierzu findet die ergänzende Vertragsauslegung zur Füllung von Vertragslücken An-

---

105 Sterner in: Leinemann, § 4, Rn. 5; Westermann in: Erman, Einl. § 241, Rn. 24; Müller-Foell, S. 105.

106 OLG Karlsruhe, ZIP 1998, 1689, 1690; Busche in: MüKo, BGB, § 642, Rn. 22; Nicklisch, BB 1979, S. 533, 540; Kniffka, Jahrbuch Baurecht 2001, S. 1, 7; Scheube, S. 70; Wahl, S. 42; Schwarze, S. 99, der die Notwendigkeit der Betrachtung des jeweiligen individuellen Vertrages herausstellt.

107 Müller-Foell, S. 105.

108 Mayer-Maly/Busche in: MüKo, BGB, § 157, Rn. 25; Larenz/Wolf, AT, 8. Aufl., § 33, Rn. 12.

wendung, wenn bei einem geregelten Vertragstyp eine besondere Interessenlage besteht oder der Vertragstyp überhaupt nicht geregelt ist.[109] Ansonsten besteht ein grundsätzlicher Vorrang des dispositiven Rechts, da dieses dann eine Regelung enthält und die tatsächliche Sachlage der Vorstellung des Gesetzgebers bei der Schaffung des dispositiven Rechts entspricht.[110]

Die Problematik der ergänzenden Vertragsauslegung besteht in der Ermittlung des hypothetischen Parteiwillens. Oft genug gibt letztlich die Vernunft des jeweiligen Gerichts den entscheidenden Ausschlag.[111] Der hypothetische Parteiwille ist dann nur der Krückstock für die Fortbildung des dispositiven Rechts.[112] Deshalb sind einige Autoren der Auffassung, dass es sich in Wahrheit um eine Gesetzesergänzung handelt, die ihre Grundlage in § 242 BGB hat.[113] Auf die Widersprüchlichkeit und Ungenauigkeit der Rechtsprechung zur Abgrenzung zwischen ergänzender Vertragsauslegung und Rechtsfortbildung weist insbesondere *Sandrock* hin.[114] Er bevorzugt bei typischen, im Verkehr immer wiederkehrenden Fallkonstellationen die Fortbildung des dispositiven Rechts, da es dann gerade losgelöst von einem konkreten Vertrag um die Beurteilung einer typischen Interessenlage gehe, die einer schematischen, generalisierenden Beurteilung zugänglich sei.[115] Deshalb sei auch die Methode die gleiche wie bei der Schaffung von Gesetzesrecht: Es müsse der „durchschnittliche" Parteiwille in der typischen Fallkonstellation ermittelt werden, sofern kein allgemeiner Rechtsgrundsatz oder zumindest eine vergleichbare, positiv geregelte Situation existiert, wobei Grundlage § 242 BGB sei.[116] Es ist zum Zwecke der Rechtsfortbildung also zu ermitteln, worauf sich die Parteien objektiv im Hinblick auf den Vertragszweck unter Berücksichtigung der Interessen aller Beteiligten und einer ggf. existierenden Verkehrssitte redlicherweise hätten einlassen müssen.[117] Denn auch der Gesetzgeber hat sich nicht nur darauf beschränkt, das üblicherweise im Rechtsverkehr

---

109 Roth in: Staudinger, § 157, Rn. 25ff; Larenz/Wolf, AT, § 28, Rn. 111f.

110 BGHZ 40, S. 91, 103; 77, S. 301, 304; grundlegend Larenz, NJW 1963, S. 737, 740f.

111 BGHZ 96, 313, 320f; Esser/Schmidt, SchR AT, Bd. 1, § 10 I. 2.; Ehricke, RabelZ 60 (1996), S. 691, 669.

112 Sandrock, S. 81; v.Rintelen, S. 12.

113 Ehricke, RabelZ 60 (1996), S. 691, 671f; Mangold, NJW 1961, S. 2284.

114 Sandrock, S. 215ff.

115 Sandrock, S. 50, 63 u. 85f; zustimmend v.Rintelen, S. 13.

116 Sandrock, S. 78ff u. 115; ähnlich Mayer-Maly/Busche in: MüKo, BGB, § 157, Rn. 26 u. 37.

117 Canaris, Feststellung von Lücken im Gesetz, S. 54; Ehricke, RabelZ 60 (1996), S. 661, 686; den Unterschied zwischen der Betrachtung der konkreten, einzelfallbezogenen Parteiinteressen und der typischerweise einzelfallübergreifenden Interessenlage verkennt Scheube, S. 70.

Vereinbarte zu normieren, sondern hat bewusst fürsorgend die Interessen der einen oder anderen Seite wahrgenommen.[118] Das Ergebnis der Rechtsfortbildung gilt dann nicht allein für den Einzelvertrag, sondern für alle Verträge mit dem typischen Inhalt[119], also nicht für „diesen", sondern für „einen solchen" Vertrag.[120]

Im Falle der Einordnung der Mitwirkungshandlungen könnte man die ergänzende Vertragsauslegung bevorzugen, weil u.U. bei bestimmten Werkverträgen eine besondere Interessenlage im Vergleich zur gesetzlich normierten besteht. Dieser Ansatz ließe aber außer Acht, dass nicht erst der konkrete Vertrag, sondern bereits das Gesetz eine Lücke aufweist. Schon die Motive verweisen trotz der grundsätzlichen Ablehnung einer Mitwirkungspflicht auf die Möglichkeit, in bestimmten Fällen eine solche zu vereinbaren.[121] Dabei hat der historische Gesetzgeber nicht berücksichtigt – und konnte dies auch nicht –, dass im heutigen modernen Wirtschaftsleben für Spezialbereiche wie das Baurecht Werkverträge abgeschlossen werden, die eine Art Untertyp des allgemeinen Werkvertragsrechts darstellen. Es handelt sich um immer wiederkehrende Fallgestaltungen, wie z.B. die Errichtung eines Bauwerkes, bei denen das Werkvertragsrecht des BGB nicht ausgefeilt genug ist und deshalb durch die meist gleichen Regelungen Ergänzung findet. Bei diesen Untertypen spielen gerade bestimmte, typische Mitwirkungshandlungen des Bestellers eine große Rolle. Die Lückenhaftigkeit des Gesetzes besteht insoweit darin, dass es keine Einordnung dieser einzelnen Mitwirkungshandlungen vornimmt. Das Anliegen dieser Abhandlung und auch der Hintergrund der – noch zu schildernden – Diskussion um die Qualifizierung der Mitwirkungshandlungen ist es deshalb gerade festzustellen, ob für eine bestimmte Art von Werkverträgen bzgl. einzelner typischer Mitwirkungshandlungen eine generelle Aussage zu deren rechtlicher Einordnung gemacht werden kann. Hierbei gerät der einzelne Vertrag in den Hintergrund, es geht letztlich um eine Fortbildung des insoweit lückenhaften dispositiven Gesetzesrechts. Wenn aber durch Fortbildung des dispositiven Rechts eine Einordnung der Mitwirkungshandlungen möglich ist, so ist für eine ergänzende Vertragsauslegung kein Raum mehr.[122] Ein konkreter Vertrag entzieht sich aufgrund seiner Singularität ohnehin einer wissenschaftlichen Diskussion. Es soll daher im Nachfolgenden eine Bewertung der typischerweise anzutreffenden Parteiinteressen an der Vornahme regelmäßig bei bestimmten Werkverträgen anzutreffender Mitwirkungshandlungen erfolgen, um im Wege der Rechtsfortbildung deren Einordnung zu ermöglichen.

---

118 Sandrock, S. 79; Ehrlich, S. 54ff; vgl. auch v.Rintelen, S. 51f.
119 Larenz, Auslegung, S. 105.
120 So Canaris, Feststellung von Lücken im Gesetz, S. 55, sehr treffend.
121 Motive, Bd. 2, S. 496.
122 Müller-Foell, S. 105, Fn. 208.

Der Ausgleich der Parteiinteressen hat dabei im Wege der Interessenabwägung zu erfolgen. Die Interessen- bzw. Güterabwägung hat heutzutage ihren festen Platz in der Rechtswissenschaft gefunden. Ihre Grundlage hat sie in der aus der Interessenjurisprudenz entwickelten Wertungsjurisprudenz. Nach Letzterer ist bei rechtlichen Entscheidungen anhand von allgemeinen Wertungsmaßstäben eine Interessenabwägung unter Berücksichtigung der konkreten Situation durchzuführen.[123] Bei der Normanwendung ist zuvörderst immer die in einer gesetzlichen Regelung immanent vorhandene Interessenbewertung des Gesetzgebers zu berücksichtigen, der für bestimmte Fallgestaltungen einen abschließenden Ausgleich der widerstreitenden Interessen vorgesehen hat, so dass der Rechtsanwender keine eigene Abwägung mehr vornehmen darf.[124] Eine Abwägung ist in manchen Vorschriften hingegen sogar ausdrücklich vorgesehen oder zur Ausfüllung einer Generalklausel oder eines unbestimmten Rechtsbegriffes notwendig.[125] Eine wichtige Rolle spielt die Interessenabwägung auch, wenn der Geltungsbereich von Normen im Falle einer Normenkonkurrenz ermittelt werden soll.[126]

Genau hierum geht es bei der Abgrenzung von Pflichten und Obliegenheiten: Es ist für bestimmte, an den Gläubiger gerichtete Verhaltensaufforderungen zu ermitteln, ob auf sie die Regeln des Annahmeverzuges oder zusätzlich die des Schuldnerverzuges anzuwenden sind. Das Gesetz macht hierzu keine klare verbindliche Aussage.

Methodisch sind bei der Abwägung die betroffenen Interessen zu ermitteln und deren Wert festzustellen, um sie schließlich untereinander in Beziehung zu setzen.[127] Soweit es um eine Rechtsfortbildung geht, müssen die Bewertung und die Abwägung so vorgenommen werden, wie sie der Gesetzgeber mutmaßlich vorgenommen hätte.[128]

Vorliegend sind daher in erster Linie die jeweiligen typischerweise anzutreffenden Interessen an der Vornahme der Handlung zu beachten und in Beziehung zu setzen. Daneben spielt aber auch ein eventuelles negatives Interesse eine Rolle, also das Interesse einer Partei gegen die Qualifizierung als Pflicht bzw. Obliegenheit.

---

123 Larenz/Canaris, Methodenlehre, S. 224; grundlegend Hubmann, AcP 155 (1955), S. 85, 93ff.

124 Schmalz, Methodenlehre, Rn. 346, Vogel, Methodik, S. 151.

125 Schmalz, Methodenlehre, Rn. 347f; Hubmann, AcP 155 (1955), S. 85, 86, jeweils mit Beispielen.

126 Larenz/Canaris, Methodenlehre, S. 232; Zippelius, Methodenlehre, § 10 V.

127 Hubmann, FS Carolsfeld, S. 173, 177.

128 Looschelders/Roth, S. 181f, für den Fall der teleologischen Auslegung.

Drittes Kapitel: Die rechtliche Qualität der Gläubigermitwirkung

Mit diesem Rüstzeug ausgestattet können im Folgenden die in Rechtsprechung und Literatur aufzufindenden Ansätze zur Qualifizierung der Mitwirkungshandlungen des Bestellers analysiert werden.

A. Gesetzgeberische Konzeption: Annahmeverzug

Als Ausgangspunkt empfiehlt sich ein Blick auf die gesetzgeberische Grundkonzeption und deren Verbindlichkeit für den heutigen Rechtsanwender. Gibt das Gesetz trotz des Fehlens einer zwingenden Regelung Anhaltspunkte für eine Bewertung der Bestellermitwirkung, so wäre damit eine wichtige Grundlage für die weitere Diskussion gewonnen.

Der Verweis in § 642 BGB auf die Vorschriften über den Annahmeverzug legt es auf den ersten Blick nahe, eine Einordnung der Gläubigermitwirkung als Obliegenheit vorzunehmen. Der Annahmeverzug gilt als klassisches Beispiel einer Obliegenheit[129], weshalb die herrschende Meinung die Mitwirkungshandlung im Werkvertrag ebenfalls grundsätzlich als Obliegenheit ansieht.[130] Schon nach dem Wortlaut des § 642 Abs. 1 BGB läge keine Pflicht vor.[131]

Wie einige Stellungnahmen belegen, ist dieser Ausgangspunkt jedoch nicht so anerkannt, wie man annehmen könnte. Wohl als Erster sprach *Nicklisch* von der Offenheit der gesetzlichen Regelung, da die Leitlinie *Kohlers* nicht im vollen Umfang umgesetzt worden sei, wie z.B. die Abnahmepflicht belege.[132] Gerade die Einfügung der §§ 642, 643, 645 BGB belege die besondere Bedeutung der Gläubigerhandlungen im Werkvertrag im Vergleich zu anderen Verträgen.[133] Nach *Müller-Foell* lässt sich deshalb aus diesen Normen weder ein Argument für

129 Ernst in: MüKo, BGB, § 293, Rn. 1; Wiedemann in: Soergel, vor § 293, Rn. 17; R. Schmidt, S. 146ff; Meurer, MDR 2001, S. 848, 849; Wertheimer, JuS 1993, S. 646, 650; kritisch nach der Schuldrechtsmodernisierung Schmidt-Kessel in: AnwK, § 293, Rn. 2, der die Einordnung als Obliegenheit für systemfremd hält und stattdessen eine Pflicht mit wegen des eingeschränkten Schutzzwecks begrenzter Rechtsfolge annimmt.

130 Hofmann in: Beck'scher VOB-Kommentar, Teil B, vor § 3, Rn. 31; Raab in: AnwK, § 642, Rn. 6; Busche in: MüKo, BGB, § 642, Rn. 21; Larenz, SchR BT 1, § 53 III c); Kleine-Möller, NZBau 2000, S. 401, 404; Kniffka, Jahrbuch Baurecht 2001, S. 1, 13; Meurer, MDR 2001, S. 848, 850; Raab, JZ 2001, S. 249, 252.

131 Hüffer, S. 40.

132 Nicklisch, BB 1979, S. 533, 537; Hartmann, S. 47, hält das Modell Kohlers ebenfalls durch das Verständnis des Schuldverhältnisses als Organismus für überholt.

133 Nicklisch, BB 1979, S. 533, 537.

die Einordnung der Handlungen als Pflicht noch als Obliegenheit ableiten.[134] Der Annahmeverzug sei „lediglich in der Funktion normiert, als Tatbestandsvoraussetzung für die verschuldensunabhängige Entschädigungsfolge zu dienen", eine Exklusivität der Rechtsfolge sei hiermit nicht verbunden.[135] *Hartmann* will in den Sanktionen des Gläubigerverzuges sogar nur eine Vorverlagerung des Schutzes des Schuldners sehen, der im Falle des Verschuldens durch die Regelungen des Schuldnerverzuges ergänzt werde.[136] Zur Belegung ihrer These beziehen sich diese Autoren auf die Materialien zum BGB. Nach den Protokollen habe die erste Kommission nur den Fall des unverschuldeten Annahmeverzuges regeln wollen und bei Vorliegen eines Verschuldens die allgemeinen Regeln als ausreichend erachtet.[137] *Nicklisch* verweist auf die in den Motiven erwähnte Möglichkeit der vertraglichen Vereinbarung von Mitwirkungspflichten.[138] Aus dieser Stelle folgert wiederum *Müller-Foell* gerade das Gegenteil, nämlich die Ablehnung des Pflichtencharakters für den Regelfall.[139] Hieran ist seiner Auffassung der heutige Gesetzesanwender jedoch nicht mehr gebunden, da die subjektiven Vorstellungen der damaligen Zeit keine Antworten auf die Fragen der heutigen Zeit bereithielten.[140] *Köpcke* meint, der Gesetzgeber habe zwar bewusst keine einklagbare Pflicht normiert, jedoch genauso wenig eine bloße Obliegenheit vorgesehen.[141]

Diese Stellungnahmen sind durch eine zu starke Fokussierung auf den Werkvertrag geprägt. Ansatzpunkt muss zunächst der Annahmeverzug als solcher sein, der nach den eindeutigen Motiven auf dem Grundsatz einer fehlenden Verpflichtung des Gläubigers zur Annahme beruht.[142] Durch den Verweis des § 642 BGB auf die §§ 293ff BGB bleibt diese Grundkonzeption auch für den Werkvertrag aufrechterhalten, denn ein Schadensersatzanspruch – als typische Rechtsfolge einer Pflichtverletzung – sollte durch diese Norm gerade nicht geschaffen werden.[143] Vielmehr regelt § 642 BGB lediglich eine besondere Rechtsfolge des Gläubigerverzuges, so wie § 615 BGB im Dienstvertragsrecht. Die gegenüber § 304 BGB bloß erweiterte Rechtsfolge bleibt immer noch die Rechtsfolge einer Obliegenheitsverletzung. Der Gesetzgeber hielt lediglich die allgemeinen Sanktionen für nicht ausreichend und hat sie erweitert, ohne die grundsätzliche Ein-

---

134 Müller-Foell, S. 63.
135 So Müller-Foell wörtlich auf S. 63f; ähnlich Wahl, S. 35.
136 Hartmann, S. 45.
137 Hartmann, S. 45, unter Bezugnahme auf Schubert/Lang, S. 889, s. auch oben, Erstes Kapitel.
138 Nicklisch, BB 1979, S. 533, 537.
139 Müller-Foell, S. 66.
140 Müller-Foell, S. 67, ihm folgend Scheube, S. 91.
141 Köpcke, S. 72.
142 Motive, Bd. 2, S. 76, was im Übrigen auch Hartmann, S. 46, einräumen muss.
143 Protokolle der ersten Kommission nach Schubert/Lang, §§ 642, 643, S. 889.

ordnung der Gläubigermitwirkung zu ändern. Wie sich bereits aus dem freien Kündigungsrecht des Bestellers aus § 649 S. 2 BGB ergibt, gesteht das Gesetz dem Unternehmer kein eigenes Interesse an der Werkherstellung zu.[144] Ursache hierfür war die seinerzeit vorherrschende Auffassung vom Besteller als Herrn und dem Unternehmer als Diener.[145] Der Hinweis auf eine mögliche Haftung aus Verzug bezieht sich ausweislich der Motive eindeutig auf Ausnahmefälle, insbesondere auf eine vertraglich fixierte Pflicht. Richtig ist deshalb zwar, dass seitens des Gesetzes keine zwingende Einordnung der Mitwirkungshandlungen erfolgt, jedoch ist ein klares Regel-Ausnahme-Verhältnis in den Gesetzesmaterialien zum Ausdruck gekommen. Die geänderten gesellschaftlichen Gegebenheiten vermögen an dieser grundlegenden Einstufung nichts zu ändern, die gesetzliche Regelung ist die gleiche geblieben und auch nicht im Rahmen der Schuldrechtsmodernisierung reformiert worden. Der vermeintlich unbeachtliche subjektive Wille des historischen Gesetzgebers liegt daher immer noch dem geltenden Gesetzesrecht zugrunde. Für die Propagandierung einer Offenheit der gesetzlichen Regelung besteht noch nicht einmal ein Bedürfnis, da die bei der Einordnung einzelner Mitwirkungshandlungen vorzunehmende Interessenabwägung ausreichend Gelegenheit bietet, die Sicht der heutigen Zeit zur Geltung zu bringen. Es bleibt daher beim gesetzlichen Grundkonzept: Dem Gläubiger obliegen seine Mitwirkungshandlungen, die Annahme einer Pflicht bedarf besonderer und sorgfältiger Begründung. Dies ist im Folgenden stets im Auge zu behalten.

B. Das allgemeine Werkvertragsrecht

Als Erstes soll die Qualifizierung der Gläubigermitwirkung in Werkverträgen untersucht werden, die sich nicht auf bestimmte Spezialmaterien wie Bauwerke oder Individualsoftware beziehen.

I. Rechtsprechung

Nach der umfassenden Untersuchung von *R. Schmidt* begann auch der BGH den Begriff „Obliegenheiten" in seinen Urteilen zu verwenden.[146] In einer ersten Entscheidung aus dem Jahre 1953[147] hatte der I. Zivilsenat des BGH über die Einordnung der Mitwirkungshandlungen eines Befrachters bei Beladung des ge-

---

144 BGH, NJW 1972, S. 99, 100.

145 S. dazu oben, Erstes Kapitel.

146 Zur Rechtsprechung des RG vgl. ausführlich Müller-Foell, S. 28ff, der auf S. 32 zutreffenderweise feststellt, dass diese keine konsistente Linie verfolgte.

147 BGHZ 11, S. 80.

charterten Schiffes zu entscheiden. Dieser hatte dem Verfrachter die Fracht nicht zur Verfügung gestellt und zudem keinen Belader benannt, weshalb der Verfrachter sein Schiff zurückzog und Schadensersatz forderte. In den Gründen führt das Gericht aus, dass zu den Vertragsverbindlichkeiten alles gehöre, was von dem Vertragsschuldner verlangt werden könne.[148] Hierunter fielen nicht nur alle Haupt- und Nebenpflichten, wie z.B. Mitwirkungspflichten, sondern auch die Gläubigerobliegenheiten, zu denen die zur Herstellung des Werkes erforderlichen Handlungen i.S.v. § 642 BGB zählten, bei denen keine echte Verpflichtung des Gläubigers bestehe.[149] Das Zurverfügungstellen der Fracht wertete der BGH zwar als Obliegenheit, sprach jedoch Schadensersatz aus pVV zu, deren Grundsätze im Falle eines Verschuldens neben § 642 BGB anwendbar sein sollten.[150] Eine klare Grenzziehung zwischen Obliegenheiten und Pflichten erfolgte in diesem Urteil letztlich nicht, weshalb es in der Literatur auf Ablehnung gestoßen ist.[151]

In einer weiteren Entscheidung zur Mitwirkung des Befrachters bei der Beladung eines gecharterten Schiffes aus dem Jahre 1960 ordnete der II. Zivilsenat des BGH diese erneut als Obliegenheit ein.[152] Nachfolgend stellte er klar, dass eine schuldhafte Verletzung derselben allein keine Schadensersatzansprüche hervorrufen könne; solche kämen nur bei einer hiermit verbundenen schuldhaften Verletzung der allgemeinen vertraglichen Treuepflicht in Betracht.[153]

Diese Klarstellung machte ein Urteil des VII. Zivilsenats im Jahre 1968[154] wieder zunichte. In dem zu entscheidenden Fall hatte der Besteller die zur Fertigstellung einer Abrechnungsanlage notwendigen Daten nicht übermittelt, weshalb der Unternehmer Erfüllung in Form der Vergütung ohne Erbringung der eigenen Werkleistung verlangte. Unter ausdrücklicher Berufung auf die ältere Entscheidung des I. Zivilsenats hat das Gericht der Klage stattgegeben und zur Begründung ausgeführt, dass wegen der schuldhaften Verletzung der Obliegenheit zur Übermittlung der Daten ein mit Treu und Glauben unvereinbares Ergebnis vorläge, wenn man dem Unternehmer nur das Kündigungsrecht aus § 643 BGB zugestehen würde, nicht aber den Werklohn.[155] Diese Entscheidung ist ebenfalls auf Ablehnung in der Literatur gestoßen.[156]

---

148 BGHZ 11, S. 80, 83.
149 BGHZ 11, S. 80, 83.
150 BGHZ 11, S. 80, 89.
151 Götz, JuS 1961, S. 56; Lehmann, JZ 1954, S. 240; s. im Einzelnen unten, Siebentes Kapitel, B. I.
152 BGH, VersR 1960, S. 693, 694.
153 BGH, VersR 1960, S. 693, 694.
154 BGHZ 50, S. 175.
155 BGHZ 50, S. 175, 178f.
156 Hüffer, S. 206ff; s. im Einzelnen unten, Siebentes Kapitel, B. II.

Der VII. Zivilsenat des BGH hatte in einer Entscheidung aus dem Jahre 1971[157] über die Einordnung eines vereinbarten Abrufes der Werkleistung zu entscheiden. In dem zugrunde liegenden Fall sollte der Besteller die Lieferung und den Einbau einer Heizungsanlage abrufen, kam dem aber trotz mehrmaliger Aufforderung nicht nach. Der BGH ordnete dies als Nebenpflichtverletzung ein, die Schuldnerverzug und die zumindest entsprechende Anwendung der §§ 642, 643 BGB zur Folge hätte.[158] Trotz dieser Einordnung als Pflicht wies das Gericht ausdrücklich auf die im Regelfall fehlende Verpflichtung des Bestellers zur Mitwirkung hin, weshalb jedenfalls keine Hauptpflicht vorläge.[159] Offenbar hat der BGH also nur deshalb überhaupt eine Pflicht angenommen, weil dies der vertraglichen Vereinbarung entsprach, andernfalls hätte sich auf Basis seiner Argumentation die Qualifizierung des Abrufens als Obliegenheit ergeben.

Mit einem Urteil aus dem Jahre 1985[160] hat der X. Zivilsenat des BGH die vorstehende Rechtsauffassung zum Anspruch auf den vollen Werklohn erneut für den Fall bestätigt, dass der Besteller seiner Obliegenheit zur Bereitstellung eines für die Herstellung eines Werbeaufdrucks notwendigen Films nicht nachkommt.

Zusammenfassend bleibt festzuhalten, dass der BGH begrifflich zwischen Obliegenheiten und Pflichten differenziert und im Einklang mit der gesetzlichen Konzeption die Mitwirkungshandlungen grundsätzlich als Obliegenheiten einstuft. In einigen Entscheidungen hat er aber als Folge einer Obliegenheitsverletzung Schadensersatz oder den vollen Werklohn zugesprochen, wodurch er im Ergebnis keine klare Grenzziehung zwischen den beiden Kategorien vorgenommen hat.

II. Allgemeine Mitwirkungspflicht?

Diese Rechtsprechung machen sich einige Literaturstimmen zu Eigen, die für eine generelle Einordnung der Mitwirkungshandlungen als Pflichten plädieren. Eine solche Qualifizierung sei notwendig, da die §§ 642, 643, 645 BGB zum Schutz des Schuldners nicht ausreichend seien.[161] Das Unterlassen einer unentbehrlichen Mitwirkungshandlung des Gläubigers stelle zugleich eine Gefährdung oder Vereitelung des Vertragszwecks dar.[162] Hierin läge die Verletzung der Vertragstreuepflicht, die eine echte Schuldnerpflicht, mithin einklagbar und durch

157 BGH, NJW 1972, S. 99.
158 BGH, NJW 1972, S. 99, 100.
159 BGH, NJW 1972, S. 99, 100.
160 BGH, WM 1986, S. 73, 74.
161 Klees, S. 217.
162 Glanzmann in: RGRK, § 631, Rn. 46.

Schadensersatzansprüche bewehrt, sei.[163] Insbesondere *Hartmann* will aus der aus § 242 BGB abzuleitenden Verpflichtung zur Sicherung der Vertragsdurchführung eine globale Mitwirkungspflicht des Gläubigers ableiten.[164] Im Falle einer unverzichtbaren Mitwirkungshandlung läge ein „engstmöglicher" Bezug zur Vertragszweckerreichung vor, weshalb der Gläubiger bereits aus dem Vertragsschluss selbst heraus zur Erbringung verpflichtet sei.[165] Im Einzelfall könne die Mitwirkung zugleich als Schutzpflicht einzustufen sein, wenn nämlich die übrige unternehmerische Tätigkeit des Schuldners, mithin dessen Erfüllungsinteresse, durch das Unterlassen der Mitwirkung beeinträchtigt würde.[166]

Wenig erstaunlich ist, dass es sich bei den Verfechtern dieser These in erster Linie um diejenigen Autoren handelt, die von der Offenheit der gesetzlichen Regelung ausgehen. Eine solche Offenheit ist indes nicht gegeben[167], weshalb auch eine generelle Mitwirkungspflicht des Gläubigers mit dem Gesetz nicht in Einklang zu bringen ist. Allein wegen der allgemeinen Pflicht der Vertragsparteien alles zu unterlassen, was den Vertragszweck gefährden könnte, können die §§ 642, 643 BGB nicht faktisch außer Kraft gesetzt werden. Dies wäre jedoch die Folge der geschilderten Literaturauffassung, nach der sämtliche Verstöße gegen die Mitwirkungspflicht zum Schuldnerverzug führen würden. Der Annahmeverzug wäre damit über diesen auf § 242 BGB gestützten „Umweg" obsolet geworden. Die Generalnorm des § 242 BGB soll aber nur im Einzelfall ein unbilliges Ergebnis korrigierbar machen und gesetzliche Lücken ausfüllen.[168] Wo bereits klare gesetzliche Regelungen vorhanden sind, können diese nicht für den Regelfall im Wege der Rechtsfortbildung abbedungen werden. Es ist des Weiteren nicht erkennbar, warum auf Basis der „durchschnittlichen" Parteiinteressen eine generelle Mitwirkungspflicht anzunehmen sein soll. *Hüffer* weist zu Recht darauf hin, dass hierfür kein praktisches Bedürfnis besteht und dem Schuldner zuzumuten ist, wenn er atypischer Weise ein über das Interesse an der Gegenleistung hinausgehendes Interesse hat, dieses vertraglich zu fixieren.[169] Notwendig ist demnach eine differenzierende Betrachtungsweise, die im Einzelfall die Interessen der Vertragsparteien an der Vornahme einer konkreten Handlung berücksichtigt. Eine solche Interessenabwägung wird von den Befürwortern einer globalen Pflicht erst gar nicht durchgeführt, stattdessen soll offenbar das Unternehmerinteresse an der Werkdurchführung und damit an der Vornahme der Mit-

163 Glanzmann in: RGRK, § 631, Rn. 46; Klees, S. 218; Köpcke, S. 70ff.
164 Hartmann, S. 48.
165 Hartmann, S. 49f.
166 Hartmann, S. 53.
167 S. oben, Drittes Kapitel, A.
168 Dies gesteht auch Hartmann, S. 27, im anderen Zusammenhang zu.
169 Hüffer, S. 251f.

wirkungshandlungen bei jedem Werkvertrag so bedeutend sein, dass gemessen daran das Bestellerinteresse immer in den Hintergrund tritt. Diese Vorgehensweise ist mit den Grundsätzen der Interessenabwägung unvereinbar. Zwar ist bei der Abwägung eine gewisse Typisierung erlaubt, hierdurch wird jedoch nicht die Abwägung als solche gänzlich entbehrlich.[170] Der einseitigen Annahme einer Pflicht liegt letztlich ein Abwägungsfehler in Form eines Abwägungsausfalles zugrunde.

Die Annahme einer generellen Mitwirkungspflicht liegt auch nicht aufgrund der geschilderten Rechtsprechung nahe. Alle entschiedenen Sachverhalte wiesen letztlich Besonderheiten auf, die die Rechtsfolgen der §§ 642, 643 BGB im Einzelfall ausnahmsweise als unangemessenen Interessenausgleich erscheinen ließen. Der BGH hat dies aber zu Recht nicht zum Anlass genommen, vom Obliegenheitsmodell abzurücken, sondern hat dieses lediglich ergänzt. Kommt eine generalisierende Betrachtungsweise nach alledem nicht in Betracht, muss die Qualifizierung der Mitwirkungshandlungen zwangsläufig im Einzelfall vorgenommen werden.

C. Ansätze zur Einordnung baurechtlicher Mitwirkungshandlungen

Der eigentliche Schwerpunkt der Diskussion um die Einordnung der Mitwirkungshandlungen liegt im Baurecht, weshalb sich die Untersuchung nun auf diese Spezialmaterie fokussieren soll.

I. Die besondere Interessenlage

Im Baurecht herrscht weitestgehend Einigkeit darüber, dass bei modernen Bauverträgen eine besondere Interessenlage, insbesondere bezüglich der Unternehmerinteressen, vorliegt.

1. Interessen des Bestellers

Der Besteller hat in erster Linie ein Interesse an der Werkherstellung, andernfalls wäre es gar nicht zu einem Vertragsschluss gekommen. Wenn er also seine Mitwirkungshandlungen unterlässt, schadet er dem Vertragserfolg und damit in erster Linie sich selbst. Gerade deshalb sind die Mitwirkungshandlungen im Ausgangspunkt als Obliegenheiten zu qualifizieren.[171] Bei Annahme einer Leistungs-

170 Larenz/Canaris, Methodenlehre, S. 232.
171 S. oben, Drittes Kapitel, A.

pflicht wäre der Besteller in seiner wirtschaftlichen und persönlichen Handlungs- und Dispositionsfreiheit betroffen.[172] Zwar ist der unmittelbare zeitliche und finanzielle Aufwand bei der Erfüllung einer bloßen Obliegenheit zur Mitwirkung auf den ersten Blick genauso groß wie bei einer Pflicht[173], jedoch sind an eine Pflicht noch weitere Konsequenzen geknüpft. Vor allem kann man an eine Klage auf Vornahme der Handlungen und einstweiligen Rechtsschutz denken[174], die den Besteller im Endeffekt zur Erfüllung zwingen würde. Bereits das allgemeine Kündigungsrecht aus § 649 BGB belegt jedoch die grundsätzlich fehlende Erzwingbarkeit der Vertragsdurchführung. Die Bejahung einer Pflicht träfe den Besteller daher in dieser kraft Gesetzes vorgesehenen Freiheit und hätte somit nur Nachteile für ihn. Seinem Vertragsdurchführungsinteresse ist mit dem Obliegenheitsmodell des BGB Genüge getan.

2. Interessen des Unternehmers

Die Unternehmerinteressen an der Vornahme der Gläubigermitwirkungshandlungen sind heute nach allgemeiner Ansicht von weit größerer Bedeutung als zur Zeit der Schaffung des BGB. Das Gesetz schützt seine Interessen durch den Anspruch auf Abnahme gemäß § 640 BGB, die Gewährung der Vergütungsansprüche aus § 649 S. 2 BGB und aus § 645 BGB sowie des Anspruches aus § 642 BGB und der Kündigungsmöglichkeit aus § 643 BGB. Bis auf letztere Norm, die den Schutz der persönlichen und wirtschaftlichen Freiheit bezweckt, dienen alle Regelungen dem Schutz des Vergütungsinteresses des Unternehmers. Gerade für Bauverträge besteht jedoch Einigkeit, dass der Schutz durch die §§ 642, 643 BGB nicht immer ausreichend ist. Der moderne Baubetrieb läuft regelmäßig auf Abruf, weshalb der Auftragnehmer wirtschaftlich, organisatorisch und im Bereich seiner betrieblichen Dispositionen im besonderen Maße gebunden ist.[175] Schon im Interesse nachfolgender Aufträge muss ein reibungsloser Ablauf gewährleistet sein.[176] Zudem ist der Auftragnehmer nach § 4 Nr. 2 Abs. 1 S. 1 VOB/B für die vertragsgemäße Ausführung verantwortlich und muss daher mit der Auftraggebermitwirkung planen können.[177] Auch im Hinblick auf eine Verzögerung von üblicherweise vorgesehenen Abschlagszahlungen, weil wegen fehlender Mitwirkung kein Baufortschritt erreicht werden kann, hat der Unternehmer ein Interesse

172 Müller-Foell, S. 94; Wahl, S. 45.
173 Scheube, S. 103.
174 Diese Möglichkeiten bejaht z.B. Nicklisch in: Nicklisch/Weick, § 4, Rn. 13; vgl. eingehend unten, Sechtes Kapitel, D. I.
175 Kleine-Möller in: Kleine-Möller/Merl, § 10, Rn. 517.
176 Vygen/Schubert/Lang, Rn. 4; Scheube, S. 106; Schwarze, S. 96.
177 Scheube, S. 105.

an einem reibungslosen Ablauf.[178] Andernfalls kann gerade bei großvolumigen Bauvorhaben ein Liquiditätsengpass drohen.[179] Eine Kompensation etwaiger Mehrkosten aufgrund von Verzögerungen durch den Besteller erfolgt häufig erst nach Klärung von Differenzen über die konkrete Höhe.[180] Im Streitfall trägt zudem der Unternehmer die Beweislast.[181] Der Kausalitätsnachweis ist dabei in der Praxis so schwer zu erbringen, dass der Unternehmer bei Ansprüchen wegen Behinderungen die Kosten für einen Gutachter regelmäßig ersetzt bekommt.[182] Es droht u. U. auch eine Unterwanderung der Rechtsfolgen einer Kündigung gemäß § 649 S. 2 BGB durch dauerhaftes Unterlassen der Mitwirkung.[183] Wegen dieser Schwierigkeiten bestehen zu Recht Bedenken, ob allein die Ansprüche aus §§ 649 S. 2, 645, 642 BGB die Unternehmerinteressen ausreichend schützen. Der moderne Bauvertrag weicht dafür viel zu sehr von dem gesetzlichen Modell eines Handwerkervertrages mit geringem Umfang ab.

Bei einem Bauvorhaben sind u.U. auch noch andere Interessen des Unternehmers zu berücksichtigen. *Nicklisch* nennt den Vorbildcharakter für Folgeaufträge bei Pilotprojekten, der den Unternehmer u. U. beim Vertragsschluss zu einer Unterschreitung seiner Selbstkosten bewegte, weshalb eine Verzögerung dann ruinöse Folgen für ihn haben kann.[184] Hierbei handelt es sich jedoch um einen Ausnahmefall, der auf die meisten Bauverträge nicht zutrifft. Das Argument ist deshalb wenig geeignet, um auf eine generell geänderte Interessenlage zu schließen.

Gelegentlich wird es dem Unternehmer auch auf eine Auslastung seiner Kapazitäten ankommen, um eine wirtschaftliche Flaute zu überwinden, ohne zu Entlassungen schreiten zu müssen.[185] Wäre er hierzu dann doch gezwungen, liefe dies nach teilweiser Ansicht seinem Interesse an der Aufrechterhaltung eines bestimmten Betriebsvolumens zuwider.[186] Dem ist entgegenzuhalten, dass der Besteller nach der Rechtsprechung des BGH die Entlassung von Stammarbeitskräften im Rahmen des § 649 S. 2 BGB und § 642 BGB nicht verlangen kann.[187] Das

---

178 Scheube, S. 105f; Wahl, S. 43.
179 Müller-Foell, S. 91; Wahl, S. 43.
180 Müller-Foell, S. 91f.
181 Döring in: Ingenstau/Korbion, § 6 Nr. 6 VOB/B, Rn. 30.
182 BGH, BauR 1986, S. 347, 348; Kapellmann in: Kapellmann/Messerschmidt, § 6 VOB/B, Rn. 74.
183 Nicklisch, BB 1979, S. 533, 540; aA Peters in: Staudinger, § 642, Rn. 18; s. eingehend unten, Siebentes Kapitel, B. II.
184 Nicklisch, BB 1979, S. 533, 540.
185 Nicklisch, BB 1979, S. 533, 540; Wahl, S. 44.
186 Müller-Foell, S. 93.
187 BGH, NJW 2000, S. 653, 654.

Interesse des Unternehmers an der Aufrechterhaltung der Kapazität ist damit hinreichend geschützt.

Nicklisch verweist noch auf die häufige Abbedingung des Kündigungsrechts des Bestellers bei Bauverträgen von größerem Umfang, insbesondere bei Anlagenverträgen, wodurch die große Bedeutung der Werkdurchführung auch für den Unternehmer signalisiert werde.[188] Hierbei handelt es sich indes wiederum um einen Sonderfall, der kaum geeignet ist, generelle Rückschlüsse zu erlauben. Außerhalb des Anlagenbaus gibt der Besteller regelmäßig den Vertrag vor und verzichtet darin naturgemäß nicht auf sein Kündigungsrecht. In den Fällen, in denen der Unternehmer die Verträge vorgibt, wie z.B. bei einem Fertighausvertrag, ist nach der Rechtsprechung das Kündigungsrecht formularmäßig nicht ausschließbar.[189]

Im Ergebnis besteht demnach ein besonderes Unternehmerinteresse an der Vornahme der Mitwirkungshandlungen bei Bauverträgen aufgrund der großen Abhängigkeit des Unternehmers von einem reibungslosen Bauablauf. Dieses Interesse ist durch §§ 649 S. 2, 645, 642, 643 BGB nicht immer adäquat geschützt.

II. Rechtliche Einordnung der Mitwirkungshandlungen

Im Bauvertrag ist eine ganze Reihe von Mitwirkungshandlungen von Bedeutung, bei denen sich jeweils die Frage nach der rechtlichen Qualität stellt. In der VOB/B sind einige Mitwirkungshandlungen explizit aufgeführt. Diese gelten regelmäßig aufgrund einer ergänzenden Vertragsauslegung über § 242 BGB auch im reinen BGB-Werkvertrag.[190] Wie die einzelnen Mitwirkungshandlungen einzuordnen sind, ist umstritten.

1. Rechtsprechung

Vor allem die jüngere Rechtsprechung zur Qualifizierung der Bestellermitwirkung im baurechtlichen Werkvertrag ist geprägt von einer deutlichen Differenzierung von Obliegenheiten und Pflichten.

In einer Entscheidung des VII. Zivilsenats des BGH aus dem Jahre 1997[191] ging es um die Voraussetzungen eines Schadensersatzanspruches nach § 6 Nr. 6 VOB/B. Der klagende Auftragnehmer begehrte Schadensersatz vom Auftraggeber wegen eines fehlerhaften Hochwasserschutzes beim sogenannten „Schür-

188 Müller-Foell, S. 98; Nicklisch, BB 1979, S. 533, 540.
189 BGH, NJW 1999, S. 3261, 3262; Peters in: Staudinger, § 649, Rn. 15.
190 Peters in: Staudinger, § 642, Rn. 41; Vygen/Schubert/Lang, Rn. 314; v.Craushaar, FS Vygen, S. 154, 155; Schwarze, S. 19; Wahl, S. 19.
191 BGHZ 137, S. 35.

mann-Bau". Das Gericht stellte heraus, dass ein Schadensersatzanspruch nicht nur eine Bauverzögerung aufgrund von Umständen aus der Risikosphäre des Auftraggebers voraussetzt, sondern eine schuldhafte Pflichtverletzung.[192]

In der Entscheidung „Vorunternehmer II" vom 21.10.1999 hat der VII. Zivilsenat des BGH nochmals unterstrichen, dass ein Schadensersatzanspruch aus § 6 Nr. 6 VOB/B die Verletzung einer Pflicht voraussetzt.[193] Die rechtzeitige Bereitstellung einer mangelfreien Vorunternehmerleistung stelle indes nur eine Obliegenheit dar, deren Verletzung zu den Rechten aus §§ 642, 643 BGB führe.[194]

Eine klare Unterscheidung von Pflichten und Obliegenheiten ist auch aus der Kooperationsrechtsprechung[195] zu entnehmen. Nach der „Kooperationsentscheidung" des VII. Zivilsenats des BGH aus dem Jahre 1999[196] sind sich die Vertragsparteien eines VOB/B-Bauvertrages während der Vertragsdurchführung zur Kooperation verpflichtet, weshalb im Falle von Meinungsverschiedenheiten zunächst eine einvernehmliche Lösung gesucht werden muss.[197] Aus dieser Kooperationspflicht würden Obliegenheiten und Pflichten zur Mitwirkung und gegenseitigen Information folgen.[198]

2. Literatur

In der baurechtlichen Literatur findet basierend auf der geschilderten besonderen Interessenlage bei Bauverträgen eine intensive Diskussion um die Einordnung der Mitwirkungshandlungen statt. Hierbei gibt es starke Bestrebungen, zumindest bei bestimmten Bauvorhaben und/oder bei Einbeziehung der VOB/B sämtliche Mitwirkungshandlungen als echte Schuldnerpflichten zu charakterisieren. Die Stichhaltigkeit der hierbei angeführten Argumente – die häufig in Kombination Verwendung finden – soll im Folgenden geordnet nach einzelnen Argumentationssträngen ermittelt werden.

a. Imperative Formulierung der VOB/B und in Bauverträgen

Viele Autoren weisen auf die imperative Formulierung der Mitwirkungshandlungen in der VOB/B hin. Die Regelungen enthielten ihrem Wortlaut nach einen „Leistungsbefehl" an den Besteller, weshalb von einer Nebenleistungspflicht aus-

---

192 BGHZ 137, S. 35, 41f.
193 BGH, BauR 2000, S. 722, 723.
194 BGH, BauR 2000, S. 722, 725.
195 Vgl. zu dieser ausführlich Fuchs, S. 3ff.
196 BGHZ 143, S. 89.
197 BGHZ 143, S. 89, 93.
198 BGHZ 143, S. 89, 93 und bereits BGHZ 133, S. 44, 47.

zugehen sei.[199] Das Gleiche gelte für die in Bauverträgen ausdrücklich aufgeführten Mitwirkungshandlungen des Bestellers.[200] Dem hält *Peters* entgegen, dass eine vermeintlich imperative Formulierung sprachlich kaum vermeidbar ist.[201]

In der Tat wird es schwierig sein, allein aufgrund der imperativen Formulierung der VOB/B auf eine Mitwirkungspflicht zu schließen. Eine Beschreibung der Handlungen auf andere Art und Weise ist kaum möglich, ohne den Eindruck zu erwecken, es handele sich um eine bloße Soll- oder gar Kann-Regelung. Die VOB/B kennt zudem ausweislich ihres § 9 Nr. 1 a) Obliegenheiten.[202] Diese Norm liefe leer, wenn sämtliche in der VOB/B genannten Mitwirkungshandlungen Pflichten wären. Der zusätzliche Tatbestand des § 9 Nr. 1 b) VOB/B bezüglich der Verletzung von Schuldnerpflichten ist erst mit der VOB/B 1973 geschaffen worden. Gedacht war bei der Einführung an sonstige Hauptpflichten des Auftraggebers[203] und nicht etwa an Mitwirkungspflichten. Die Vornahme von allen in der VOB/B aufgeführten Handlungen muss zudem nicht zwangsläufig bei jedem Bauvorhaben von so großem Interesse auch für den Auftragnehmer sein, dass die Interessenabwägung die Annahme einer Pflicht gebietet.

Dasselbe gilt im Grundsatz für Regelungen in Bauverträgen. Die vertragliche Fixierung einer Mitwirkungshandlung ist allerdings ein starker Fingerzeig auf die Wichtigkeit derselben für das konkrete Vorhaben und damit auf ein besonderes Unternehmerinteresse an der Vornahme der Handlung. Dennoch wird es letztlich eine Einzelfallfrage sein, ob die Parteien eine Pflicht statuieren wollten. Hierfür wird allein die Art der Formulierung nicht ausreichen, vielmehr wird es auf die aus dem vertraglichen Gesamtgefüge ersichtliche Wertung der Vertragsparteien hinsichtlich der Bedeutung der vereinbarten Mitwirkung ankommen. Allgemeine Rückschlüsse auf eine typischerweise anzutreffende Interessenlage, die eine Qualifizierung als Pflicht verlangt, sind demnach bezüglich der in der VOB/B oder vertraglich genannten Mitwirkungshandlungen nicht möglich. Allein wegen einer imperativen Formulierung von einer Pflicht auszugehen, scheidet daher aus.

---

199 Hofmann in: Beck'scher VOB-Kommentar, Teil B, vor § 3, Rn. 35; Vygen /Schubert/Lang, Rn. 316; Wahl, S. 63 u. 65.

200 Nicklisch in: Nicklisch/Weick, § 4, Rn. 11; Schwarze, S. 94.

201 Peters in: Staudinger, § 642, Rn. 31.

202 Oberhauser, S. 222, hält deshalb auch im VOB/B-Vertrag die Mitwirkungshandlungen für Obliegenheiten.

203 Heiermann/Riedl/Schwab, 1. Aufl., § 9 VOB/B, Rn. 11.

b. Bauliche Großprojekte

Weit verbreitet ist die auf *Nicklisch*[204] zurückgehende Einordnung der Mitwirkungshandlungen als Schuldnerpflichten bei baulichen Großprojekten.[205] Bei diesen läge kein Fall eines einmaligen Leistungsaustausches bei der Abnahme vor, sondern es sei eine eng verzahnte Kooperation zwischen den Vertragsparteien schon während der Herstellungsphase notwendig.[206] In der Rechtswirklichkeit habe die Gläubigermitwirkung deshalb eine Dimension erreicht, die der dem BGB zugrunde liegenden Vorstellung von dem Besteller als Herrn und dem Unternehmer als Diener nicht mehr entspräche.[207] Regelmäßig spiele das besondere Know-how des Auftraggebers oder eines seiner Erfüllungsgehilfen eine besondere Rolle bei der Ausführung, weshalb sogar die Annahme von Hauptleistungspflichten nahe liege.[208] Indizien für ein bauliches Großprojekt, dem ein komplexer Langzeitvertrag zugrunde liegt, sollen nach *Nicklisch* sein: die große Dauer der Durchführung eines einzelnen Projektes, ein großer Umfang von nicht regelmäßig wiederkehrenden Leistungen, die hieraus resultierende Notwendigkeit einer engen Kooperation, die Komplexität des häufig auf technischem/wirtschaftlichem Neuland angesiedelten Leistungsprogramms und die darauf beruhende Störanfälligkeit.[209] Ähnlich nimmt *Schlotke* die Abgrenzung vor. Nach seiner Auffassung wirken die lange Dauer der Vorbereitung und Herstellung des Werkes, die Komplexität der miteinander verzahnten Leistungen und die Notwendigkeit eines koordinierten Zusammenwirkens einer Vielzahl aufeinander angewiesener Beteiligter indiziell für ein bauliches Großprojekt.[210]

Dieser Argumentation halten andere entgegen, dass auch bei solchen Verträgen immer noch der Auftragnehmer das Werk zu erstellen hat und nicht der Auftraggeber.[211] Kriterien für eine Abgrenzung von größeren Bauaufträgen zu anderen seien zudem nicht ersichtlich.[212] *Martinek* verweist ergänzend auf die bisher

---

204 Nicklisch, BB 1979, S. 533ff.

205 Riedl in: Heiermann/Riedl/Rusam, § 4 Nr. 5 VOB/B, Rn. 5; Busche in: MüKo, BGB, § 642, Rn. 22; Teichmann in: Soergel, § 642, Rn. 7; Lenzen, BauR 1997, S. 210, 213.

206 Hofmann in: Beck'scher VOB-Kommentar, Teil B, vor § 3, Rn. 47; Nicklisch, BB 1979, S. 533, 538.

207 Nicklisch in: Nicklisch/Weick, § 4, Rn. 11.

208 Hofmann in: Beck'scher VOB-Kommentar, Teil B, vor § 3, Rn. 47.

209 Nicklisch, RIW/AWD 1978, S. 633, 634.

210 Schlotke in: Der komplexe Langzeitvertrag, S. 377, 381.

211 Vygen in: Ingenstau/Korbion, § 9 Nr. 1 VOB/B, Rn. 24.

212 Vygen in: Ingenstau/Korbion, § 9 Nr. 1 VOB/B, Rn. 24; Locher, Rn. 64.

fehlenden rechtsanwendungsbezogenen Konsequenzen von dogmatisch-konstruktivem Wert.[213]

Es ist in der Tat nur schwer vorstellbar, dass in der gerichtlichen Praxis konkrete Schwellenwerte für Bauprojekte bestimmt werden, bei deren Überschreitung die Mitwirkungshandlungen zu Pflichten erstarken. Eine Rechtssicherheit wäre damit nicht zu erreichen. Ganz abgesehen davon ist es nicht einzusehen, warum bei einem Projektvolumen von z.B. einer Million Euro die Gläubigermitwirkung pflichtig sein soll, bei einem Volumen von einem Euro weniger aber nicht. Die erwähnten Definitionsversuche zeugen aufgrund der schweren Fassbarkeit der einzelnen Kriterien von ihrer Praxisuntauglichkeit. Eine lange Dauer und die Komplexität des Bauvorhabens sowie die Notwendigkeit einer Kooperation sind kaum zu konkretisieren bzw. zu objektivieren und das eine oder andere Kriterium ist auch bei vermeintlich kleineren Werkverträgen erfüllt. Es fehlt folglich schon an der Abgrenzbarkeit einer unter den Begriff „bauliches Großprojekt" zu fassenden typischen Fallkonstellation, in der die Interessenlage die Annahme einer Pflicht gebieten könnte.

c. Bedeutung der Gläubigermitwirkung

Eng verknüpft mit der vorstehenden Argumentation ist der häufig anzutreffende Hinweis auf die große Bedeutung der Gläubigermitwirkung bei Bauvorhaben. Die Mitwirkungshandlungen würden die Voraussetzung für eine störungsfreie Vertragsdurchführung schaffen und hätten somit leistungssichernden Charakter.[214] Die besondere Natur des Bauvertrages verlange ein vertrauensvolles Zusammenarbeiten der Vertragsparteien zur Erreichung des gemeinsamen Ziels der pünktlichen und mangelfreien Werkherstellung.[215] Die Parteien träten sich in einer Doppelrolle gegenüber: der Besteller sei im Rahmen seiner Mitwirkungspflichten zugleich Schuldner des Unternehmers.[216] Ohne ein Ineinandergreifen von Auftraggeber- und Auftragnehmerleistungen sei ein geordneter Bauablauf gar nicht möglich, es bestünde anerkanntermaßen eine allgemeine Kooperationspflicht.[217] *Vygen* folgert aus dieser Kooperationspflicht die Einordnung der

---

213 Martinek, Moderne Vertragstypen III, S. 381.

214 Hofmann, FS v.Craushaar, S. 219, 222.

215 Hofmann in: Beck'scher VOB-Kommentar, Teil B, vor § 3, Rn. 33.

216 Lachmann, BauR 1990, S. 409, 411.

217 Kapellmann in: Kapellmann/Messerschmidt, § 6 VOB/B, Rn. 48, unter Berufung auf die Kooperationspflicht-Entscheidung des BGH, NZBau 2000, S. 130; vgl. auch Fuchs, S. 371ff, der meint, der Kooperationscharakters des Bauvertrages lasse eine andere Auslegung als die Annahme einer Rechtspflicht zur Mitwirkung erst gar nicht zu.

Mitwirkungshandlungen als Nebenpflicht, die zugleich eine Obliegenheit darstellen soll; eine Nebenleistungspflicht könne wegen des gesetzlichen Ausgangspunktes in § 642 BGB nicht angenommen werden.[218] *Kapellmann* will im Falle der Geltung der VOB/B bei allen nicht ganz unbedeutenden oder auf simpelste Vorgänge reduzierten Bauvorhaben eine Leistungspflicht zur Mitwirkung annehmen.[219] Nach *Müller-Foell* führt das generell hoch zu bewertende Eigeninteresse des Unternehmers an der Durchführung komplexer Bauverträge zur Annahme einer Rechtspflicht hinsichtlich der Mitwirkungshandlungen, die zur Werkherstellung notwendig und nicht nur förderlich sind.[220]

Bei den Stellungnahmen in der Literatur sind zunächst einige terminologische Unklarheiten zu konstatieren. So ist es durchaus gängige Praxis, missverständlich einerseits von Mitwirkungspflichten (statt: -handlungen) zu sprechen, diese dann aber andererseits (zunächst) als Obliegenheiten einzustufen.[221] Dogmatisch ebenso unklar ist die Ansicht, wonach eine Nebenpflicht und Obliegenheit gleichzeitig vorliegen soll.[222] Richtigerweise kann eine Handlung zugleich Schuldner- und Annahmeverzug begründen, sofern sie als Pflicht einzustufen ist.[223] Dann aber wird – von den seltenen Fällen eines fehlenden Vertretenmüssens abgesehen – der aus der Pflichtverletzung resultierende Schadensersatzanspruch vorrangig vor den weniger weit reichenden Rechtsfolgen der Obliegenheitsverletzung geltend gemacht.

Unabhängig davon erscheint zweifelhaft, ob sich tatsächlich die Wirklichkeit bei Bauvorhaben im Vergleich zur Zeit des In-Kraft-Tretens des BGB so wesentlich geändert hat, dass die Annahme einer generellen Pflicht geboten ist. Wird der Gesetzgeber auch in erster Linie Werkverträge von geringem Umfang im Auge gehabt haben, ist dennoch nicht zu leugnen, dass auch damals umfang-

---

218 Vygen in: Ingenstau/Korbion, § 9 Nr. 1 VOB/B, Rn. 23f; Vygen, Bauvertragsrecht, Rn. 361; Kapellmann in: Kapellmann/Messerschmidt, § 6 VOB/B , Rn. 55, weist zutreffend darauf hin, dass letztlich sowohl bei Annahme einer Nebenpflicht als auch einer Nebenleistungspflicht der Schadensersatzanspruch aus § 280 BGB besteht, da die im letzteren Falle notwendige Mahnung gemäß § 286 BGB in der Behinderungsanzeige gemäß § 6 Nr. 1 VOB/B zu sehen ist.

219 Kapellmann in: Kapellmann/Messerschmidt, § 6 VOB/B, Rn. 48; nach Kapellmann/Schiffers, Bd. 1, Rn. 1281, liegt im Falle einer Erstellungshandlung sogar eine Hauptpflicht vor.

220 Müller-Foell, S. 102ff.

221 Besonders deutlich: Hofmann in: Beck'scher VOB-Kommentar, Teil B, vor § 3, Rn. 31.

222 Vgl. auch Kniffka, Jahrbuch Baurecht 2001, S. 1, 9, der ebenfalls von Obliegenheiten, die gleichzeitig Nebenpflichten sein könnten, spricht.

223 Ernst in: MüKo, BGB, § 293, Rn. 1 u. 19; Heinrichs in: Palandt, § 293, Rn. 6; Wertheimer, JuS 1993, S. 646, 648; Braun, S. 286.

reiche Werke, wie z.B. Schiffe und Häuser, hergestellt wurden. Der Schutz des Unternehmers sollte auch bei diesen durch die Regelungen der §§ 642, 643 BGB gewährleistet sein. Im Rahmen der Interessenabwägung ist diese Bewertung des Unternehmerinteresses durch den historischen Gesetzeber nach wie vor zu beachten. Bei der großen Vielzahl der Bauverträge liegt keine wesentlich geänderte Sachlage vor, weshalb der Schutz der §§ 642, 643 BGB auch bei modernen Bauverträgen als grundsätzlich ausreichend zu betrachten ist. Ergänzend besteht zudem noch die allgemein anerkannte Möglichkeit der Vereinbarung von Pflichten. Ein gut beratener Unternehmer wird genau diesen Weg gehen, wenn er ihm wirtschaftlich sinnvoll und notwendig erscheint. Der Besteller wird sich dem weder widersetzen können noch wirklich wollen. Denn jedenfalls bei Vertragsschluss hat er selbst ein hohes Interesse an einem reibungslosen Ablauf. Niemand schließt Verträge in der Absicht, diese dann durch das Unterlassen von Mitwirkungshandlungen zu boykottieren. Den Mechanismus des Aushandelns einzelner Bestellerpflichten im Wege der Rechtsfortbildung unter Missachtung des gesetzlichen Konzepts zu umgehen, ist weder geboten noch in so genereller Art rechtlich möglich. Es entstünde dann die merkwürdige Konstellation, dass die Vertragsparteien ausdrücklich eine vertragliche Vereinbarung treffen müssten, um zur Einstufung einer Gläubigerhandlung als Obliegenheit zu kommen. Im Endeffekt müsste also die Geltung der gesetzgeberischen Konzeption vereinbart werden, die vorher die Rechtswissenschaft im Wege einer Interessenabwägung abgeändert hatte. Genau umgekehrt ist es indes richtig: Die Abänderung des Gesetzes bedarf einer Vereinbarung und nicht die Geltung desselben. Wenn der Unternehmer wirklich ein hohes Eigeninteresse an der Projektrealisierung hat, z.B. weil es ein Pilotprojekt ist, muss er dieses durch vertragliche Regelungen absichern. Ein wirksamer Schutz ist dabei noch nicht einmal allein durch eine Mitwirkungspflicht erreicht, sondern es bedarf des Weiteren der Abbedingung von § 649 BGB. Liegt eine solche Vertragsgestaltung nicht vor, ist der Unternehmer nicht schutzwürdig, zumal u.U. ein Eigeninteresse für den Besteller gar nicht erkennbar ist.[224] Außerdem kann dem Besteller nicht für den Regelfall zugemutet werden, von einem einzelnen Unternehmer zur Projektdurchführung durch Einklagung einer pflichtigen Mitwirkungshandlung gezwungen zu werden.[225]

224 Larenz, SchR BT 1, § 53 III. c), weist zu Recht darauf hin, dass nicht nur ein dringendes Interesse des Unternehmers vorliegen muss, sondern zusätzlich dieses für den Besteller erkennbar sein muss und dessen Wille, dem Rechnung zu tragen, Ausdruck gefunden haben muss.

225 Meurer, MDR 2001, S. 848, 854; wohingegen Fuchs, S. 359, den Schutz durch das allgemeine Kündigungsrecht aus § 649 BGB bzw. § 8 Nr. 1 VOB/B als ausreichend betrachtet. Dies gilt jedoch nur, wenn die endgültige Entscheidung über die Nichtweiterverfolgung des Bauvorhabens bereits gefallen ist. Während einer evtl. Über-

Erst recht kann nicht allein die Notwendigkeit einer Mitwirkungshandlung für die Werkherstellung zur Annahme einer Pflicht führen, denn bereits § 642 BGB setzt eine erforderliche, mithin notwendige Mitwirkungshandlung voraus.[226] Die bloße Notwendigkeit führt nach der gesetzlichen Grundkonzeption gerade zum Annahmeverzug und nicht zum Schuldnerverzug.

Das für die Annahme einer Pflicht notwendige überwiegende Interesse des Unternehmers an der Vornahme der Mitwirkungshandlungen ist zudem bei einem Bauvorhaben nicht per se für sämtliche Handlungen ersichtlich. In diesem Zusammenhang ist nochmals darauf hinzuweisen, dass allein die Existenz eines Unternehmerinteresses an der Vornahme der Mitwirkungshandlung der Annahme einer Obliegenheit nicht entgegensteht. Selbst die Befürworter einer Mitwirkungspflicht betonen lediglich die Existenz eines Unternehmerinteresses, begründen aber nicht die höhere Bedeutung desselben gegenüber dem Bestellerinteresse. Bei einer pauschalen, von einzelnen konkreten Handlungen losgelösten Betrachtungsweise besteht demzufolge keine Rechtfertigung in Abkehr von der gesetzlichen Konzeption eine globale Mitwirkungspflicht zu bejahen, zumal eine Änderung der werkvertraglichen Regeln auch im Rahmen der Schuldrechtsmodernisierung nicht erfolgt ist.[227]

III. Notwendigkeit einer differenzierenden Betrachtung

Trotz dieser Argumente gegen eine generelle Qualifizierung aller Mitwirkungshandlungen als Pflichten ist nicht zu verhehlen, dass bestimmte, typische Mitwirkungshandlungen existieren, die bei einer Vielzahl von gleichartigen Verträgen (wie z.B. Bauverträgen) eine Rolle spielen, und bezüglich deren Kategorisierung keine eindeutige Parteivereinbarung vorliegt, die Interessenlage aber tatsächlich die Existenz einer Pflicht nahe legt. Die in der Literatur geführte Diskussion leidet letztlich an einem entscheidenden Mangel: Es wird versucht eine generelle Lösung für jegliche Art von Mitwirkungshandlungen zu finden. Dies ist schon angesichts des Ausgangspunktes, nämlich der Einordnung anhand einer Interessenabwägung, schwer verständlich. *Scheube* weist zutreffend darauf hin, dass die Befürworter einer generellen Pflicht zur Mitwirkung noch nicht einmal in Betracht ziehen, die Interessenabwägung könnte als Ergebnis die Kategorisierung

---

legungszeit des Bestellers wären die Alternativen Kündigung oder Einklagung der Mitwirkung kontraproduktiv und dem Besteller nicht zumutbar.

226 So auch Scheube, S. 110.

227 Obwohl z.B. Nicklisch, JZ 1984, S. 757, 766, die Normierung einer Rechtspflicht zur Mitwirkung gefordert hatte.

als Obliegenheit haben.[228] In neuerer Zeit mehren sich daher die Stimmen, die eine differenzierende Betrachtungsweise bevorzugen.[229] Es kann somit nur für jede einzelne der typischen Mitwirkungshandlungen gesondert festgestellt werden, ob diese im Wege der Rechtsfortbildung als Pflicht zu qualifizieren ist.

D. Beispiele für eine Rechtsfortbildung im Baurecht

Zur Veranschaulichung soll im Folgenden beispielhaft auf zwei Mitwirkungshandlungen[230] des Bestellers bei Bauverträgen eingegangen werden, bei denen sich die Frage nach einer Rechtsfortbildung im besonderen Maße stellt.

I. Koordinierungspflicht

Der Auftraggeber hat im VOB/B-Vertrag nach § 4 Nr. 1 Abs. 1 S. 1 VOB/B die allgemeine Ordnung auf der Baustelle aufrechtzuerhalten und das Zusammenwirken der verschiedenen Unternehmer zu koordinieren. Der Auftraggeber muss also sicherstellen, dass das Mit-, Neben- und Nacheinander der einzelnen Unternehmer in einer Art und Weise aufeinander abgestimmt ist, die gegenseitige Störungen und Behinderungen ausschließt.[231] Die Koordinierung kann gerade bei größeren Bauvorhaben die Aufstellung eines Bauzeitplans und die Abhaltung von

---

228 Scheube, S. 85. Er nimmt eine Pflicht an, wenn das Unterlassen, die Verspätung oder Mangelhaftigkeit der Mitwirkungshandlung den Auftragnehmer außerstande setzt, seine Bauleistung auszuführen, und damit den von den Vertragspartnern gemeinschaftlich angestrebten vertraglichen Gesamterfolg erheblich gefährdet oder ganz vereitelt oder wenn die Vornahme der Handlung vorwiegend dem Schutz des Auftragnehmers vor Gefahren dient, S. 112 u. 170.

229 Kniffka, Jahrbuch Baurecht 2001, S. 1, 13f, der eine Pflicht dann annehmen will, wenn nicht nur die Rechtssphäre des Bestellers betroffen ist; Scheube, S. 98f, der maßgeblich auf die ausdrückliche Erwähnung im Vertrag oder in der VOB/B und die Notwendigkeit der Handlung für die vertragliche Zweckerreichung abstellt; ähnlich Wahl, S. 38, der auf S. 49 für den BGB-Werkvertrag danach unterscheiden will, ob die Werkleistung auch ohne die Mitwirkungshandlung realisierbar wäre. Dieser Ansatz ist wenig überzeugend, da § 642 BGB eine erforderliche Mitwirkungshandlung voraussetzt, ohne die also die Werkleistung nicht erbringbar wäre. Dann läge nach Wahl und Schwarze aber immer eine Pflicht vor und § 642 BGB hätte keinen praktisch relevanten Anwendungsfall.

230 Eine umfassende Untersuchung aller Mitwirkungshandlungen nimmt Scheube, S. 113ff, vor.

231 Hofmann in: Beck'scher VOB-Kommentar, Teil B, § 4 Nr. 1, Rn. 39; Merkens in: Kapellmann/Messerschmidt, § 4 VOB/B, Rn. 8.

Besprechungen erfordern.[232] In dem Zeitplan sind Beginn, Dauer und Beendigung der einzelnen Gewerke festzulegen.[233] Hierbei sind genügend Pufferzonen, insbesondere für die Mängelbeseitigung, vorzusehen.[234] Diese Aufgabenzuweisung gilt nicht nur im Bereich der VOB/B, sondern ist inhaltsgleich auf den BGB-Werkvertrag übertragbar.[235]

Wie bei jeder Mitwirkungshandlung stellt sich diesbezüglich die Frage nach der rechtlichen Qualität. Nach fast einhelliger Auffassung ist die Koordinierung der verschiedenen Gewerke durch den Auftraggeber für die reibungslose Abwicklung des Bauvorhabens von so entscheidender Bedeutung, dass eine Qualifizierung als Pflicht angezeigt ist.[236] Diese Einordnung rechtfertige sich auch deshalb, weil durch die Koordinierung der Auftragnehmer vor Gefahren geschützt wird.[237]

Der Qualifizierung als pflichtige Mitwirkungshandlung ist zuzustimmen. Zunächst ist festzuhalten, dass das Gesetz lückenhaft ist, da es keine Regelung über die Einordnung der Koordinierung enthält. Die VOB/B schließt diese Lücke nicht, weil sie ebenfalls keine Aussage über die rechtliche Qualität enthält. Deshalb ist die Gesetzeslücke im Wege der Rechtsfortbildung unter Berücksichtigung der regelmäßig anzutreffenden Parteiinteressen in der typischen Situation eines koordinierungsbedürftigen Bauvorhabens zu schließen. Die Abwicklung eines Bauvorhabens ohne ausreichende Koordinierung ist faktisch nahezu unmöglich. Ein Unternehmer, der nicht weiß, wann er wo sein Gewerk erbringen soll und/oder den andere Unternehmer behindern oder stören, kann letztlich seine Werkleistung nicht sinnvoll und fachgerecht erbringen. Infolgedessen wäre die Einhaltung der vorgesehenen Termine für seine Leistung und damit die Realisierung von Folgeaufträgen gefährdet. Ein Unternehmer hat daher ein hohes Interesse an der Koordinierung und Aufrechterhaltung der allgemeinen Ordnung. Besondere Bestellerinteressen, die der Annahme einer Pflicht entgegenstehen, sind hingegen nicht auszumachen. Sein generell gegen eine Verpflichtung zur Mitwir-

---

232 Zanner in: Franke/Kemper/Zanner/Grünhagen§ 4 VOB/B, Rn. 4; Peters in: Staudinger, § 633, Rn. 76.

233 Oppler in: Ingenstau/Korbion, § 4 Nr. 1 VOB/B, Rn. 13; Nicklisch/Weick, § 4 VOB/B, Rn. 16.

234 Hofmann in: Beck'scher VOB-Kommentar, Teil B, § 4 Nr. 1, Rn. 48; Kapellmann/Schiffers, Bd. 1, Rn. 1364; Vygen/Schubert/Lange, Rn. 270.

235 Peters in: Staudinger, § 633, Rn. 32.

236 BGH, BauR 2000, S. 722, 724; Oppler in: Ingenstau/Korbion, § 4 Nr. 1 VOB/B, Rn. 6f; Peters in: Staudinger, § 631, Rn. 62; Kniffka, Jahrbuch Baurecht 2001, S. 1, 13; Jagenburg, FS Mantscheff, S. 99, 105; Scheube, S. 128 u. 135; für den BGB-Werkvertrag anderer Meinung: Wahl, S. 49.

237 Scheube, S. 135.

kung sprechendes Interesse an der Beibehaltung seiner Dispositionsfreiheit[238] kann wegen der besonderen Unternehmerinteressen an der Koordinierung die Qualifizierung als Pflicht nicht hindern. Da der Besteller zudem selbst den maßgeblichen Einfluss auf die Koordinierung hat, muss er sich redlicherweise auf eine Pflicht zur Koordinierung festlegen lassen. Demnach gebietet die Interessenlage eine Rechtsfortbildung, aufgrund derer die Koordinierung nicht nur eine bloße Obliegenheit, sondern eine Pflicht ist.

II. Bereitstellen des Baugrundstücks

Der Besteller muss natürlich am Beginn der Bauarbeiten das bebauungsreife Grundstück zur Verfügung stellen, wenngleich dies nirgendwo ausdrücklich geregelt ist. Es besteht weitestgehend Einigkeit hinsichtlich des Pflichtencharakters dieser Bereitstellungshandlung.[239] Dies rechtfertigt sich aus der Überlegung, dass ohne ein solches Grundstück die Bauarbeiten noch nicht einmal beginnen können, also der Bauherr noch vor dem Beginn der Werkausführung dieselbe torpediert. Als Minimum der Koordination und Ablaufplanung kann der Unternehmer aber gerade einen ordnungsgemäßen Beginn der Arbeiten erwarten. Hieran hat er ein so großes Interesse, dass es das des Bestellers überwiegt. Weil dieser die Bereitstellung des Grundstücks am Anfang der Arbeiten selbst in der Hand hat, existiert auch kein der Annahme einer Pflicht entgegenstehendes besonderes Interesse des Bestellers. Seine allgemein gegen die Annahme einer Pflicht sprechenden Interessen müssen deshalb gegenüber dem besonderen Unternehmerinteresse zurückstehen. Infolgedessen ist die Bereitstellung des Grundstücks im Wege der Rechtsfortbildung als Pflicht zu kategorisieren.

E. Zusammenfassung

Das BGB ordnet die Mitwirkungshandlungen des Bestellers grundsätzlich als Obliegenheiten ein. Eine Qualifizierung als Pflicht ist daher nur in besonders gelagerten Fällen möglich. Folglich genügt der bloße Verweis auf die geänderten wirtschaftlichen und gesellschaftlichen Verhältnisse seit Inkrafttreten des BGB oder auf die aus § 242 BGB folgende allgemeine Leistungstreuepflicht nicht, um eine allgemeine Mitwirkungspflicht bei sämtlichen Werkverträgen zu begründen.

---

238 S. oben, Drittes Kapitel, C. I. 1.

239 Döring, FS Craushaar, S. 193, 194; Fuchs, S. 372f; Scheube, S. 118f m.w.Nachw.; vom Ansatz her auch BGH, BauR 1986, S. 203, 204, für den Fall unrichtiger Vorgaben der Höhenfestpunkte; Schwarze, S. 103; aA offenbar Peters in: Staudinger, § 631, Rn. 60, und Stamm, BauR 2002, S. 1, 7.

Gerade bei modernen Bauverträgen ist aber anzuerkennen, dass diese den Unternehmer wirtschaftlich, organisatorisch und im Bereich seiner betrieblichen Dispositionen im besonderen Maße binden und er deshalb ein erhöhtes Interesse an der Erbringung der Bestellermitwirkung hat. Eine Rechtfertigung für eine pauschale Einordnung sämtlicher Mitwirkungshandlungen bei Bauvorhaben als Pflichten lässt sich dennoch nicht finden. Die besondere Bedeutung der Mitwirkungshandlungen des Bestellers bei Bauvorhaben allein genügt hierfür nicht, denn es gab schon zum Zeitpunkt der Schaffung der gesetzgeberischen Grundkonzeption komplexe Werke und es kann nicht im Wege der Rechtsfortbildung das gesetzliche Regel-Ausnahme-Verhältnis für sämtliche Mitwirkungshandlungen umgekehrt werden. Genauso wenig rechtfertigt eine häufig kaum zu vermeidende imperative Formulierung der Handlungen in der VOB/B oder im Vertrag eine pauschale Einordnung. Das Kriterium des baulichen Großprojekts scheidet schon aufgrund seiner fehlenden Abgrenzbarkeit aus. Es muss daher für jede einzelne der bei einem Bauvorhaben typischerweise zu erbringenden Mitwirkungshandlungen gesondert eine Interessenabwägung durchgeführt werden, um zu eruieren, ob eine Erstarkung zur Pflicht sachgerecht ist. Dies ist bezüglich der Koordinierung des Bauablaufs und der Bereitstellung des Baugrundstücks zu bejahen.

Viertes Kapitel: Die Haftung für den Vorunternehmer

Im Baurecht ist im besonderen Maße die Art der Haftung des Bestellers für die Rechtzeitigkeit und Mangelfreiheit von Vorunternehmerleistungen von praktischer Relevanz. Das Augenmerk soll deshalb nun auf diesen Punkt, den eigentlichen Kern des Streits um die Einordnung der Mitwirkungshandlungen des Bestellers, gerichtet werden.

A. Besondere Interessenlage

Im Rahmen vieler Bauprojekte beauftragt der Bauherr regelmäßig nicht nur ein einziges Unternehmen mit der Ausführung der Bauarbeiten. Dies gilt besonders bei öffentlichen Bauherren, da diese gemäß § 4 VOB/A zum Schutz des Mittelstandes Aufträge nach Fachlosen vergeben sollen. Für die einzelnen Arbeiten, wie z.B. die Gründungsarbeiten, die Errichtung des Rohbaus und das Decken des Daches sind dann jeweils entsprechende Spezialunternehmen verantwortlich. Hierbei ist es offensichtlich, dass die einzelnen Auftragnehmer in gewissem Maße voneinander abhängig sind: So kann der Oberboden erst aufgebracht werden, wenn der Estrich eingebracht und ausgehärtet ist. Der Estrichleger wiederum kann mit der Ausführung erst beginnen, wenn im Boden laufende Installationen erstellt wurden, die ihrerseits voraussetzen, dass der Rohbauer die entsprechenden Aussparungen vom Deckboden geschaffen hat.

Probleme tauchen naturgemäß dann auf, wenn der Vorunternehmer seine Leistung verspätet oder mangelhaft erbringt. Hierbei sind zwei Konstellationen zu unterscheiden: In der ersten erbringt der Vorunternehmer seine Leistung verspätet, weil er entweder säumig ist oder mangelhaft arbeitet und dann wegen Nachbesserungsarbeiten ebenfalls eine Verzögerung eintritt.[240] In der zweiten Variante baut der Nachfolgeunternehmer auf die unerkannt mangelhafte Vorunternehmerleistung auf, so dass seine Leistung ebenfalls mangelhaft wird, obwohl er selbst einwandfrei gearbeitet hat. In der ersten Konstellation kann der Nachfolgeunternehmer mit seiner Arbeit nicht zu dem nach dem Bauzeitplan vorgesehen Zeitpunkt beginnen. Die Folgen sind umfangreiche Vorhaltekosten für nutzlos herumstehendes Gerät, Lohnkosten für nicht zu beschäftigende Arbeitnehmer usw.. In der zweiten Konstellation ist der Nachfolgeunternehmer verpflichtet, seine eigene mangelfreie Leistung wegen der Gefahrtragung gemäß § 644 Abs. 1 S. 1 BGB bzw. im VOB/B-Vertrag im Falle der Verletzung seiner Prüfungspflicht aus § 4 Nr. 3 VOB/B nach § 13 Nr. 3 VOB/B nachzubessern. In beiden Konstellationen möchte er natürlich für die diesbezüglichen Kosten Ersatz erhalten. Mangels vertraglicher Beziehung zwischen dem Vorunternehmer und dem Nachfolgunternehmer bleibt letzterem in erster Linie nur der Weg, gegen den Auftraggeber Ansprüche geltend zu machen.

Anhand dieser Ausgangssituation wird deutlich, dass der Nachfolgeunternehmer an der rechtzeitigen und mangelfreien Erbringung der Vorunternehmerleistung ein besonderes Interesse hat. Weil es sich bei den beiden geschilderten Varianten zudem um zwei typische, immer wiederkehrende Fallkonstellationen handelt, ist eine Rechtsfortbildung in Betracht zu ziehen. Im Rahmen der vorzunehmenden Interessensabwägung ist die entscheidende Frage, ob das besondere Interesse des Unternehmers an der rechtzeitigen und mangelfreien Erbringung der Vorunternehmerleistung das diesbezügliche Bestellerinteresse überwiegt. In diesem Falle ergäbe sich im Wege der Rechtsfortbildung eine entsprechende Pflicht des Bestellers und er würde für den Vorunternehmer gemäß § 278 BGB haften, da dieser dann zur Erfüllung einer Verbindlichkeit des Gläubigers eingesetzt würde. Ohne Relevanz ist dabei die kontrovers diskutierte Frage, ob § 278

240 Das diese beiden Fälle gleich zu behandeln sind, ist unbestritten, vgl. Vygen/Schubert/Lang, Rn. 274; Fuchs, S. 367, und allgemein zur Schlechterfüllung Mitwirkungshandlung als Fall von § 642 BGB: Voit in: Bamberger/Roth, § 642, Rn. 1; Schwenker in: Erman, § 642, Rn. 1; Busche in: MüKo, BGB, § 642, Rn. 6; Peters in: Staudinger, § 642, Rn. 9.

BGB auch auf Obliegenheiten anwendbar ist.[241] Der von Seiten des Auftragnehmers, der überwiegend auftragnehmerfreundlichen Literatur und der instanzgerichtlichen Rechtsprechung erwünschte Schadensersatzanspruch gegen den Auftraggeber kommt nur dann in Betracht, wenn diesen gegenüber dem Nachfolgeunternehmer die Pflicht trifft, ein mit einer mangelfreien Vorunternehmerleistung versehenes Grundstück rechtzeitig zur Verfügung zu stellen.

B. Anerkannte Fälle einer Haftung auf Schadensersatz

Es existiert eine Reihe von Fallgestaltungen, in denen nach nahezu einhelliger Ansicht eine Pflichtverletzung und damit ein Schadensersatzanspruch des Bestellers zu bejahen ist. Dies ist zum einen der Fall, wenn der Besteller das Zusammenwirken der verschiedenen Unternehmer nicht ausreichend koordiniert hat. Wenn die Verspätung der Vorunternehmerleistung auf der Verletzung der Koordinierungspflicht beruht, z.B. weil von vornherein unzureichende Pufferzonen vorgesehen waren, haftet der Besteller auf Schadensersatz.[242] Hierbei besteht jedoch kein Zusammenhang mit der eigentlichen Vorunternehmerproblematik, da allein die Verletzung der Koordinierungspflicht ausschlaggebend für die Haftung ist. Das gleiche gilt, wenn die Verspätung der Vorunternehmerleistung auf der verspäteten Bereitstellung eines bebauungsreifen Grundstückes beruhte.[243]

Eine Schadensersatzhaftung des Bestellers greift auch, wenn er den Vorunternehmer nicht gewissenhaft ausgewählt hat.[244] Dann liegt erneut eine eigene Pflichtverletzung des Gläubigers vor.

Des Weiteren kommt eine Schadensersatzpflicht des Auftraggebers in Betracht, wenn dieser nach den vertraglichen Vereinbarungen selbst Vorarbeiten erbringen sollte. Hierin liegt häufig die vertragliche Fixierung einer Mitwirkungspflicht[245], nach einigen Autoren sogar regelmäßig einer Hauptpflicht.[246] *Peters* weist aber darauf hin, dass allein eine vertragliche Vereinbarung nicht ausreichend ist, generell von einer Pflicht auszugehen.[247] Dieser Einschränkung ist zuzustimmen, letztlich bedarf es immer einer Interessenabwägung im Einzelfall.

241 Ablehnend: Heinrichs in: Palandt, § 278, Rn. 24; Wieling, AcP 176 (1976), S. 334, 354; bejahend: Grundmann in: MüKo, BGB, § 278, Rn. 24; Lorenz, FS 50 Jahre BGH, S. 329, 343.
242 Döring in: Ingenstau/Korbion, § 6 Nr. 6 VOB/B, Rn. 20.
243 Kniffka, Jahrbuch Baurecht 2001, S. 1, 15.
244 Kniffka, Jahrbuch Baurecht 2001, S. 1, 14.
245 Werner: Werner/Pastor, Rn. 1827; Kniffka, Jahrbuch Baurecht 2001, S. 1, 16.
246 Kapellmann/Schiffers, Bd. 1, Rn. 1361; Jagenburg, FS Mantscheff, S. 99, 105.
247 Peters in: Staudinger, § 631, Rn. 60.

Die vertragliche Fixierung kann – wie bereits ausgeführt[248] – nur einen wichtigen Fingerzeig in Richtung Pflicht liefern. Erst recht liegt bei einer vertraglichen Vereinbarung nicht zwangsläufig eine Hauptleistungspflicht vor; diese ist nur zu bejahen, wenn die Parteien tatsächlich eine synallagmatische Pflicht schaffen wollten. Liegt eine Pflicht des Bestellers zur Erbringung von Vorleistungen vor, so kann er sich einer Haftung nach §§ 280 Abs. 1, 286 BGB, 6 Nr. 6 VOB/B nicht durch eine nachträgliche Delegierung dieser Pflicht auf einen Dritten entziehen.[249] Dann würde dieser unzweifelhaft zur Erfüllung einer Pflicht des Auftraggebers tätig und wäre folglich Erfüllungsgehilfe.

Schließlich kommt eine Schadensersatzpflicht des Auftraggebers in Betracht, wenn er zwar einen Dritten von vornherein mit der Erbringung der Vorleistung beauftragt, aber für die Erbringung der Vorleistung ein strikt einzuhaltender Fixtermin vereinbart ist.[250] Eine solche Vereinbarung signalisiert die hohe Bedeutung, die die Parteien der Vorleistung beimessen, weshalb von einer vertraglichen Einstufung als Pflicht auszugehen ist. Nicht ausreichend ist demgegenüber die Vereinbarung bloßer Vertragsfristen.[251] Diese sind zumindest bei VOB/B-Verträgen der Regelfall, wie § 5 Nr. 1 VOB/B belegt. In der Praxis werden die Rahmenterminpläne dann aber erfahrungsgemäß häufig geändert bzw. fortgeschrieben, Verzögerungen sind also an der Tagesordnung. Vor diesem Hintergrund kann nicht angenommen werden, dass allein durch die Vereinbarung einer Ausführungsfrist der Besteller eine über § 642 BGB hinausgehende Haftung für die rechtzeitige Ausführung der Vorunternehmerleistung übernehmen wollte.

Anzumerken ist insoweit, dass alle diese Fälle in der Praxis die Ausnahme sind. Meistens wird es dem Auftraggeber an der eigenen Sachkunde und den Mitteln fehlen, eigene Vorarbeiten zu erbringen. Es entspricht der klassischen Rollenverteilung beim Bauvertrag, dass der Auftraggeber sämtliche Bauarbeiten auf hierfür speziell qualifizierte Unternehmer aufteilt. In den Verträgen mit diesen ist dies von vorneherein so festgehalten, so dass für jeden Unternehmer ersichtlich ist, dass etwaige Vorarbeiten für seine eigene Werkleistung von Dritten erbracht werden. Für diese Vorleistungen werden dann aber selten zwingend einzuhaltende Fristen vorgesehen. Dies liegt schon an der praktischen Erfahrung, dass zumindest größere Bauvorhaben nicht ohne Verzögerungen realisiert werden können.

---

248 S. oben, Drittes Kapitel, C. II. 2. a.

249 OLG Celle, BauR 1994, S. 629.

250 OLG Celle, BauR 1994, S. 629; Werner in: Werner/Pastor, Rn. 1827.

251 BGH, BauR 2000, S. 722, 724; Kniffka, Jahrbuch Baurecht 2001, S. 1, 16.

C. Regelfall

Die gesamte Diskussion um die Haftung des Bestellers im Falle einer verspäteten Bereitstellung der mangelfreien Werkleistungen des Vorunternehmers fokussiert sich nach dem Vorstehenden auf die Konstellationen, in denen der Auftraggeber seiner Koordinierungs- und Bereitstellungspflicht sowie der Pflicht zur gewissenhaften Auswahl des Vorunternehmers nachgekommen ist, keine strikt einzuhaltende Fixtermine vorgesehen waren und er die Vorleistungen nicht selbst erbringen sollte. Dann stellt sich die Frage, ob der Besteller verpflichtet ist, das Grundstück rechtzeitig mit einer mangelfreien Vorunternehmerleistung versehen bereitzustellen.

I. Rechtsprechung

Die Rechtsprechung zur Lösung der Problematik gibt kein einheitliches Bild ab.

1. Bundesgerichtshof

Der BGH verneint die Pflicht zur rechtzeitigen Bereitstellung mangelfreier Vorunternehmerleistungen und damit die Erfüllungsgehilfeneigenschaft des Vorunternehmers. In seiner grundlegenden Entscheidung vom 27. Juni 1985[252] („Vorunternehmer I") ging es um durch den Vorunternehmer mangelhaft ausgeführte Gründungsarbeiten. Der BGH sah keine Einbeziehung des Vorunternehmers in den Pflichtenkreis des Bestellers gegenüber dem Nachfolgeunternehmer.[253] Vielmehr nehme es letzterer hin, dass die Vorleistungen nicht durch den Auftraggeber selbst ausgeführt werden würden und dieser sich nicht zu deren Erbringen verpflichten wolle.[254] Wenn aber der Gläubiger die entsprechende Vorleistung selbst verantworten könne und wolle, sei für die Anwendung des § 278 BGB kein Raum.[255] Schließlich wäre eine Haftung des Auftraggebers widersprüchlich, da der Nachfolgeunternehmer im Falle einer Verletzung seiner Hinweis- und Prüfungspflicht aus § 4 Nr. 3 VOB/B für die mangelhafte Vorleistung insoweit haften würde, als dass er wegen § 13 Nr. 3 VOB/B sein eigenes, u.U. mangelfreies Gewerk nachbessern müsse.[256] Da der BGH in dieser Entscheidung auch einen Anspruch aus § 642 BGB mit der Begründung ablehnte, es bestünde noch nicht einmal eine Obliegenheit hinsichtlich der Bereitstellung der Vorunternehmer-

252 BGH. BauR 1985, S. 561.
253 BGH, BauR 1985, S. 561, 563.
254 BGH, BauR 1985, S. 561, 563.
255 BGH, BauR 1985, S. 561, 563.
256 BGH, BauR 1985, S. 561, 563.

leistung[257], weil der Auftraggeber lediglich die Beauftragung des Vorunternehmers schulde, konnte der Nachfolgeunternehmer keinen Ersatz seiner zusätzlichen Kosten verlangen.

Am 21. Oktober 1999[258] erhielt der BGH erneut die Gelegenheit über diesen Problemkomplex zu entscheiden („Vorunternehmer II"). In dem zugrunde liegenden Fall verzögerten sich die vom Vorunternehmer zu erbringenden Leistungen erheblich, weshalb der Nachfolgeunternehmer einen Schaden geltend machte. Wiederum verneinte der BGH die Erfüllungsgehilfeneigenschaft und verwies im Wesentlichen auf sein früheres Urteil.[259] Eine Ausnahme hiervon könne nur dann gelten, wenn eine Auslegung des konkreten Vertrages ergebe, dass der Auftraggeber sich verpflichtet habe, das Bauwerk zu den vereinbarten Fristen als für die Leistung des Nachfolgeunternehmers geeignet zur Verfügung zu stellen, oder dass der Auftraggeber selber zu den später auf den Vorunternehmer delegierten Vorarbeiten verpflichtet gewesen sei.[260] Allerdings bejahte der BGH dann in Abkehr von seiner bisherigen Rechtsprechung einen Anspruch aus § 642 BGB, weil er in der nicht rechtzeitigen Bereitstellung des für die Leistungen des Nachfolgeunternehmers aufnahmebereiten, mit den Vorunternehmerleistungen versehenen Baugrundstücks das Unterlassen einer Mitwirkungsobliegenheit sah.[261]

Kurze Zeit später bestätigte der BGH nochmals seine ablehnende Haltung zur Vorunternehmerhaftung über § 278 BGB.[262]

2. Oberlandesgerichte

Die Rechtsprechung der OLG liegt nur zum Teil auf der Linie des BGH. Das OLG Nürnberg[263] und das OLG Rostock[264] haben sich dem BGH-Urteil aus dem Jahre 1985 angeschlossen, ohne eine weitere Begründung zu liefern.

Das OLG Celle[265] hat indessen in dem sogenannten „Behelfsbrückenfall" den Vorunternehmer als Erfüllungsgehilfen des Auftraggebers angesehen, also eine Pflicht des Bestellers bejaht. Dabei hat es aber ausdrücklich auf die Rechtsprechung des BGH Bezug genommen und dargelegt, dass im konkreten Fall die Auslegung des Vertrages die Vereinbarung einer verpflichtend einzuhaltenden

257 BGH, BauR 1985, S. 561, 563f.
258 BGH, BauR 2000, S. 722.
259 BGH, BauR 2000, S. 722, 724.
260 BGH, BauR 2000, S. 722, 724.
261 BGH, BauR 2000, S. 722, 725.
262 BGH, NJW-RR 2000, S. 970, 971.
263 OLG Nürnberg, BauR 1994, S. 517.
264 OLG Rostock, BauR 1999, S. 402.
265 OLG Celle, BauR 1994, S. 629.

Ausführungsfrist ergab und zudem der Auftraggeber nach dem Vertrage selbst verpflichtet war, die notwendige Leistung zu erbringen.[266] Der BGH hat die Revision gegen das Urteil nicht angenommen.

Das OLG Düsseldorf[267] hat ebenfalls eine Haftung des Auftraggebers gemäß § 278 BGB für einen Vorunternehmer bejaht. In dem zu entscheidenden Fall hatte zunächst der Vorunternehmer mangelhaft gearbeitet und anschließend der Nachfolgeunternehmer unter Verletzung seiner Prüfungspflicht aus § 4 Nr. 3 VOB/B hierauf aufgebaut. Es lag also die hier als zweite Konstellation bezeichnete Fallgestaltung vor.[268] Der Auftraggeber hat gegen den Nachfolgeunternehmer anschließend entsprechend § 13 Nr. 3 VOB/B Gewährleistungsansprüche geltend gemacht und den Werklohn um die bei ihm selbst entstandenen Kosten zur Mängelbeseitigung gekürzt. Dieser Kürzung hat der Nachfolgeunternehmer den Mitverschuldenseinwand hinsichtlich der mangelhaften Vorunternehmerleistung entgegengesetzt. Begründet wird diese – ausdrücklich zugestandene – Abweichung von der Rechtsprechung des BGH mit deren Unbilligkeit.[269] Wenn der Auftraggeber die Bereitstellung eines bebauungsreifen Grundstücks im Sinne einer Pflicht schulde, so gehöre dazu auch die mangelfreie und rechtzeitige Fertigstellung der Vorunternehmerleistung.[270] Hierfür sei ein entsprechender Haftungswille des Bestellers – wie auch sonst bei § 278 BGB – nicht erforderlich.[271] Zudem liege keine Zweckgemeinschaft zwischen Nachfolge- und Vorunternehmer vor, da ersterer keinen Einfluss auf die Arbeit des letzteren habe, welcher wiederum auf die Nachfolgeunternehmerleistung nicht angewiesen sei.[272] Die Auffassung des BGH erweise sich als unbillige Verlagerung des Schadensrisikos auf den Nachfolgeunternehmer.[273] Der BGH hatte keine Gelegenheit dieses Urteil aufzuheben, da Revision nicht eingelegt wurde.

II. Literatur

Diese Urteile haben zu einer umfangreichen Diskussion in der baurechtlichen Literatur geführt.

---

266 OLG Celle, BauR 1994, S. 629.
267 OLG Düsseldorf, BauR 1999, S. 1309.
268 S. oben, Viertes Kapitel, A.
269 OLG Düsseldorf, BauR 1999, S. 1309, 1310.
270 OLG Düsseldorf, BauR 1999, S. 1309, 1310.
271 OLG Düsseldorf, BauR 1999, S. 1309, 1311.
272 OLG Düsseldorf, BauR 1999, S. 1309, 1311.
273 OLG Düsseldorf, BauR 1999, S. 1309, 1311.

1. Argumente für eine Pflicht

Das Urteil des BGH aus dem Jahre 1985 ist auf heftige Kritik in der Literatur gestoßen, die auch nach dem Urteil aus dem Jahre 1999 nicht verstummte. Das Ergebnis der Entscheidung aus dem Jahre 1985 „Vorunternehmer I", nämlich das Verbleiben des Schadens beim Nachfolgeunternehmer ohne die Möglichkeit, den Auftraggeber in Anspruch zu nehmen, sei unbillig und schwer verständlich.[274] Es sei selbstverständlich, dass die Bereitstellung des Grundstücks auch voraussetze, dass die notwendigen Vorunternehmerleistungen auf diesem rechtzeitig und mangelfrei ausgeführt worden sind.[275] Die Bereitstellung bestehe dabei gegenüber jedem Unternehmer von neuem.[276] Dies sei Grundlage eines jeden Bauvertrages[277] und folgerichtig habe auch der Bauherr beim Vertragsschluss objektiv den Willen, sich insoweit verpflichten zu wollen.[278] Zur Begründung dieses Ergebnisses ziehen *v. Craushaar* und *Kapellmann* zusätzlich § 645 BGB heran; da unter „Stoff" im Sinne dieser Vorschrift auch der Baugrund samt Vorunternehmerleistung zu verstehen sei, spreche schon die gesetzliche Risikoverteilung für eine Pflicht.[279] Nur deshalb nicht von einer Pflicht auszugehen, weil die entsprechende Handlung nicht ausdrücklich in der VOB/B erwähnt sei, sei ein wenig überzeugender Formalismus, vermutlich hätten die Väter der VOB/B wegen der Selbstverständlichkeit einer solchen Pflicht die Aufführung derselben als nicht notwendig angesehen.[280] Wenig stichhaltig sei das Argument des BGH, dass der Vorunternehmer nicht in den Pflichtenkreis des Auftraggebers einbezogen sei, weil letzterer nicht für die Vorunternehmerleistung einstehen wolle und dies letztlich der Nachfolgeunternehmer hinnehme. Schließlich wolle niemand gerne haften, dies sei jedoch kein Grund eine objektiv bestehende Haftung zu verneinen.[281] Der Nachfolgeunternehmer nehme die fehlende Haftung des Bestellers auch nicht willentlich hin, ihm bliebe wegen der Rechtsprechung nur gar nichts anderes übrig.[282] Im Ergebnis führe die Haltung des BGH zu einer unbilligen Risikoverlagerung auf den Nachfolgeunternehmer, der weder den Vorunternehmer

274 Eingehend: Kapellmann/Schiffers, Bd 1, Rn. 1368ff.

275 Vygen/Schuber/Lang, Bauverzögerung, Rn. 271; Döring, FS Craushaar, S. 194, 196.

276 Jagenburg, FS Mantscheff, S. 99, 104.

277 Vygen, BauR 1989, S. 387, 394.

278 Jagenburg, FS Mantscheff, S. 99, 105

279 v.Craushaar, FS Vygen, S. 154, 156ff; Kapellmann, BauR 1992, S. 433, 435f, schlägt § 645 BGB sogar als Anspruchsgrundlage und damit als alternativen Lösungsweg zur Umgehung der Diskussion um die Existenz einer Pflicht vor.

280 Jagenburg, FS Mantscheff, S. 99, 103.

281 Kapellmann/Schiffers, Bd. 1, Rn. 1376.

282 Kapellmann/Schiffers, Bd. 1, Rn. 1375.

ausgesucht und beauftragt habe noch auf dessen Ausführung Einfluss nehmen könne.[283] Dabei habe gerade der Auftraggeber auch in der vorliegenden Konstellation den Nutzen aus der in der Wirtschaft üblichen Arbeitsteilung.[284] *Scheube* sieht sogar die Gefahr einer haftungsbefreienden Delegation von Mitwirkungspflichten durch Übertragung entsprechender Vorleistungen auf Dritte, so dass dann der Nachfolgeunternehmer schlechter stünde als wenn der Besteller die Leistungen selbst erbracht hätte.[285] Einige Autoren meinen, es mache ohnehin keinen Unterschied, ob der Besteller selbst Vorleistungen erbringen wolle oder diese durch einen Vorunternehmer erbringen lasse.[286] Ebenso wenig bestehe Anlass, zwischen Planungsleistungen, bei denen der Bauherr unstreitig für Fehler seines Architekten gemäß § 278 BGB hafte, und bauseits durch einen Vorunternehmer zu erbringenden Leistungen zu differenzieren.[287] *Wahl* erkennt einen solchen Unterschied ebenfalls nicht und folgert hieraus, dass selbst unter Zugrundelegung einer bloßen Obliegenheit jedenfalls die Anwendung des § 278 BGB geboten sei, so dass ein Schadensersatzanspruch nach § 6 Nr. 6 VOB/B bestehe.[288] Zur Untermauerung dieses Ergebnisses schlägt er, basierend auf einer Stellungnahme von *Rathjen*, zudem eine „CISG-freundliche" Auslegung des deutschen Rechts vor.[289] Da im UN-Kaufrecht eine Haftung für alle Hilfspersonen durch Art. 79 Abs. 2 CISG begründet sei, müsse der Auftraggeber auch für den Vorunternehmer haften.[290]

2. Argumente für eine Obliegenheit

Es gibt demgegenüber auch Stimmen in der Literatur, die die Rechtsprechung des BGH für richtig halten. Diese nehmen zunächst Bezug auf das Grundkonzept des BGB, welches die Mitwirkungshandlungen als Obliegenheiten ansehe, wie der Verweis des § 642 BGB auf die Annahmeverzugregeln belege.[291] Es fehle eine Regelung in der VOB/B, aus der klar und eindeutig hervorgehe, dass in ihrem Geltungsbereich eine Pflicht zur rechtzeitigen Bereitstellung des Baugrundstücks mit einer mangelfreien Vorunternehmerleistung bestehe.[292] Im Falle der Beja-

283 Scheube, S. 123.
284 Kapellmann/Schiffers, Bd. 1, Rn. 1375; Oberhauser, S. 260; Schwarze, S. 104.
285 Scheube, S. 122f.
286 v.Craushaar, FS Vygen, S. 154, 159; Vygen, BauR 1989, S. 387, 392.
287 Vygen/Schuber/Lang, Rn. 267.
288 Wahl, S. 132. Nach seiner Auffassung kann also der Streit um die Einordnung als Pflicht oder Obliegenheit dahinstehen.
289 Wahl, S. 135f; Rathjen, BauR 2000, S. 170ff.
290 Wahl, S. 136f; Rathjen, BauR 2000, S. 170, 176.
291 Peters in: Staudinger, § 642, Rn. 17; Kniffka, Jahrbuch Baurecht 2001, S. 1, 13.
292 Gehlen, ZfBR 2000, S. 291, 292.

hung einer Pflicht bestehe die Gefahr der Entwicklung des Baurechts zu einer Sondermaterie.[293] Es sei nicht unbillig, dem Nachfolgeunternehmer das Risiko aufzuerlegen, da dieser in der Lage sei und die Pflicht habe, sich über die Ordnungsmäßigkeit der Vorunternehmerleistung zu informieren.[294] Die gegenteilige Meinung stelle einseitig die Auftragnehmerinteressen in den Vordergrund.[295] Der Verweis auf die durch die Rechtsprechung vorgenommene unterschiedliche Behandlung zu den Fällen, in denen der Auftraggeber selbst die Vorleistung erbringe, gehe fehl, da dies die Ausnahme und nicht die Regel sei.[296] Außerdem gehe es dann um eine Haftung für eigenes Verschulden.[297] Der Auftraggeber habe außer in diesen Fällen nie versprochen, die Leistung des Vorunternehmers selbst auszuführen, weshalb diese nicht zu seinem Erfüllungsprogramm gehöre.[298] Eine umfassende Pflicht des Bestellers zur Schaffung eines in terminlicher und sachlicher Hinsicht fehlerfreien Arbeitsumfeldes für den Nachfolgeunternehmer gehe zu weit.[299]

III. Stellungnahme

Im Rahmen der Stellungnahme ist zweckmäßigerweise zwischen der verzögerten Vorunternehmerleistung und dem Aufbau auf die unerkannt mangelhafte Vorunternehmerleistung zu unterscheiden.

1. Verzögerte Vorunternehmerleistung

Zunächst soll das Augenmerk auf die Konstellation gerichtet werden, über die der BGH zweimal entschieden hat, nämlich die verspätete Vorunternehmerleistung. Der Umfang der Meinungsbekundungen zu der Frage nach der Erfüllungsgehilfeneigenschaft des Vorunternehmers in diesem Zusammenhang lässt sich wohl nur dadurch erklären, dass nach der ursprünglichen BGH-Entscheidung „Vorunternehmer I" der Nachfolgeunternehmer rechtlos bleiben sollte. Dies lag an der Weigerung des BGH das rechtzeitige Bereitstellen eines mit einer mangelfreien Vorunternehmerleistung versehenen Grundstücks jedenfalls als Mitwirkungsobliegenheit anzuerkennen, deren Unterlassen zu einem Entschädigungsanspruch nach § 642 BGB führen kann. Es war ein unverständliches und nicht zu rechtfer-

293 Kraus, BauR 1986, S. 17, 26.
294 Kniffka, BauR 1999, S. 1312, 1313.
295 Kniffka, Jahrbuch Baurecht 2001, S. 1, 15.
296 Weise, BauR 1992, S. 685, 687.
297 Weise, BauR 1992, S. 685, 687.
298 Kaiser, BauR 2000, S. 177, 178.
299 Ganten in: Beck'scher VOB-Kommentar, Teil B, § 10 Nr. 1, Rn. 63.

tigendes Ergebnis, dass die Bereitstellung der Vorunternehmerleistungen noch nicht einmal eine zur Herstellung des Werkes erforderliche Mitwirkungshandlung des Bestellers sein sollte. Diese Gerechtigkeitslücke ist nunmehr durch die Anerkennung einer entsprechenden Obliegenheit und die Anwendung des § 642 BGB zu Recht beseitigt. Allein die Beauftragung des Vorunternehmers, die nach der Entscheidung „Vorunternehmer I" nur geschuldet sein sollte, genügt genauso wenig zur Erreichung des Erfolgs in Form der Werkherstellung wie die bloße Bereitstellung des Grundstücks. Damit das Bauvorhaben durchgeführt werden kann, muss vielmehr der Vorunternehmer auch tätig geworden sein und das Grundstück mit seiner Leistung ausgestattet haben. Hierfür hat nach der Aufgabenverteilung eines jeden Bauvertrags der Besteller Sorge zu tragen, wie auch seine Koordinierungspflicht belegt. Das rechtzeitige Bereitstellen der Vorunternehmerleistung muss deshalb jedenfalls eine Mitwirkungsobliegenheit sein, so dass sich nur die Frage nach einer eventuellen Erstarkung derselben zu einer Pflicht stellt.

Entgegen *Wahl* ist eine Einordnung der Bereitstellung des mit einer rechtzeitigen und mangelfreien Vorunternehmerleistung versehenen Grundstücks als Pflicht oder Obliegenheit nicht entbehrlich. Zweifelhaft ist bereits, ob § 278 BGB überhaupt auf Obliegenheiten anwendbar ist[300] und inwieweit hier das CISG eine Rolle spielen kann. Dies kann jedoch dahinstehen, weil selbst bejahendenfalls kein Schadensersatzanspruch bestünde. Der BGH hat u.a. in der Entscheidung „Vorunternehmer II" ausdrücklich klargestellt, dass § 6 Nr. 6 VOB/B eine Pflichtverletzung voraussetzt[301], weshalb eine Anwendung des § 278 BGB auf Obliegenheiten keinen Vorteil für die hier interessierende Frage bringt.[302]

Darüber hinaus helfen die teilweise angestellten Vergleiche zur Erfüllungsgehilfeneigenschaft des Architekten wenig weiter, da die Abgrenzung zwischen Pflicht und Obliegenheit eine Frage ist, die nur anhand jeder einzelnen zur Disposition stehenden Handlung beantwortet werden kann. Selbst der Architekt ist deshalb nicht immer Erfüllungsgehilfe des Auftraggebers.[303]

Ausschlaggebend für die Abgrenzung muss entsprechend der bisherigen Erkenntnisse der „durchschnittliche" Parteiwillen in der typischen Konstellation einer verspäteten Vorunternehmerleistung sein. Es ist zu ermitteln, ob sich der Besteller trotz des Fehlens einer vertraglich oder gesetzlich geregelten Pflicht redli-

---

300 Dafür: Grundmann in: MüKo, BGB, § 278, Rn. 24; Lorenz, FS 50 Jahre BGH, S. 329, 343; dagegen: Heinrichs in: Palandt, § 278, Rn. 24; Wieling, AcP 176 (1976), S. 334, 354.

301 BGHZ 137, S. 35, 41; BGH, BauR 2000, S. 722, 723. Ausführlich zu dieser Problematik und § 6 Nr. 6 VOB/B unten, Siebentes Kapitel, B. III. 1.

302 Dies verkennt Wahl freilich und geht auf die eindeutige Rechtsprechung nicht ein.

303 Vgl. BGH, EWiR 2002, S. 657, hinsichtlich des Fehlens einer Pflicht zur Bauaufsicht bezüglich eines Vorunternehmers.

cherweise auf die Vereinbarung einer solchen Pflicht hätte einlassen müssen. Hierfür muss ein das Bestellerinteresse überwiegendes Interesse des Nachfolgeunternehmers an der rechtzeitigen Zurverfügungstellung eines mit einer mangelfreien Vorunternehmerleistung ausgestatteten Grundstücks vorliegen.

Hierbei ist zunächst zu berücksichtigen, dass durch die Änderung der BGH-Rechtsprechung das Argument, es liege eine unzumutbare Risikoübertragung auf den Nachfolgeunternehmer vor, leer läuft. Dem Nachfolgeunternehmer wird nunmehr genau das gewährt, was die gesetzliche Grundkonzeption seit jeher vorsah: eine angemessene Entschädigung nach § 642 BGB. Seinen finanziellen Interessen ist damit ausreichend gedient, denn jedenfalls erleidet er keinen wirtschaftlichen Verlust wegen der Bauverzögerung. Schon allein deshalb bestehen Zweifel, ob das Unternehmerinteresse höher zu bewerten ist als das Bestellerinteresse.

Grundsätzlich hat ohnehin der Besteller das höher zu bewertende Interesse an dem zügigen Fortgang der Bauarbeiten, schließlich hat er das Vorhaben initiiert. Er wird daher alles unternehmen, was in seiner Macht steht, um die Rechtzeitigkeit und Mangelfreiheit der Vorunternehmerleistung sicherzustellen. Hierzu ist er im Rahmen der sorgfältigen Auswahl und Koordinierung der verschiedenen Unternehmer sogar verpflichtet. Alles Weitere entzieht sich aber seinem Einwirkungsbereich[304]; der Besteller hat auf die eigentliche Erbringung der Vorunternehmerleistung keinen wesentlichen Einfluss. Die Annahme einer Pflicht bezüglich der Vorunternehmerleistung käme letztlich einer Garantiehaftung gleich, denn der Besteller müsste für von ihm nicht mehr zu kontrollierende Arbeiten pflichtig einstehen. Es stehen also gewichtige Interessen des Bestellers der Annahme einer Pflicht entgegen, weshalb kaum angenommen werden kann, eine solche müsse sich redlicherweise aus § 242 BGB ergeben. Die Übernahme einer Pflicht kann auch der Unternehmer nicht erwarten, denn es entspricht der allgemeinen Lebenserfahrung, dass niemand für eine von ihm nicht kontrollierbare Werkleistung haftet.

Bei der Annahme einer bloßen Obliegenheit bezüglich der Vorunternehmerleistung entsteht entgegen anders lautender Bekundungen kein Widerspruch zur Qualifizierung der Bereitstellung des Grundstücks als Pflicht. Diese ist nämlich in erster Linie direkt am Beginn der Bauarbeiten zu erfüllen, danach ist das Vorhaben „in Gang gesetzt" und der Besteller darf nur nicht mehr störend eingreifen. Selbst wenn man aber die Bereitstellungspflicht als gegenüber jedem einzelnen Unternehmer zu erfüllen ansehen will, führt dies nicht weiter. Die rechtliche Qualität der von einer Vertragspartei geschuldeten Handlungen ist streng getrennt nach einzelnen Verhaltensaufforderungen zu ermitteln. Bei Einschaltung eines

---

304 Hierauf verweist auch Kniffka, Jahrbuch Baurecht 2001, S. 1, 14.

Dritten hat die Abgrenzung zwischen Obliegenheiten und Pflichten nur mittelbar damit zu tun, wie die Handlung, an der der Dritte mitwirkt, einzuordnen ist. Gerade wenn der Dritte nur die Voraussetzungen für die Rechtzeitigkeit und Möglichkeit der eigentlichen Erfüllungshandlung schaffen soll, hängt die Frage nach der Abgrenzung von Obliegenheit und Pflicht hinsichtlich der vorbereitenden Handlung des Dritten davon ob, ob der Schuldner auch verpflichtet war, die Voraussetzungen für die eigentliche Erfüllungshandlung herbeizuführen.[305] Mit anderen Worten: selbst wenn die seitens des Schuldners vorzunehmende Handlung eine Pflicht darstellt, ist damit noch nicht geklärt, ob auch die bloße flankierende Schaffung der Voraussetzungen für die Erfüllung dieser Pflicht selber eine Pflicht darstellt. Beispielhaft sei für den Bereich des Kaufrechts auf die fehlende Einstandspflicht des Verkäufers für Produktionsfehler des Herstellers verwiesen, weil der Verkäufer nur die Beschaffung der Kaufsache, nicht aber die Produktion derselben schuldet und der Hersteller deshalb nicht sein Erfüllungshilfe ist.[306] Ähnlich liegt der Fall auch bei der Vorunternehmerproblematik: dieser ist nur vorbereitend für die eigentliche Pflicht des Bestellers zur Bereitstellung des Grundstückes tätig. Letzterem müsste daher auch diese reine Vorbereitungshandlung als Pflicht aufgegeben sein. Dies ist dann aber losgelöst von der Bereitstellungspflicht zu beurteilen.

Für alle Beteiligten, also auch für den Nachfolgeunternehmer, ist außerdem das Risiko eines arbeitsteiligen Zusammenwirkens auf der Baustelle die gelebte Alltäglichkeit. Der Nachfolgeunternehmer weiß von vornherein, dass sein Auftraggeber notwendige Vorleistungen nicht selbst erbringen wird, zumal dieser in aller Regel hierzu gar nicht fachlich in der Lage sein wird. Bei einem typischen Bauvertrag über größere Bauanlagen steht für alle Beteiligten fest, dass bestimmte Vorleistungen von Vorunternehmern erbracht werden und der Auftraggeber auf diese nur begrenzten Einfluss in Form einer sorgfältigen Auswahl und Koordinierung hat. Diese Situation ist bei solchen Verträgen immanent. Ein solch typisches Risiko der einen Vertragspartei dann aber im Wege der Rechtsfortbildung unter Abkehr des gesetzlichen Regel-Ausnahme-Verhältnisses der anderen Vertragspartei zuzuweisen, ist nicht statthaft. Mag der Nachfolgeunternehmer auch ein großes Interesse an der rechtzeitigen Erbringung der Vorunternehmerleistungen haben, so muss er billigerweise doch anerkennen, dass der Besteller hierauf nur begrenzten Einfluss in Form der Auswahl des Vorunternehmers und der Koordinierung hat.

305 Lorenz, FS 50 Jahre BGH, S. 329, 345.

306 BGH, NJW 1968, S. 2238, 2239; WM 1977, S. 220; Grundmann in: MüKo, BGB, § 278, Rn. 31.

Wenig überzeugend ist es, wenn von den Befürwortern einer Pflicht dem Besteller der „objektive Wille“ zu einer Haftung für die Vorunternehmerleistung unterstellt wird. Hierbei handelt es sich um den untauglichen Versuch, einen hypothetischen Parteiwillen zu unterstellen, der nicht schlüssig begründbar ist. Es erscheint sonderbar, jemanden den Willen zuzusprechen, haften zu wollen. Wie die Kritiker der Entscheidung „Vorunternehmer I“ des BGH selbst ausführen, spielt der Wille zur Haftung keine Rolle. Dies muss dann sowohl im positiven, wie auch im negativen Sinne gelten.

Eine Pflicht ist zudem nicht aus der VOB/B abzuleiten. Die Behauptung, die Erschaffer der VOB/B hätten vergessen, eine solche Selbstverständlichkeit wie die fragliche Pflicht zu regeln, ist nicht richtig. Zum einen ist die Rechtsprechung des BGH 20 Jahre alt und dennoch ist trotz zahlreicher Änderungsnovellen[307] keine Änderung der VOB/B vorgenommen worden. Zum anderen war entsprechend dem seinerzeitigen (Erstauflage 1926 bzw. Neuauflage 1952 der VOB/B) Meinungsstand die Verneinung einer Pflicht zur Mitwirkung eine Selbstverständlichkeit[308] und nicht umgekehrt. Aus der VOB/B wird folgerichtig an keiner Stelle hinreichend deutlich, dass der Auftraggeber verpflichtet ist, rechtzeitig mangelfreie Vorunternehmerleistungen zur Verfügung zu stellen. Eine eindeutige Regelung wäre aber gerade aufgrund des AGB-Charakters der VOB/B wegen § 305c Abs. 2 BGB notwendig gewesen.

Die Gefahr einer haftungsbefreienden Übertragung von Mitwirkungspflichten besteht schließlich auch nicht, da bei der Verlagerung von Pflichten des Bestellers auf einen Vorunternehmer dessen Fehlverhalten über § 278 BGB zugerechnet wird.

Nach alledem ist nicht zu belegen, dass sich der Besteller redlicherweise unter Zugrundlegung eines „durchschnittlichen“ Parteiwillens auf die Vereinbarung einer Pflicht zur rechtzeitigen Bereitstellung der Vorunternehmerleistungen hätte einlassen müssen. Vielmehr stehen gewichtige Interessen des Bestellers entgegen, die die Annahme eines überwiegenden Interesses des Nachfolgeunternehmers hindern. Dadurch bleibt dieser aber nicht rechtlos, denn ihm steht der Anspruch aus § 642 BGB zu.

2. Aufbau auf mangelhafte Vorunternehmerleistung

Ergänzend soll noch die Konstellation, über die das OLG Düsseldorf zu entscheiden hatte, also der Fall des Aufbauens auf die unerkannt mangelhafte Vorunternehmerleistung, einer Beurteilung unterzogen werden. Zwar kommt in die-

307 Vgl. hierzu v.Rintelen in: Kapellmann/Messerschmidt, Einl. VOB/B, Rn. 6ff.
308 vgl. Nicklisch BB 1979, S. 533f.

ser kein Anspruch aus § 642 BGB in Betracht, da mangels Entdeckung der Mangelhaftigkeit der Vorunternehmerleistung keine Verspätung derselben und damit kein Annahmeverzug eintreten. Wenn jedoch die Interessenlage in dieser zweiten Konstellation die Annahme einer Pflicht gebieten würde, müsste konsequenterweise auch in der ersten Konstellation eine Pflicht bejaht werden, weil die Einstufung als Pflicht oder Obliegenheit nicht davon abhängen kann, ob der Mangel rechtzeitig entdeckt wird oder nicht.

Es ist bereits zweifelhaft, ob im Falle des Aufbauens auf die unerkannt mangelhafte Vorunternehmerleistung überhaupt eine für eine Rechtsfortbildung notwendige Gesetzeslücke vorliegt, denn die §§ 644 Abs. 1, 645 Abs. 1 S. 1 BGB und §§ 13 Nr. 3, 4 Nr. 3 VOB/B regeln grundsätzlich die Haftung des Nachfolgeunternehmers auf Nachbesserung seiner eigenen Werkleistung, wenn die Vorunternehmerleistung mangelhaft war. Eine Ausnahme gilt gemäß § 13 Nr. 3 VOB/B nur dann, wenn der Nachfolgeunternehmer seiner Prüfungspflicht nachgekommen ist. Diese Ausnahme folgt im BGB-Werkvertrag aus der Wertung des § 645 Abs. 1 S. 1 BGB. Vieles spricht daher dafür, dass die Problematik vollständig und abschließend geregelt ist. Der Annahme einer Pflicht und der daraus resultierenden Möglichkeit der Berücksichtigung eines Mitverschuldens des Bestellers selbst im Falle einer Verletzung der Prüfpflicht steht daher das gesetzliche und in der VOB/B eindeutig geregelte „Alles-oder-Nichts-Prinzip" entgegen.

Zur Lösung der hieraus resultierenden Unbilligkeiten kann man allerdings die Anwendung des allgemeinen Rechtsinstituts der Drittschadensliquidation in Betracht ziehen. Nach deren Grundgedanken soll es dem Schädiger nicht zugute kommen, wenn er nur deshalb von der Haftung frei würde, weil der Schaden aufgrund besonderer Umstände nicht beim Ersatzberechtigten, sondern bei einem Dritten eintritt.[309] Deshalb kann der Ersatzberechtigte den Schaden des Dritten liquidieren, wobei der Dritte einen Anspruch auf Abtretung des Ersatzanspruches hat.[310] Als Fallgruppen gelten der Vertragsschluss als mittelbarer Stellvertreter, Treuhandverhältnisse, die vertragliche Übertragung der Obhutspflicht bezüglich einer fremden Sache durch den berechtigten Besitzer und die obligatorische Gefahrentlastung wegen des zwischenzeitlichen Übergangs der Gefahr auf einen Dritten.[311] Insbesondere *Stamm* ordnet die Konstellation des Aufbauens auf die unerkannt mangelhafte Vorunternehmerleistung als Fall der Drittschadensliqui-

---

309 BGHZ 40, S. 91, 100; Kuckuk in: Erman, vor §§ 249 – 253, Rn. 137; Teichmann in: Jauernig, vor §§ 249 – 253, Rn. 19; Larenz, SchR AT, § 27 IV. b).

310 Heinrichs in: Palandt, Vorb. v. § 249, Rn. 114; Schiemann in: Staudinger, Vorbem. zu §§ 249ff, Rn. 62.

311 BGHZ 40, S. 91, 100f; Teichmann in: Jauernig, Vor §§ 249 – 253, Rn. 20; Schiemann in: Staudinger, Vorbem. zu §§ 249ff, Rn. 69ff; kritisch Larenz, SchR AT, § 27 IV. 3., der nur die obligatorische Gefahrentlastung anerkennen will.

dation ein und weist darauf hin, dass der Besteller keinen Schaden habe, da er wegen der Gefahrtragungsregelung des § 644 Abs. 1 S. 1 BGB vom Nachfolgeunternehmer die Nachbesserung von dessen Werkleistung auch dann verlangen könne, wenn die Mangelhaftigkeit derselben auf einer fehlerhaften Vorunternehmerleistung beruhe.[312] Hingegen entsteht dem Nachfolgeunternehmer ein Schaden, weil seine eigentlich mangelfreie Werkleistung wegen der mangelhaften Vorunternehmerleistung ebenfalls mangelhaft wird und von ihm nachgebessert werden muss. Hierin sieht *Stamm* eine zufällige Schadensverlagerung, so dass die Voraussetzungen einer Drittschadensliquidation vorlägen.[313]

Der BGH hat allerdings die Möglichkeit einer Drittschadensliquidation für die Konstellation der verspäteten Vorunternehmerleistung verneint, da der Nachfolgeunternehmer nicht aufgrund besonderer Umstände als Geschädigter an die Stelle des Auftraggebers trete.[314] Hinsichtlich der zweiten Konstellation erscheint es auf den ersten Blick ebenfalls zweifelhaft, ob es sich um eine atypische Schadensverlagerung handelt, da diese auf der klaren gesetzlichen Wertung (bzw. der klaren VOB/B-Wertung) beruht, dass der seine Prüfungspflicht verletzende Nachfolgeunternehmer haftet. Andererseits ist zu berücksichtigen, dass der Vorunternehmer von seiner Gewährleistungspflicht nur deshalb frei wird, weil eine weitere Werkleistung auf seine aufbaute und zunächst die Fehlerhaftigkeit seines Werkes nicht entdeckt wurde. Insbesondere letzteres ist ein besonderer, zufälliger Umstand, der nicht zum Vorteil des Vorunternehmers führen kann. Es liegt vielmehr eine mit der Fallgruppe der obligatorischen Gefahrentlastung vergleichbare Konstellation vor, weshalb die Drittschadensliquidation als ein geeigneter Lösungsweg erscheint. Der Nachfolgeunternehmer kann also vom Besteller die Abtretung von dessen Gewährleistungsansprüchen gegen den Vorunternehmer verlangen und anschließend seinen Schaden gegenüber letzterem geltend machen. Damit verbleibt kein Raum für eine Rechtsfortbildung bei dieser Konstellation und es bleibt insgesamt bei einer bloßen Obliegenheit des Bestellers zur rechtzeitigen Bereitstellung eines mit einer mangelfreien Vorunternehmerleistung versehenen Grundstücks.

---

312 Stamm, BauR 2000, S. 1, 14.

313 Stamm, BauR 2000, S. 1, 14, wobei er dieser Grundsätze auch auf die Entscheidung „Vorunternehmer I" des BGH anwenden will. Dabei übersieht er, dass in dem dort zu entscheidenden Fall im Verhältnis Besteller/Nachfolgeunternehmer ein Fall der Verspätung wegen der Nachbesserungsarbeiten des Vorunternehmers vorlag und kein Fall der (unentdeckten) Mangelhaftigkeit der Vorunternehmerleistung.

314 BGH, BauR 1985, S. 561, 564; im Ergebnis auch Kapellmann/Schiffers, Bd. 1, Rn. 1383.

Fünftes Kapitel: Mitwirkungshandlungen bei der Erstellung und Anpassung von Software

Ein weiterer praxisrelevanter Bereich, in dem die Einordnung von Mitwirkungshandlungen des Bestellers eine gewichtige Rolle spielt, ist die Erstellung von Individualsoftware oder die Anpassung von Standardsoftware nach Kundenwünschen. Im ersten Fall handelt es sich um einen Werkvertrag; bei der Anpassung von Standardsoftware ist § 651 S. 1 BGB zu beachten, nach dem auf die Lieferung herzustellender beweglicher Sachen Kaufrecht anzuwenden ist.[315] Durch die Schuldrechtsmodernisierung ist die Anwendbarkeit des Kaufrechts gegenüber dem Werkvertragsrecht erweitert worden, da es nicht mehr auf die Herkunft des Materials und die Unterscheidung zwischen vertretbarer und unvertretbarer Sache ankommt. Maßgebliche Bedeutung für die Bestimmung des anwendbaren Rechts bei der Erstellung von Software kommt daher der Frage zu, ob Software eine Sache ist. Dies wird unterschiedlich beurteilt, da einerseits das Programm selbst unkörperlich ist, andererseits aber auf einem Datenträger verkörpert wird.[316] Letztlich kann die Einordnung für die vorliegende Abhandlung jedoch dahinstehen, da gemäß § 651 S. 3 BGB im Falle der Herstellung unvertretbarer beweglicher Sachen die §§ 642, 643, 645, 649 und 650 BGB neben dem Kaufrecht Anwendung finden. Sofern die Software auf die Kundenwünsche angepasst oder aufgrund dieser hergestellt wird, liegt jedenfalls keine vertretbare Sache i.S.v. § 91 BGB vor[317], da sie dann nicht mehr ohne weiteres bei anderen Anwendern Verwendung finden könnte. Die werkvertraglichen Regelungen über die Mitwirkungshandlungen des Gläubigers finden demzufolge bei der Überlassung von Individualsoftware und der Anpassung von Standardsoftware Anwendung.

A. Mitwirkungshandlungen

Bei Erstellung oder Anpassung von Software auf Grundlage von Kundenwünschen spielen im Wesentlichen zwei Arten von Mitwirkungshandlungen eine gewichtige Rolle.

---

315 Auf die dauerhafte Überlassung von Standardsoftware ohne Anpassung ist unzweifelhaft ausschließlich Kaufrecht anzuwenden, vgl. nur Müller-Hengstenberg/Krcmar, CR 2002, S. 549, 556.

316 Die Sachqualität verneinend: Redeker, IT-Recht, Rn. 278ff; Müller-Hengstenberg/Krcmar, CR 2002, S. 549, 550; die Sachqualität bejahend: Schneider, Hdb EDV-Recht, D, Rn. 275ff.

317 Schneider, Hdb EDV-Recht, D, Rn. 1518 u. 1516 mit detailierten Fallgruppen.

Zum einen muss der Kunde dem Programmierer die in das Programm einzupflegenden Daten sowie die Hardware, auf der die Software später aufgespielt werden soll, bereitstellen.[318] Ohne diese Mitwirkung ist die Erstellung oder Anpassung von Software nach Kundenwünschen nicht möglich.

Besondere Bedeutung kommt zum anderem dem Pflichtenheft zu. Bei diesem handelt es sich um die geordnete Zusammenstellung aller Anforderungen des Auftraggebers an das zu erstellende Programm, es dient also der Leistungskonkretisierung.[319] Häufig liegt es bereits bei Vertragsschluss vor und wird dann unmittelbarer Bestandteil der Beschreibung des geschuldeten Werkerfolgs. Jedenfalls muss zu diesem Zeitpunkt das geschuldete Werk nach Art und Umfang so hinreichend konkretisiert sein, dass überhaupt die essentialia eines Werkvertrages vorliegen.[320] In der Praxis hat sich bei komplexeren Projekten inzwischen die Einteilung in mehrere Phasen, die jeweils in einem gesonderten Werkvertrag geregelt sind, eingebürgert.[321] Schwierig wird es naturgemäß, wenn die Definition des geschuldeten Erfolges im Vertrag nur Minimalanforderungen genügt, weshalb eine weitere Spezifikation notwendig oder zumindest sinnvoll ist. Dann stellt sich im Falle des Fehlens einer vertraglichen Vereinbarung die Frage, wer überhaupt das Pflichtenheft zu erstellen hat und inwieweit die andere Vertragspartei hieran mitzuwirken hat. Dabei lassen sich nach dem heutigen Stand der Rechtsprechung und Literatur folgende Leitlinien aufstellen: Grundsätzlich ist die Definition des Werkerfolgs und dessen Spezifikation entsprechend den allgemeinen Regeln Sache des Bestellers.[322] Hierbei muss ihn der fachkundige Unternehmer aber beraten und unterstützen.[323] Dies kann faktisch zu einer vollständigen Erstellung des Pflichtenhefts durch den Unternehmer führen, wenn nur dieser hierzu fachlich in der Lage ist.[324] In diesem Fall muss der Besteller dann dem Unternehmer alle zur Erstellung des Pflichtenheftes notwendigen Informationen,

318 OLG Düsseldorf, CR 1993, S. 361, 363; Redeker, IT-Recht, Rn. 432; Nicklisch in: Nicklisch, Verträge über Computertechnik, S. 95; Rehmann, CR 1989, S. 961, 962.

319 Busche in: MüKo, BGB, § 642, Rn. 10; Marly, Softwareüberlassungsverträge, Rn. 783; Intveen/Lohmann, CR 2003, S. 640.

320 OLG Koblenz, NJW-RR 2002, S. 890, 891; Schwenker in: Erman, § 631, Rn. 2f; Redeker, IT-Recht, Rn. 307.

321 Müller-Hengstenberg/Krcmar, CR 2002, S. 549, 553.

322 BGH, NJW-RR 1988, S. 1396; OLG Köln, BB 1993, Beilage 3, S. 8; Köhler/Fritsche in: Lehmann, Computerprogramme, XIII., Rn. 140; Redeker, IT-Recht, Rn. 305; Ihde, CR 1999, S. 409, 410f ; Müller-Hengstenberg, CR 1995, S. 198, 199, und Intveen/Lohmann, CR 2003, S. 640, 641f, jeweils mit Nachweisen aus der teilweise abweichenden, vorwiegend aber älteren Rechtsprechung.

323 Junker/Benecke, Computerrecht, Rn. 207; Marly, Softwareüberlassungsverträge, Rn. 784; Rehmann, CR 1989, s. 961, 964.

324 Köhler/Fritsche in: Lehmann, Computerprogramme, XIII., Rn. 140.

z.B. über betriebliche Abläufe zukommen lassen.[325] Dies gilt selbstverständlich erst recht, wenn der Unternehmer vertraglich ohnehin die Erstellung des Pflichtenhefts übernommen hat.[326]

B. Rechtliche Einordnung

Sowohl im Hinblick auf die Erstellung des Pflichtenhefts als auch auf die Zurverfügungstellung von Hardware, Daten usw. stellt sich die Frage nach der rechtlichen Qualität.

I. Literatur

In der softwarerechtlichen Spezialliteratur ist ein ähnliches Meinungsspektrum vorhanden wie in der baurechtlichen, auf die sogar häufig Bezug genommen wird. Vielfach wird entsprechend des gesetzlichen Grundkonzepts die Einstufung als Obliegenheit befürwortet.[327] Nach der Interessenlage der Vertragsparteien sei im Softwarebereich keine Ausnahme von dem gesetzlichen Obliegenheitsmodell geboten.[328]

Einige Stimmen erwägen aber auch die Qualifizierung als Pflicht, soweit beim Hersteller umfangreiche Ressourcen gebunden werden oder ein Pilotprojekt vorliegt.[329] Teilweise sollen sogar alle erforderlichen Mitwirkungshandlungen als echte Schuldnerpflichten zu qualifizieren sein.[330] Bei komplexeren IT-Projekten gebe es ein Kooperationsverhältnis der Parteien, da bei der Implementierung einer Anwendung in einer Kundenumgebung ein ständiges intensives Zusammenarbeiten unabdingbar sei.[331] Dies beruhe auf der Nähe solcher Verträge zu Dauerschuldverhältnissen; es liege regelmäßig ein dynamisches Vertragskonzept vor, das dann während der Abwicklung einvernehmlich konkretisiert werden müsse.[332] Die Interessenlage der Vertragspartner weiche daher vom gesetzlichen

---

325 Köhler/Fritsche in: Lehmann, Computerprogramme, XIII., Rn. 140.

326 Rehmann, CR 1989, S. 961.

327 Junker/Benecke, Computerrecht, Rn. 217; Marly, Softwareüberlassungsverträge, Rn. 827; Redeker, IT-Recht, Rn. 432.

328 Peters in: Staudinger, § 642, Rn. 18.

329 Köhler/Fritzsche in: Lehmann, Computerprogramme, XIII., Rn. 176; Redeker, IT-Recht, Rn. 434.

330 Müller-Hengstenberg, CR 1995, S. 189, 204; Rehmann, CR 1989, S. 961, 963.

331 Müller-Hengstenberg, CR 1995, S. 198, 203; Nicklisch in: Nicklisch, Verträge über Computertechnik, S. 95, 99 u. 103, der den Besteller sogar als „Mitunternehmer“ bezeichnet.

332 Nicklisch in: Nicklisch, Verträge über Computertechnik, S. 95, 98f.

Leitbild ab und zudem habe der Unternehmer häufig ein besonderes Interesse in Form eines Know-how-Gewinns.[333]

II. Rechtsprechung

Die Rechtsprechung hat zur Einordnung der Mitwirkungshandlungen des zukünftigen Programmanwenders kaum Grundsätzliches entschieden.

Der BGH hat in einem Urteil aus dem Jahre 1988 eine Pflicht eines Gastwirts zur Überlassung von Speisekarten, die zur Programmierung der von ihm angemieteten Registrierkassen notwendig waren, bejaht.[334] In einem Vorprozess war diese Überlassungspflicht im Wege eines Prozessvergleiches vereinbart worden, allerdings wies der BGH – insoweit in einem obiter dictum – darauf hin, dass sich diese Mitwirkungspflicht auch aus der Natur der Sache ergebe.[335] Letztlich kam es hierauf aber wegen der klaren Vereinbarung einer Pflicht nicht an und es bleiben Zweifel, ob der Begriff „Mitwirkungspflicht" technisch gemeint war, also der BGH eine Abgrenzung zu einer Mitwirkungsobliegenheit vornehmen wollte.

Im Jahre 1994 hat der X. Senat des BGH die Überlassung eines weiteren Exemplars des Pflichtenheftes durch den Besteller nach Vernichtung des ersten Exemplars durch einen Brand beim Unternehmer als Mitwirkungspflicht bezeichnet.[336] Allerdings bejahte er wegen der Nichterfüllung derselben die Haftungsbeschränkung des § 300 Abs. 1 BGB hinsichtlich der verspäteten Lieferung des Programms, da Annahmeverzug des Bestellers gemäß §§ 642, 293ff BGB vorgelegen habe.[337] Dies lässt erneut auf eine untechnische Verwendung des Begriffs „Mitwirkungspflicht" schließen, zumal die Abgrenzung Pflicht/Obliegenheit nicht entscheidungserheblich war. Ausreichend war aufgrund der bisherigen tatsächlichen Feststellungen, nach denen keine grobe Fahrlässigkeit vorlag, allein die Bejahung des Annahmeverzuges.

Das OLG Köln hat das nicht rechtzeitige Bereitstellen des zur Programmierung einer Bildwand für eine Messe notwendigen Videobandes als Pflichtverletzung mit der Folge eines Schadensersatzanspruches in Höhe des vereinbarten Werklohnes angesehen.[338] Im zugrunde liegenden Fall war nur eine mangelhafte Wiedergabe möglich gewesen, weil die vom Besteller beauftragte Videofirma das Band nicht entsprechend den Absprachen mit dem Unternehmer rechtzeitig gelie-

333 Müller-Hengstenberg/Krcmar, CR 2002, S. 549, 554.
334 BGH, NJW-RR 1988, S. 1396.
335 BGH, NJW-RR 1988, S. 1396.
336 BGH, NJW-RR 1994, S. 1469, 1470.
337 BGH, NJW-RR 1994, S. 1469, 1470.
338 OLG Köln, CR 1995, S. 28, 32.

fert hatte.[339] Aus diesen tatsächlichen Feststellungen lässt sich ableiten, dass eine vertragliche Verpflichtung zur Lieferung des Videobandes zu einem fixen Zeitpunkt vereinbart war. Der Fall gleicht damit dem sogenannten „Behelfsbrückenfall" des OLG Celle.[340] Eine verallgemeinerungsfähige Aussage enthält das Urteil deshalb nicht.

III. Stellungnahme

Zunächst sind erneut terminologische Unsicherheiten bei der Verwendung der Begriffe „Pflicht" und „Obliegenheit" sowohl in der Rechtsprechung als auch in der Literatur zu konstatieren[341], weshalb eine Beurteilung des Gehalts der einzelnen Aussagen schwierig ist. Den Befürwortern einer Pflicht ist jedenfalls zuzugestehen, dass die Erstellung einer kundenorientierten und –optimierten Software ohne die Mitwirkung des Anwenders unmöglich ist. Es ist deshalb nicht zu leugnen, dass der Programmierer an der Mitwirkung des Kunden ein besonderes Interesse hat. Dennoch liegen die Voraussetzungen für eine Rechtsfortbildung nicht vor, da kein überwiegendes Interesse des Unternehmers an der Vornahme der Mitwirkungshandlungen festzustellen ist. In erster Linie dienen diese nach wie vor dem Interesse des Bestellers, der den Werkvertragsabschluss schließlich initiiert hat und in dessen Interesse daher die Erstellung der Software ist. Bei einem Pilotprojekt ist es dem Programmierer – genauso wie dem Unternehmer im Baurecht – zuzumuten, vertraglich Mitwirkungspflichten zu vereinbaren. Der Besteller wird sich dem kaum widersetzen, weil auch er beim Vertragsschluss naturgemäß ein hohes Interesse am reibungslosen Ablauf des Projekts hat. Die Gegenmeinung muss ohnehin zugeben, dass explizite und ausführliche Regelungen zu den Mitwirkungspflichten nicht nur ratsam, sondern gelebte Alltäglichkeit bei IT-Projekten sind.[342] Dies liegt schon an dem Fehlen eines mit der VOB/B vergleichbaren Regelwerks. Den Parteien bleibt daher nichts anderes übrig, als ausführliche Vereinbarungen zu treffen. Dabei hat der Unternehmer regelmäßig einen deutlichen Wissensvorsprung vor dem Besteller hinsichtlich der benötigten Daten, Hardware etc.. Infolgedessen ist es ihm zuzumuten, für eine vertragliche Fixierung dieser Vorgaben Sorge zu tragen. Tut er dies nicht, sind seine Interessen nicht in dem Maße schutzwürdig, dass die Bejahung einer Pflicht und damit eines Schadensersatzanspruches angezeigt wäre. Vielmehr muss er sich dann ent-

---

339 OLG Köln, CR 1995, S. 28, 31.

340 OLG Celle, BauR 1994, S. 629ff, s. auch oben, Viertes Kapitel, C. I. 2.

341 Für die Literatur sei als Beispiel Schneider, Hdb EDV-Recht, H, Rn. 147, genannt, der die Mitwirkung als „Obliegenheit des Auftraggebers, also eine Nebenleistungspflicht" bezeichnet.

342 Rehmer, CR 1989, S. 961, 963.

sprechend der gesetzlichen Konzeption mit dem Anspruch aus § 642 BGB begnügen. Bei der Erstellung von Individualsoftware sind die Mitwirkungshandlungen des Bestellers demzufolge allesamt als Obliegenheiten einzustufen, sofern keine andere vertragliche Vereinbarung vorliegt.

Zusammenfassung: Einordnung der Mitwirkungshandlungen

Bei Pflichten geht es um ein rechtliches Sollen des Schuldners, deren Erfüllung im überwiegenden Interesse des Gläubigers liegt. Eine Pflichtverletzung zieht zudem einen Schadensersatzanspruch nach sich. Bei Obliegenheiten steht hingegen das eigene Interesse des mit ihr Belasteten an der Erfüllung im Vordergrund, weshalb Erfüllungs- und Schadensersatzansprüche ausscheiden. Die Abgrenzung der beiden Kategorien hat bei der Bestellermitwirkung anhand einer Interessenabwägung zu erfolgen, wobei ausschlaggebend ist, welches Interesse an der Erfüllung überwiegt. Methodisch handelt es sich dabei um eine Rechtsfortbildung, da es nicht um die Einordnung einer konkreten, einzelfallbezogenen Mitwirkungshandlung geht, sondern um die Schließung einer Gesetzeslücke bezüglich der Einordnung bestimmter, typischerweise bei Untertypen des allgemeinen Werkvertrages wie z.B. einem Bauvertrag zu erbringenden Mitwirkungshandlungen.

Auszugehen ist dabei von der gesetzgeberischen Grundkonzeption, nach der die Bestellermitwirkung eine Obliegenheit ist. Die Qualifizierung sämtlicher Mitwirkungshandlungen bei Bauvorhaben als Pflichten lässt sich trotz des erhöhten Unternehmerinteresses an der Erbringung der Mitwirkung nicht rechtfertigen. Notwendig ist vielmehr die gesonderte Betrachtung jeder einzelnen der typischen Mitwirkungshandlungen. Die rechtzeitige Bereitstellung der mangelfreien Vorunternehmerleistung ist als Obliegenheit einzustufen, da der Besteller auf ihre Erbringung selbst keinen Einfluss hat und deshalb der Unternehmer billigerweise nicht erwarten kann, dass der Besteller ohne besondere Vereinbarung eine Art Garantiehaftung übernimmt. Der Fall eines Aufbauens auf die unerkannt mangelhafte Leistung des Vorunternehmers kann interessengerecht im Wege der Drittschadensliquidation gelöst werden.

Bei der Erstellung von Individualsoftware und der Anpassung von Standardsoftware sind die Mitwirkungshandlungen des Anwenders ebenfalls als Obliegenheiten einzustufen, da ein überwiegendes Interesse des Programmierers an der Erbringung nicht zu begründen ist.

Sechstes Kapitel: Weitere Voraussetzungen des Anspruches aus § 642 BGB

§ 642 BGB setzt die Nichtvornahme einer bei der Werkherstellung erforderlichen Mitwirkungshandlung in Annahmeverzug begründender Weise voraus.

A. Erforderlichkeit der Mitwirkungshandlung

Nicht jegliche unterlassene Mitwirkung führt zu einem Anspruch aus § 642 BGB, sondern die Handlung muss bei der Herstellung des Werkes erforderlich, also notwendig sein. Dabei erfasst § 642 BGB über den Wortlaut hinaus auch Handlungen, die schon vor dem Beginn der Herstellung vorzunehmen sind.[343] Dagegen lehnt die überwiegende Literatur[344] eine Anwendung der Norm auf die Abnahme der Werkleistung zu Recht ab. Der Gesetzgeber hat die Abnahme bewusst als Pflicht ausgestaltet, weshalb diesbezüglich nicht die gleiche unbefriedigende Situation für den Unternehmer besteht, die zur Schaffung des § 642 BGB geführt hat. Der Schutz über §§ 280, 286 BGB[345] und § 304 BGB ist auch ausreichend, da eine unverschuldete Nichtabnahme kaum denkbar ist und unabhängig davon § 304 BGB die Kosten für die nur noch notwendige Aufbewahrung des Werkes abdeckt.[346] Für den Bereich der VOB/B enthält ohnehin § 12 VOB/B detaillierte Regelungen zum Schutz des Auftragnehmers bei einer unberechtigten Abnahmeverweigerung.

Die Erforderlichkeit einer Handlung ist nicht bereits dann zu bejahen, wenn ihre Vornahme geboten erscheint.[347] Entscheidend ist vielmehr, dass infolge des Unterlassens die Werkherstellung nicht möglich oder zumindest nicht weiter vorangetrieben werden kann.[348] Der Unternehmer muss jedoch alles ihm Zumutbare tun, um eine Weiterführung der Arbeiten zu ermöglichen.[349] Überobligationsmä-

343 BGH, NJW 1972, S. 99, 100; Glanzmann in: RGRK, § 642, Rn. 2. Bereits die Motive, Bd. 2, S. 495 sprachen vom Annahmeverzug bei Beginn oder während der Herstellung des Werkes.

344 Schwenker in: Erman, § 642, Rn. 3; Teichmann in: Soergel, § 642, Rn. 5; Kniffka, § 642, Rn. 12; nur Peters in: Staudinger, § 642, Rn. 22, bejaht die Anwendbarkeit.

345 So auch ausdrücklich die Motive, Bd. 2, S. 497.

346 Raab in: AnwK, § 642, Rn. 8.

347 OLG Celle, BauR 2001, S. 1597, 1598.

348 Voit in: Bamberger/Roth, § 642, Rn. 2.

349 Kniffka, § 642, Rn. 20, unter Hinweis auf § 6 Nr. 3 VOB/B, dessen Rechtsgedanke auch im BGB-Werkvertrag herangezogen werden kann.

ßiger Aufwand ist hierbei von ihm nicht zu fordern; er muss folglich nur die vertraglich geschuldeten Mittel zur Vermeidung des Annahmeverzuges einsetzen.[350]

Ausreichend für die Erforderlichkeit ist demnach die Verringerung der Arbeitsintensität, weil bereits dann eine Verzögerung der Werkherstellung eintritt. Hingegen liegt keine Erforderlichkeit vor, wenn der Unternehmer ohne Probleme zunächst an anderer Stelle an dem Werk weiterarbeiten kann. Sofern also z.B. der Oberboden im ersten Stockwerk nicht aufgebracht werden kann, weil dort der Estrich noch nicht ausgehärtet ist, aber stattdessen der Estrich im zweiten Stockwerk bereits ausgehärtet ist, kommt der Besteller nicht wegen der Verzögerung im ersten Stockwerk in Annahmeverzug, selbst wenn ursprünglich dort der Oberboden zuerst aufgebracht werden sollte.

B. Unterlassen der Mitwirkungshandlung

Unter Zugrundelegung des Wortlauts des § 642 BGB sind seine Voraussetzungen nur dann erfüllt, wenn der Besteller die erforderliche Mitwirkungshandlung überhaupt nicht vornimmt. Daneben sind aber Fallgestaltungen denkbar, in denen der Besteller zwar handelt, dennoch aber die gleichen Störungen für die Werkherstellung des Unternehmers eintreten wie bei völliger Untätigkeit.

I. Schlechterfüllung einer Mitwirkungshandlung

Möglich ist insbesondere die mangelhafte Erbringung der Mitwirkungshandlung. Sofern der Unternehmer nicht weiterarbeiten kann, bis die Mitwirkungshandlung ordnungsgemäß erbracht wird oder der Besteller sie nachbessert, liegt ein der Grundkonstellation des § 642 BGB vergleichbarer Fall vor. Es entspricht daher allgemeiner Meinung, dass auf die Schlechterfüllung einer Mitwirkungshandlung § 642 BGB zumindest analog anzuwenden ist.[351] Die Gleichstellung rechtfertigt sich durch die identischen Auswirkungen auf den Unternehmer.[352] Ob dieser mit seiner Arbeit nicht fortfahren kann, weil der Besteller die Mitwirkungshandlung überhaupt nicht erbringt oder weil er sie mangelhaft erbringt und sie deshalb nachgebessert oder wiederholt werden muss, ist aus Sicht des Unternehmers ohne Belang und ihm u.U. noch nicht einmal ersichtlich. Wollte man dies anders se-

---

350 v.Rintelen in: Kapellmann/Messerschmidt, § 9 VOB/B, Rn. 22; Raab in: AnwK, § 642, Rn. 7.

351 Voit in: Bamberger/Roth, § 642, Rn. 1; Schwenker in: Erman, § 642, Rn. 1; Busche in: MüKo, BGB, § 642, Rn. 6; Peters in: Staudinger, § 642, Rn. 9; Kraus, BauR 1986, S. 17, 27.

352 Wahl, S. 73.

hen, so könnte sich der Besteller durch eine vorgeblich fristwahrende Schlechterfüllung einer Mitwirkungshandlung der Haftung nach § 642 BGB entziehen.[353] Ein Analogieschluss ist für dieses Ergebnis nicht erforderlich. Vielmehr bestehen keine Bedenken, auch dann von einem Unterlassen zu sprechen, wenn eine mangelhafte Erbringung vorliegt. Denn dann hat der Besteller trotz des Handelns die Vornahme der Mitwirkungshandlung in der notwendigen Form unterlassen.

II. Vornahme störender Handlung

Noch weitergehend wollen manche Autoren § 642 BGB auch dann anwenden, wenn der Besteller eine positive Handlung vornimmt, deren Unterlassung ihm oblag.[354] So dürfe der Besteller nicht den Vertragszweck gefährden[355] und den Unternehmer nicht behindern.[356] Der Sinn und Zweck des § 642 BGB gebiete seine Anwendung auf diese Fälle, zumal eine Abgrenzung zwischen positivem Tun und Unterlassen häufig nur schwer möglich sei.[357]

Unzweifelhaft unter § 642 BGB subsumierbar sind die Fälle, in denen das Verhalten des Bestellers sowohl als Unterlassen als auch als positives Tun gewertet werden kann. Dann stellt sich die Frage nach der Erstreckung des Anwendungsbereichs auf positives Tun nicht, sondern es kann an das Unterlassen angeknüpft werden. So hat das OLG Düsseldorf in einem Fall, in dem es um ein seitens des Bestellers gegenüber dem Unternehmer während der Werkherstellung erteiltes Hausverbot ging, nicht auf die Erteilung desselben abgestellt, sondern auf das Unterlassen der Mitteilung, wann das Hausverbot aufgehoben wird und damit weitergearbeitet werden konnte.[358]

In anderen Konstellationen, in denen der Besteller mit der aktiven Störung nicht zugleich eine erforderliche Mitwirkungshandlung unterlässt, ist § 642 BGB zur Vermeidung von Wertungswidersprüchen analog heranzuziehen. Der Besteller verletzt dann zwar regelmäßig nicht nur eine Obliegenheit, sondern die allgemeine Leistungstreuepflicht gemäß § 242 BGB, so dass ein Schadensersatzanspruch gemäß § 280 BGB in Betracht kommt. Dieser setzt allerdings ein Verschulden voraus, so dass eine Regelungslücke für den – allerdings wohl eher seltenen – Fall einer unverschuldeten aktiven Störung besteht. Der Gesetzgeber hat

353 Wahl, S. 73.
354 Raab in: AnwK, § 642, Rn. 3 u. 5; Busche in: MüKo, BGB, § 642, Rn. 6; Peters in: Staudinger, § 642, Rn. 8; Kniffa, § 642, Rn. 13 u. 19.
355 Busche in: MüKo, BGB, § 642, Rn. 6.
356 Peters in: Staudinger, § 642, Rn. 8.
357 Busche in: MüKo, BGB, § 642, Rn. 6; Peters in: Staudinger, § 642, Rn. 8.
358 OLG Düsseldorf, NJW-RR 2000, S. 466, 467; kritisch zu dieser Entscheidung Kniffka, § 642, Rn. 29.

bei Schaffung des § 642 BGB offenbar nicht bedacht, dass diese Konstellation weder von § 642 BGB noch vom allgemeinen Leistungsstörungsrecht erfasst wird. Eine aktive Störung wiegt unter Wertungsgesichtspunkten schwerer, als ein bloßes Unterlassen, so dass bereits deshalb eine vergleichbare Regelungssituation vorliegt. Im Übrigen ist es für den Bereich des Annahmeverzuges weitestgehend anerkannt, dass dieser trotz § 297 BGB eintritt, wenn die vorübergehende Leistungsunfähigkeit des Schuldners seitens des Gläubigers verursacht wurde.[359] Dieser kann sich dann gemäß § 162 BGB[360] oder § 242 BGB[361] nicht auf § 297 BGB berufen. Hieraus lässt sich ableiten, dass der Besteller sich gegen einen Anspruch aus § 642 BGB nicht mit dem Hinweis verteidigen kann, er habe nichts unterlassen, sondern aktiv gestört.

III. Äußere Einflüsse

Die Werkherstellung kann ferner durch äußere Einflüsse, z.B. schlechtes Wetter oder Eingriffe unbefugter Dritte, verzögert werden. Eine Einstandspflicht des Bestellers gemäß § 642 BGB oder gemäß §§ 280ff BGB kommt nur in Betracht, wenn es ihm oblag oder er verpflichtet war, den äußeren Einflüssen vorzubeugen.[362] Andernfalls ergibt sich aus § 644 Abs. 1 BGB eine klare Leistungsrisikoverteilung, wonach der Unternehmer bis zur Abnahme grundsätzlich das Risiko des zufälligen Untergangs trägt. Der Besteller haftet lediglich für den Untergang des von ihm selbst gelieferten Stoffs. Um § 644 Abs. 1 BGB nicht zu unterlaufen, verbietet sich eine Anwendung des § 642 BGB auf solche Konstellationen.

IV. Zurechnung über § 278 BGB

Angesichts der Vorunternehmerfälle, in denen nicht der Besteller selbst, sondern der von ihm beauftragte Vorunternehmer die Verzögerung durch das Unterlassen der rechtzeitigen und mangelfreien Herstellung seiner Vorleistung herbeigeführt hat, könnte man eine Zurechnung über § 278 BGB für notwendig halten. Hierbei käme es dann auf die streitig diskutierte Frage der Anwendbarkeit des § 278

---

359 Ernst in: MüKo, BGB, § 297, Rn. 2; Heinrich in: Palandt, § 297, Rn. 2; Löwisch in: Staudinger, § 297, Rn. 14; anderer Auffassung wohl nur Huber, § 9 I.4.a).

360 Löwisch in: Staudinger, § 297, Rn. 14.

361 Ernst in: MüKo, BGB, § 297, Rn. 2; Heinrich in: Palandt, § 297, Rn. 2.

362 Peters in: Staudinger, § 642, Rn. 10.

BGB auf Obliegenheiten an[363], da der Besteller nicht zur rechtzeitigen Bereitstellung einer mangelfreien Vorunternehmerleistung verpflichtet ist.[364]

Der BGH ist in der Entscheidung „Vorunternehmer II" hierauf nicht eingegangen[365], wodurch er zu erkennen gegeben hat, dass er eine Zurechnung über § 278 BGB nicht für notwendig erachtet. Dem ist für den Fall des Unterlassens einer Mitwirkungshandlung zuzustimmen[366], denn auch bei Übertragung etwaiger Vorleistungen auf einen Vorunternehmer unterlässt der Besteller im Verhältnis zum Nachfolgeunternehmer letztlich seine Mitwirkungshandlung selbst. Wie er diese ursprünglich erfüllen wollte, ist für das Resultat in Form des Unterlassens ohne Relevanz. Es ist daher einzig und allein das Risiko des Bestellers, wenn er aufgrund von ihm nicht beeinflussbarer Umstände nicht zur Mitwirkung in der Lage ist, zumal der Annahmeverzug generell unabhängig von einem etwaigen Verschulden eintritt.

Eine Zurechnung über § 278 BGB muss hingegen bei einer aktiven Störung erfolgen, da der Besteller für eine Pflichtverletzung eines anderen Unternehmers nur einzustehen hat, wenn dieser sein Erfüllungsgehilfe ist. Andernfalls wäre eine Abgrenzung zu Störungen unbeteiligter Dritter nicht möglich, die gerade nicht zu Lasten des Bestellers gehen, sofern er hierdurch nicht zugleich eine Mitwirkungshandlung unterlässt oder er für das Ausbleiben der Störung des Dritten aufgrund entsprechender vertraglicher Vereinbarungen oder eben gemäß § 278 BGB verantwortlich ist.

C. Annahmeverzug

Durch das Unterlassen der erforderlichen Mitwirkungshandlung muss der Besteller in Annahmeverzug gemäß §§ 293ff BGB geraten.

I. Fälligkeit der Leistung

Annahmeverzug kann nur bezüglich einer fälligen Leistung eintreten, andernfalls ist der Schuldner nicht zu ihrer Erbringung berechtigt. Haben die Vertragsschließenden keine Leistungszeit vereinbart oder will der Schuldner von seinem

---

363 Dafür: Grundmann in: MüKo, BGB, § 278, Rn. 24; Lorenz, FS 50 Jahre BGH, S. 329, 343; dagegen: Heinrichs in: Palandt, § 278, Rn. 24; Wieling, AcP 176 (1976), S. 334, 354.

364 S. oben Viertes Kapitel, C. III.

365 BGH, BauR 2000, S. 722.

366 Im Ergebnis ebenso: Raab in: AnwK, § 642, Rn. 12; Raab, JZ 2001, S. 251, 253; Wahl, S. 119f.

Recht aus § 271 Abs. 2 BGB Gebrauch machen, muss er gemäß § 299 BGB seine Leistung einen angemessenen Zeitraum zuvor ankündigen, andernfalls kann kein Annahmeverzug eintreten. Fehlt z.B. für die Erbringung der einzelnen Bauleistungen ein Vertragsterminplan, ist eine solche Ankündigung erforderlich.[367] Dabei ist zu beachten, dass im VOB-Vertrag nach § 5 Nr. 1 VOB/B nur die Ausführungsfrist, also der Zeitraum zwischen Beginn und Beendigung der Arbeiten, verbindlich ist, nicht aber die in einem Bauzeitenplan enthaltenen Einzelfristen. Die für Einzelleistungen vorgesehenen Termine sind nur bei ausdrücklicher vertraglicher Vereinbarung verpflichtend.[368] Ist dem Vertrag noch nicht einmal ein verbindlicher Beginn der Ausführungsfrist zu entnehmen, kann der Auftragnehmer gemäß § 5 Nr. 2 S. 1 VOB/B nur eine Auskunft über den voraussichtlichen Beginn verlangen.

II. Ordnungsgemäßes Angebot

Der Unternehmer muss seine Leistung entsprechend der §§ 294ff BGB anbieten. Im Fall des § 642 BGB liegen die Voraussetzungen des § 295 BGB vor, weil die Mitwirkungshandlung des Bestellers dann immer zur Leistungsbewirkung erforderlich ist. Infolgedessen hat der Unternehmer die Wahl zwischen einem wörtlichen Angebot gemäß § 295 S. 1 BGB und einer Aufforderung zur Erbringung der Mitwirkung gemäß § 295 S. 2 BGB. Beides sind geschäftsähnliche Handlungen und bedürfen eines Zugangs analog § 130 BGB.[369] Ausreichend kann das zur Verfügung halten der Mitarbeiter auf der Baustelle und die Signalisierung des Leistungswillen und der Leistungsbereitschaft sein.[370] Sofern die Mitwirkungshandlung durch einen vom Unternehmer zu vertretenen Umstand, z.B. Leistungsverzug, erschwert wurde, muss das Angebot auch die Beseitigung dieser Erschwernisse umfassen.[371]

Wenn für die Erbringung der Leistung des Schuldners eine Zeit nach dem Kalender vereinbart ist oder eine solche ab Eintritt eines Ereignisses laufen soll, ist gemäß § 296 BGB ein Angebot entbehrlich. In Betracht kommen hierfür in einem verbindlichen Bauzeitplan vereinbarte Termine oder die Vereinbarung einer Zeit z.B. ab Abruf der Leistung durch den Besteller.[372]

---

367 v.Rintelen in: Kapellmann/Messerschmidt, § 9 VOB/B, Rn. 17.

368 Döring in: Ingenstau/Korbion, § 5 Nr. 1 VOB/B, Rn. 4.

369 Grüneberg in: Bamberger/Roth, § 295, Rn. 6 u. 9; Larenz, SchR AT, § 25 I. b); Wertheimer, JuS 1993, S. 646, 649.

370 BGH, NJW 2003, S. 1601, 1602; Mai/Merl in: Kleine-Möller/Merl, § 13, Rn. 336.

371 BGH, NJW 1986, S. 987; v.Rintelen in: Kapellmann/Messerschmidt, § 9 VOB/B, Rn. 20; Wiedemann in: Soergel, § 295, Rn. 13.

372 Kniffka in: Kniffka/Koeble, 8. Teil, Rn. 11.

Der Eintritt des Annahmeverzuges ist ausgeschlossen, wenn der Schuldner nicht in der Lage ist seine Leistung zu bewirken, § 297 BGB. Grundsätzlich muss der Schuldner zum Zeitpunkt des Angebots bzw. zum nach § 296 BGB maßgeblichen Zeitpunkt leistungsbereit und – willig sein.[373] Im Falle einer erforderlichen Mitwirkungshandlung des Gläubigers reicht es hierfür aus, wenn der Schuldner im Falle der Erbringung der Handlung seine Leistung erbringen könnte.[374] Wollte man dies anders sehen[375] und stattdessen § 297 BGB anwenden, so würde sich der Annahmeverzug mit einer Mitwirkungshandlung selbst aufheben[376] und § 642 BGB hätte keinen Anwendungsbereich. Etwas anderes gilt nur, sofern die Gläubigermitwirkung dauerhaft unmöglich ist, wobei dann aber ohnehin Unmöglichkeit und nicht Annahmeverzug vorliegt.[377]

Gelingt also dem insoweit beweispflichtigen Besteller der Nachweis, dass der Unternehmer beim Zugang des wörtlichen Angebots oder der Aufforderung zur Mitwirkung oder am nach § 296 BGB entscheidenden Zeitpunkt nicht genug Personal oder Material zur Erbringung der Werkleistung zur Verfügung gehabt hätte, greift § 642 BGB nicht ein. Andererseits kann es dem Unternehmer nicht zugemutet werden, die personellen und sachlichen Ressourcen zur Verfügung zu halten, wenn das Nichterbringen der Mitwirkungsleistung aufgrund einer entsprechenden Ankündigung des Bestellers feststeht. Ist die Verweigerung der Mitwirkung angekündigt, so muss der Unternehmer lediglich sicherstellen, dass er kurzfristig leisten könnte, falls und sobald der Besteller tätig wird.[378] Letztlich ist dies auch im Sinne des Bestellers, der schließlich gemäß § 304 BGB die Kosten des erfolglosen Angebots zu tragen hat und deshalb ein Interesse an der Beschränkung derselbigen hat. Teilt der Besteller dem Unternehmer also z.B. eine Verzögerung der Vorunternehmerleistungen mit, muss zwar die Werkleistung noch angeboten werden, jedoch braucht der Unternehmer nicht sofort leistungsbereit zu sein.

---

373 Grüneberg in: Bamberger/Roth, § 297, Rn. 3; Hager in: Erman, § 297, Rn. 7.

374 Wiedemann in: Soergel, § 297, Rn. 2; Löwisch in: Staudinger, § 297, Rn. 18; Huber, Bd. I, § 10 IV. 1.; Larenz, SchR AT, § 25 I. c); Wertheimer, JuS 1993, S.646, 651.

375 So scheinbar Kreuzer/Stehle, JA 1984, S. 69, 76.

376 Hüffer, S. 21.

377 Huber, Bd. 1, § 10 IV. 1.; Larenz, SchR AT, § 25 I. c).

378 BGH LM § 651 Nr. 3; v.Rintelen in: Kapellmann/Messerschmidt, § 9 VOB/B, Rn. 18.

D. Exkurs: Anspruch auf Erfüllung der unterlassenen Mitwirkungshandlung und Recht zur Selbstvornahme

Der Unternehmer hat regelmäßig ein Interesse an einer zügigen Beendigung des Annahmeverzuges, um nicht die Durchführung nachfolgender Aufträge zu gefährden. Es ist daher für den Unternehmer von besonderem Interesse, ob er über den finanziellen Ausgleich nach § 642 BGB hinausgehend einen gerichtlich durchsetzbaren Anspruch auf Vornahme der Mitwirkungshandlung oder ein Recht zur Selbstvornahme hat oder ihm zumindest ein Kostenerstattungsanspruch im Falle einer eigenmächtigen Selbstvornahme zusteht.

I. Anspruch auf Erfüllung der Mitwirkungshandlung

Bei der Frage nach einem einklagbaren Erfüllungsanspruch des Unternehmers ist nach der rechtlichen Qualität der Mitwirkungshandlung zu differenzieren.

1. Mitwirkungsobliegenheit

Ist der Besteller nicht zur Mitwirkung verpflichtet, erscheint unter Zugrundlegung der gängigen Definition einer Obliegenheit die Existenz eines Erfüllungsanspruches ausgeschlossen. Gerade das Fehlen eines solchen Anspruches ist nach nahezu einhelliger Meinung ein Charakteristikum einer Obliegenheit.[379]

Im Bereich des Versicherungsrechts ist indessen über die Rechtsnatur der Obliegenheiten und damit über deren Einklagbarkeit ein dauerhafter Streit entbrannt. Nach der Verbindlichkeitstheorie handelt es sich um echte Rechtspflichten, die regelmäßig sogar einklagbar sein sollen, sofern nicht das Rechtsschutzbedürfnis mangels eines Leistungswertes der Obliegenheit zu verneinen sei.[380] Die Voraussetzungstheorie hingegen sieht in den Obliegenheiten negative Tatbestandsmerkmale, deren Fehlen Voraussetzung für das Entstehen des Leistungsanspruches gegen den Versicherer sein soll und die letztlich der Risikoabgrenzung dienen und daher nicht einklagbar sind.[381]

Im Bereich des Schuldrechts finden sich im neueren Schrifttum zu Recht keine Verfechter der Verbindlichkeitstheorie.[382] Sie ist als dogmatisch nicht haltbar

---

379 Grüneberg in: Bamberger/Roth, § 241, Rn. 25; Kramer in: MüKo, BGB, Einl. §§ 241ff, Rn. 49; R. Schmidt in: Soergel, 10. A., Vor § 241, Rn. 8; Larenz, AT, 7. Auf., § 12 II d). Zum Begriff der Obliegenheiten vgl. oben Zweites Kapitel, B. II.

380 Prölss/Martin, § 6, Rn. 30.

381 BGHZ 24, 378, 382; Römer/Langheid, § 6, Rn. 2; Scheube, S. 35f.

382 Vgl. zu früheren, ebenfalls fast ausschließlich versicherungsrechtlichen Vertretern: Weber in: Staudinger, 11. Auf., Einl. § 241ff, M 13.

abzulehnen. Die Erfüllung einer Obliegenheit ist im überwiegenden Interesse des mit ihr Belasteten. Hiermit ist es unvereinbar, wenn er trotzdem zur Erfüllung gezwungen werden könnte. Ein Erfüllungszwang rechtfertigt sich nur bei Verhaltensaufforderungen, denen im Interesse der anderen Vertragspartei Folge zu leisten ist. Bestätigung findet dieses Ergebnis nach der Schuldrechtsreform durch die Überschrift des § 241 BGB „Pflichten aus dem Schuldverhältnis", denn im Abs. 1 dieser Norm findet sich gerade die Umschreibung des Erfüllungsanspruches des Gläubigers. Eine vergleichbare Regelung für Obliegenheiten fehlt. Im Einklang mit der allgemeinen Auffassung für den Bereich der Mitwirkungsobliegenheiten[383] steht diesen folglich kein Erfüllungsanspruch des Unternehmers gegenüber.

2. Mitwirkungspflicht

Anders stellt sich die Rechtslage beim Vorliegen einer Pflicht zur Mitwirkung dar. Hier besteht weitestgehend Einigkeit, dass ihr ein einklagbarer Erfüllungsanspruch gegenüber steht.[384] Es handelt sich nämlich regelmäßig um eine Nebenleistungspflicht, da sie nicht das allgemeine Integritätsinteresse des Unternehmers betrifft, sondern die Erbringung der Werkleistung fördert.[385] Die Vollstreckung richtet sich dann nach § 887 ZPO oder § 888 ZPO, je nachdem ob die Mitwirkungspflicht eine vertretbare oder unvertretbare Handlung ist.[386]

Mit einer solchen Vorgehensweise ist dem Unternehmer freilich nur selten gedient, denn bis zur Zwangsvollstreckung werden zumindest einige Monate verstreichen, in denen der Unternehmer nicht weiterarbeiten kann. Deshalb bejahen viele Stimmen die Möglichkeit einer einstweiligen Leistungsverfügung, sofern der Unternehmer dringend auf die sofortige Erfüllung angewiesen ist.[387] Andere lehnen diese Vorgehensweise wegen einer unzulässigen Vorwegnahme der Er-

---

383 Ebert in: HK-BGB, §§ 642, 643, Rn. 2; Peters in: Staudinger, § 642, Rn. 18; Kniffka, § 642, Rn. 23; Müller-Foell, S. 129; Stürner, JZ 1976, S. 384, 389.

384 Hofmann in: Beck'scher VOB-Kommentar, Teil B, vor § 3, Rn. 39; Schwenker in: Erman, § 642, Rn. 8; Riedl in: Heiermann/Riedl/Rusam, § 4 VOB/B, Rn. 4; Glanzmann in: RGRK, § 631, Rn. 46; Peters in: Staudinger, § 642, Rn. 32; Nicklisch, BB 1979, S. 533, 541; aM nur Sterner in: Leinemann, § 4 VOB/B, Rn. 6 u. 19, die die Mitwirkungspflichten als Nebenpflichten bezeichnet, aber deren Einklagbarkeit nur bei „echten Vertragspflichten" annehmen will.

385 Busche in: MüKo, BGB, § 642, Rn. 3; Müller-Foell, S. 114.

386 Vgl. eingehend Müller-Foell, S. 114ff.

387 Weick in: Nicklisch/Weick, § 3 VOB/B, Rn. 14; Nicklisch, BB 1979, S. 533, 542; Müller-Foell, S. 116; Hofmann in: Beck'scher VOB-Kommentar, Teil B, § 3, Rn. 39, bejaht diese sogar ohne Einschränkung.

füllung ab.[388] Diesen Bedenken ist zuzustimmen, zumal ein dringendes Bedürfnis für die sofortige Erfüllung so gut wie nie vorliegen dürfte. Dem Unternehmer steht zunächst einmal ein finanzieller Ausgleich über §§ 280, 286 BGB (ggf. i.V.m. § 6 Nr. 6 VOB/B) oder § 642 BGB zu.[389] Diese Ansprüche kann er ggf. durch einen dinglichen Arrest absichern. Eine Leistungsverfügung ist aber unzulässig, wenn diese Möglichkeit der Sicherung eines etwaigen Schadensersatzanspruches besteht und keine besondere Notsituation oder ein Fixgeschäft vorliegt und deshalb irreparable Schäden drohen.[390] Letzteres ist bei einer Mitwirkungspflicht gerade nicht der Fall, denn sie ist nachholbar und eine Notsituation liegt schon wegen der Kündigungsmöglichkeit gemäß § 643 BGB bzw. § 9 Nr. 1 a) VOB/B nicht vor. Auf diese Art und Weise kann der Unternehmer seine unternehmerische Dispositionsfreiheit zum Zwecke der Wahrnehmung anderer Aufträge zurückgewinnen. Eine Fallgestaltung, in der nur die sofortige Erfüllung sach- und interessengerecht ist, ist demzufolge nicht vorstellbar und eine einstweilige Verfügung scheidet aus.

II. Selbstvornahme

Dem Unternehmer könnte weiterhin ein Recht zur Selbstvornahme zustehen. Für den Bereich der Mitwirkungspflichten existieren hierzu unterschiedliche Auffassungen. In analoger Anwendung des § 637 BGB nimmt eine Meinung ein Selbstvornahmerecht an.[391] Nach anderer Auffassung scheidet eine Ersatzvornahme aus, sofern keine entsprechende vertragliche Vereinbarung vorliegt.[392] Eine Analogie scheitere schon an der fehlenden Vergleichbarkeit der Fallgestaltungen, denn der Besteller habe sich nur zu einer Mitwirkungshandlung verpflichtet und nicht zur Erreichung eines Erfolges wie der Unternehmer.[393]

Für eine Analogie fehlt es bereits an der Regelungslücke. Der historische Gesetzgeber hat den Schutz des Unternehmers durch die §§ 642, 643 BGB bzw. im Falle einer Mitwirkungspflicht zusätzlich durch die allgemeinen Regeln über den Schadensersatz gewährleisten wollen.[394] Zwar ist nicht überliefert, ob ein Selbst-

388 Peters in: Staudinger, § 642, Rn. 32.
389 Zur parallelen Anwendbarkeit vgl. unten Neuntes Kapitel, B.
390 Heinze in: MüKo, ZPO, vor § 916, Rn. 84 u. 88; Grunsky in: Stein/Jonas, vor § 935, Rn. 54f.
391 Busche in: MüKo, BGB, § 642, Rn. 23; Teichmann in: Soergel, § 642, Rn. 8; Peters in: Staudinger, § 642, Rn. 32; so schon RG, Recht 1912, Nr. 1292.
392 Hofmann in: Beck'scher VOB-Kommentar, Teil B, vor § 3, Rn. 86; Voit in: Bamberger/Roth, § 642, Rn. 19; Schwenker in: Erman, § 642, Rn. 8; Glanzmann in: RGRK, § 642, Rn. 14; Nicklisch, BB 1979, S. 533, 542; Müller-Foell, S. 114f.
393 Voit in: Bamberger/Roth, § 642, Rn. 19.
394 S. oben Erstes Kapitel.

vornahmerecht bewusst nicht vorgesehen wurde, aber das System der Unternehmerrechte ist als abschließend anzusehen. Ein Selbstvornahmerecht kommt ohnehin nur bei besonderen Interessenlagen in Betracht, weil es nichts anderes als die Vorwegnahme der Zwangsvollstreckung nach §§ 887, 888 ZPO darstellt[395] und damit den Gläubiger gegenüber dem gesetzlichen Normfall besser stellt. § 637 BGB rechtfertigt sich aus der besonderen Situation des Bestellers, der die mangelhafte Werkleistung u.U. nicht oder nur eingeschränkt nutzen kann und dem es deshalb nicht zumutbar ist, erst im Wege eines langwierigen Prozesses zu einer Mängelbeseitigung zu kommen. Dem Unternehmer drohen bei einer unterlassenen Mitwirkungspflicht aufgrund seiner Möglichkeit zur Vertragskündigung nicht die gleichen Nachteile. Sofern dennoch der Weg über § 887 ZPO als unnötig kompliziert[396] oder umständlich[397] bezeichnet wird, handelt es sich hierbei um kein Argument für die Bejahung eines Selbstvornahmerechts bei Mitwirkungspflichten, sondern um eine rechtspolitische Kritik am Rechtsschutzsystem. Bei Mitwirkungspflichten besteht nach alledem kein Selbstvornahmerecht.

Dies muss dann auch für Mitwirkungsobliegenheiten gelten. Die Erfüllung einer Mitwirkungsobliegenheit besteht im überwiegenden Interesse des Bestellers und kann deshalb nicht Gegenstand eines Erfüllungsanspruches sein. Wenn sie aber noch nicht einmal durchsetzbar ist, kann der Unternehmer sie erst recht nicht selbst vornehmen.

III. Kostenerstattung bei eigenmächtiger Selbstvornahme

Einige Autoren erwägen des Weiteren die Gewährung von Kostenerstattungsansprüchen, wenn der Unternehmer die Mitwirkungspflicht oder -obliegenheit (eigenmächtig) selbst vorgenommen hat. So soll der Besteller z.B. zur Hinnahme einer Ersatzlieferung von Materialien oder der Durchführung von Arbeiten verpflichtet sein, wenn diese vertragsgemäß sind.[398] Eine Vergütung käme allerdings nur aufgrund der Voraussetzungen der GoA oder im Falle der Vermeidung weitergehender Schäden analog § 254 Abs. 2 BGB in Betracht.[399] Die Voraussetzungen für einen Anspruch aus GoA lägen insbesondere vor, wenn ohne die Er-

395 Hierauf weisen auch Glanzmann in: RGRK, § 642, Rn. 14, und Müller-Foell, S. 115, hin.
396 Busche in: MüKo, BGB, § 642, Rn. 23.
397 Teichmann in: Soergel, § 642, Rn. 8 in Fn. 25.
398 Kniffka, § 642, Rn. 24; Peters in: Staudinger, § 642, Rn. 15, der dies als Ersetzungsbefugnis bezeichnet und diese offenbar von einem Recht zur Selbstvornahme unterscheidet, dass er nur bei einer Pflicht gewähren will, Rn. 32.
399 Peters in: Staudinger, § 642, Rn. 15.

satzvornahme eine deren Kosten übersteigende Entschädigungsforderung entstünde.[400]

Zunächst führt eine Anwendung des Gedankens des § 254 Abs. 2 BGB nicht weiter. Die Norm führt immer nur zu einer Anspruchskürzung und nicht zu einem eigenen Anspruch. Zudem genügt gemäß § 254 Abs. 2 BGB regelmäßig eine Warnung des Bestellers, ein aktives Einschreiten bei unterlassener Mitwirkung kann vom Unternehmer nur in eilbedürftigen Fällen, die in der Praxis kaum vorkommen dürften, gefordert werden. Grundsätzlich in Betracht zu ziehen ist allerdings ein Recht zum Tätigwerden und ein Anspruch auf Aufwendungsersatz aus §§ 677, 683, 670 BGB, die gemäß § 2 Nr. 8 Abs. 3 VOB/B auch im VOB/B-Vertrag uneingeschränkt gelten. Schon die Voraussetzungen für einen Anspruch aus GoA dürften jedoch regelmäßig nicht vorliegen, denn die Übernahme des Geschäftes gerade durch den Unternehmer wird kaum dem Willen des Bestellers entsprechen. Zudem muss der Unternehmer wegen der in aller Regel fehlenden Eilbedürftigkeit die Geschäftsübernahme gemäß § 681 S. 1 BGB dem Besteller anzeigen und dessen Entscheidung abwarten. Wenn er dies nicht tut, kann allerdings ein Anspruch aus §§ 684, 812 BGB bestehen, wobei sich hierbei die Frage nach einer aufgedrängten Bereicherung stellen würde.

Dies alles kann aber letztlich aufgrund der Rechtsprechung des BGH zum Ausschluss von Ansprüchen auf Ersatz der Kosten für eine nicht durch ein Selbstvornahmerecht gedeckte Mängelbeseitigung dahinstehen. Nach ständiger Rechtsprechung des BGH schieden vor der Schuldrechtsreform Ansprüche auf Aufwendungsersatz, z.B. aus GoA oder Bereicherungsrecht, aus, wenn die Voraussetzungen des § 633 Abs. 3 BGB a.F. nicht erfüllt waren.[401] Andernfalls wäre eine Überprüfung des Umfangs des Mangels oder der Angemessenheit der Beseitigungskosten kaum noch möglich.[402] Der Zweck der Fristsetzung als Voraussetzung der Selbstvornahme liefe leer, wenn bereits ohne eine solche ein Bereicherungsanspruch bestünde.[403] Nach der Schuldrechtsmodernisierung ist die Diskussion hierzu neu entflammt und es finden sich zunehmend Stellungnahmen, die eine Anwendung des § 326 Abs. 2 S. 2 BGB im Werkvertragsrecht[404] und Kauf-

---

400 Kniffka, § 642, Rn. 24.

401 BGH, NJW 1986, S. 922; NJW 1984, S. 2573; NJW 1978, S. 1375, 1377; 1968, S. 43; NJW 1966, S. 39, 40.

402 BGH, NJW 1968, S. 43.

403 BGH, NJW 1966, S. 39, 40.

404 Für § 326 Abs. 2 S. 2 BGB: Voit in: Bamberger/Roth, § 637, Rn. 17; Peters in: Staudinger, § 634, Rn. 36; vor der Schuldrechtsreform für § 324 Abs. 1 S. 2 BGB a.F.: Seidel, JZ 1991, S. 391, 393; gegen Ersatzansprüche: Schwenker in: Erman, § 637, Rn. 18; Dauner-Lieb/Dötsch, NZBau 2004, S. 233, 235.

recht[405] vorschlagen. Für den Bereich des Kaufrechts hat der BGH im Einklang mit einem Teil der Literatur nunmehr einen Kostenerstattungsanspruch aus GoA, Bereicherungsrecht oder § 326 Abs. 2 S. 2 BGB verneint.[406] Es fehle für die Annahme eines Selbstvornahmerechts eine planwidrige Regelungslücke, weil der Gesetzgeber bewusst von einer solchen Regelung abgesehen hat.[407] Die Gewährung von Kostenerstattungsansprüchen würde faktisch ein Selbstvornahmerecht einführen, so dass der Vorrang der Nacherfüllung missachtet und dem Verkäufer die Möglichkeit der Untersuchung und Beweissicherung genommen würden.[408] In dem Urteil hat der BGH indirekt für den Bereich des Werkvertragsrechts seine frühere Auffassung zu § 633 Abs. 3 BGB a.F. trotz der geänderten Voraussetzungen des Selbstvornahmerechts in § 637 BGB bestätigt.[409] Dies überrascht wenig, da der BGH bereits zu § 13 Nr. 5 Abs. 2 VOB/B, der schon vor der Schuldrechtsreform inhaltlich nahezu identisch mit dem heutigen § 637 BGB war, ebenfalls ein Selbstvornahmerecht bei Nichtvorliegen der Voraussetzungen der Regelung abgelehnt hatte.[410]

Dieser Rechtsprechung des BGH ist der allgemeine Grundsatz zu entnehmen, dass außerhalb des Anwendungsbereiches von § 637 BGB nicht nur kein Selbstvornahmerecht existiert, sondern auch keine Aufwendungserstattungsansprüche bestehen, weil andernfalls indirekt doch ein Selbstvornahmerecht eingeführt würde. Diese Wertung lässt sich auf die hier interessierende Frage übertragen. Wenn man dem Unternehmer einen Anspruch aus GoA, Bereicherungsrecht oder § 326 Abs. 2 S. 2 BGB zugestehen würde, käme dies im Ergebnis einem Selbstvornahmerecht gleich. Er könnte dann sofort nach Eintritt des Annahmeverzuges selbst auf Kosten des Bestellers tätig werden. Dies würde schon bei Mitwirkungspflichten das Rechtsschutzsystem unterwandern und wäre erst recht bei Mitwirkungsobliegenheiten aufgrund deren fehlenden Erzwingbarkeit unhaltbar.[411] Die in der Literatur vermehrt vorgeschlagene Anwendung des § 326 Abs. 2 S. 2 BGB wirft zudem in der hier interessierenden Situation noch mehr Probleme auf als bei der Mängelbeseitigung, denn im Vergleich zu der dortigen Situation liegt eine

---

405 Faust in Bamberger/Roth, § 437, Rn. 33; Stadler in: Jauernig, § 326, Rn. 29; Lorenz, NJW 2005, S. 1321, 1322f und NJW 2004, S. 1417ff.

406 BGH, NJW 2005, S. 1348ff; Westermann in: MüKo, BGB, § 439, Rn. 10.

407 BGH, NJW 2005, S. 1348, 1349; Dauner-Lieb/Dötsch, ZGS 2003, S. 250, 251.

408 BGH, NJW 2005, S. 1348, 1350; Büdenbender in: AnwK, § 437, Rn. 98; Dauner-Lieb/Dötsch, ZGS 2003, S. 455, 458.

409 BGH, NJW 2005, S. 1348, 1350.

410 BGH, NJW 1966, S. 39, 40; hierauf weisen Dauner-Lieb/Dötsch, NZBau 2004, S. 233, 235, zu recht hin. Dies übersieht Lorenz, NJW 2005, S. 1321, 1323, der die Frage im Werkvertragsrecht nach der Schuldrechtsreform für offen hält.

411 Hierauf weisen bezüglich einer unberechtigten Mängelbeseitigung auch Dauner-Lieb/Dötsch, ZGS 2003, S. 250, 253, hin.

umgekehrte Rollenverteilung vor. Es käme keine Kürzung der eigenen Leistung des Unternehmers in Betracht, weil dieser nicht wie der Käufer oder Besteller einen Geldbetrag schuldet, sondern die Werkherstellung. Es müsste deshalb über eine Analogie zu § 326 Abs. 2 S. 2 BGB ein Zahlungsanspruch kreiert werden. Hierzu fehlt genauso wie hinsichtlich eines Selbstvornahmerechts analog § 637 BGB eine planwidrige Regelungslücke, denn der historische Gesetzgeber hat in §§ 642, 643 BGB die Rechte des Unternehmers bei unterlassener Bestellermitwirkung abschließend geregelt. Schwierigkeiten bestehen zudem, wenn die Mitwirkungshandlung wie bei den Vorunternehmerfällen einem Dritten aufgetragen war. Diesem würde dann durch die eigenmächtige Selbstvornahme seine Leistung unmöglich und er könnte mangels Verschuldens des Bestellers – der Nachfolgeunternehmer ist konsequenterweise genauso wenig Erfüllungsgehilfe des Bestellers wie der Vorunternehmer – gemäß § 326 Abs. 1 S. 1 BGB keinen Werklohn mehr verlangen und im Ergebnis ginge das eigenmächtige Handeln des Nachfolgeunternehmers zu seinen Lasten. Gerade in dieser Konstellation nähme ein Kostenerstattungsanspruch dem Besteller zudem die Möglichkeit festzustellen, ob überhaupt und in welchem Umfang der Dritte säumig ist. Für den Bereich der Mitwirkungsobliegenheiten wäre schließlich fraglich, ob § 326 Abs. 2 S. 2 BGB auf Obliegenheiten anwendbar ist. Nach alledem ist ein Anspruch auf Ersatz der Aufwendungen für eine Vornahme der Mitwirkungshandlung durch den Unternehmer ausgeschlossen.

Zweiter Teil: Die Rechtsfolge des Anspruches

Siebentes Kapitel: Berechnungsmethode des Anspruches

Der Anspruch aus § 642 BGB ist auf Zahlung einer angemessenen Entschädigung gerichtet. Gesetzlich vorgegebene Anknüpfungspunkte für die Höhe der Entschädigung sind die Dauer des Verzuges, die Höhe der vereinbarten Vergütung und die ersparten Aufwendungen sowie der mögliche anderweitige Erwerb. In Rechtsprechung und Literatur findet sich deshalb regelmäßig die Formulierung, dass der Anspruch eine gewisse summarische Abgeltung für die nutzlose Vorhaltung von Personal und Gerät während des Annahmeverzuges bezweckt.[412] Wie die Rechtsfolge zu berechnen ist, welche Rechtsnatur der Anspruch also hat und aus welchen Positionen die angemessene Entschädigung bestehen kann, ist im Einzelnen umstritten und bisher nicht Gegenstand einer eingehenden Untersuchung gewesen.[413] Zur Schließung dieser Lücke soll zunächst die Berechnungsmethode ermittelt werden.

A. Rechtsnatur

Zur Klärung der Berechnungsmethode bietet sich ein Blick auf die Rechtsnatur des Anspruches aus § 642 BGB an. Sollte er sich einer häufiger anzutreffenden Art von Ansprüchen wie z.B. Schadensersatzansprüchen zuordnen lassen, ergäben sich hieraus zumindest Anhaltspunkte für die Berechnung der Rechtsfolge.

---

412 OLG Celle, BauR 2000, S. 416, 419; OLG München, BauR 1980, S. 274, 275; Schwenker in: Erman, § 642, Rn. 5; Raab in: AnwK, § 642, Rn. 13; Riedl in: Heiermann/Riedl/Rusam, § 6 VOB/B, Rn. 39; Döring in: Ingenstau/Korbion, § 6 Nr. 6 VOB/B, Rn. 4; Vygen in: Ingenstau/Korbion, § 9 Nr. 3 VOB/B; Busche in: MüKo, BGB, § 642, Rn. 16; Nicklisch in: Nicklisch/Weick, Einl. §§ 4-13, Rn. 54; Glanzmann in: RGRK, § 642, Rn. 5; Peters in: Staudinger, § 642, Rn. 24; Kraus, BauR 1986, S. 17, 24; Wahl, S. 68.

413 Ausführlichere Stellungnahmen finden sich im Wesentlichen nur bei Kapellmann in: Kapellmann/Messerschmidt, § 6 VOB/B, Rn.90ff; Döring in: Ingenstau/Korbion, § 6 Nr. 6 VOB/B, Rn. 49; Vygen in: Ingenstau/Korbion, § 9 Nr. 3 VOB/B, Rn. 11ff; Kapellmann/Schiffers, Bd. 1, Rn. 1650. Hervorgerufen wurden diese Stellungnahmen durch die Entscheidung „Vorunternehmer II“, in den vorher erschienen Auflagen fallen die Ausführungen deutlich kürzer aus.

Das gleiche gilt, sofern zumindest ein bestimmter Anspruchstyp ausgeschlossen werden kann.

I. Meinungsstand

Die Aussagen zur Rechtsnatur des Anspruches aus § 642 BGB sind unterschiedlicher Art. Der BGH hat in einer Entscheidung aus dem Jahre 1966[414] keine endgültige Einordnung des Anspruches vorgenommen, eine Qualifizierung als Erfüllungsanspruch aber für möglich gehalten. Im Umkehrschluss läge dann jedenfalls kein Schadensersatzanspruch vor.

Das OLG Celle und Teile der Literatur bezeichnen § 642 BGB als Abfindungsanspruch.[415] Hiermit ist keine Wertung verbunden, die über die gesetzliche Bezeichnung als Entschädigungsanspruch hinausgeht, weil keine Kriterien zu den typischerweise in einer Abfindung beinhalteten Positionen existieren.

Andere Teile der Literatur sprechen von einem Schadensersatzanspruch[416], einem zum Entschädigungsanspruch modifizierten Schadensersatzanspruch[417], einem eingeschränkten Schadensersatzanspruch[418], einem dem Schadensersatzanspruch artverwandten eingeschränkten Entschädigungsanspruch[419] oder einem Schadensersatzanspruch eigener Art.[420] Die Rechtsfolge müsste sich dann eher an §§ 249ff BGB orientieren. Die Bezeichnung als Schadensersatzanspruch stößt bei anderen Autoren indes wegen der verschuldensunabhängigen Ausgestaltung des Anspruches auf Ablehnung.[421]

Viele Autoren weisen auf den Vergütungscharakter des Anspruches hin.[422] Diese Einordnung ergäbe sich aus der Anknüpfung des Gesetzes in § 642 Abs. 2 BGB an die vereinbarte Vergütung.[423] In diesem Falle wäre die Rechtsfolge eher

---

414 BGH, Schäfer-Finnern, Z 2.511, Bl.8.

415 OLG Celle, BauR 2000, S. 416, 419; Motzke in: Beck'scher VOB-Kommentar, Teil B, § 9 Nr. 3, Rn. 15; Locher, Rn. 129.

416 Glanzmann in: RGRK, § 642, Rn. 5; Teichmann in: Soergel, § 642, Rn. 6; Borgmann, BauR 1994, S. 707, 708.

417 Müller-Foell, S. 64.

418 Hartmann, S. 22.

419 Locher, Rn. 63; Jochem, BauR 1976, S. 392, 393.

420 Busche in: MüKo, BGB, § 642, Rn. 16.

421 Motzke in: Beck'scher VOB-Kommentar, Teil B, § 9 Nr. 3, Rn. 15.

422 Döring in: Ingenstau/Korbion, § 6 Nr. 6 VOB/B, Rn. 49; Peters in: Staudinger, § 642, Rn. 24; Dubischar in: MüKo, HGB, § 425, Rn. 99; v.Rintelen in: Kapellmann/Messerschmidt, § 9 VOB/B, Rn. 87; Kapellmann/Schiffers, Bd. 1, Rn. 1649; Mai/Merl in: Kleine-Möller/Merl, § 13, Rn. 347; Raab, JZ 2001, S. 251, 252; Scheube, S. 93; Raab in: AnwK, § 642, Rn. 1: „Zusatzvergütung".

423 Kapellmann/Schiffers, Bd. 1, Rn. 1649; Döring, FS Jagenburg, S. 111, 117.

in Anlehnung an die Berechnung eines Werklohnanspruches zu bestimmen, der Unternehmer erhielte also eine Art Zusatzvergütung.

II. Stellungnahme

Die bisherigen Stellungnahmen lassen eine Auseinandersetzung mit dem Wortsinn des Begriffes „Entschädigung“ vermissen, obwohl die grammatikalische Auslegung zu den klassischen Auslegungsmethoden gehört.[424] Wenn dem Wort „Entschädigung“ bereits eine klare juristische Bedeutung beigemessen werden könnte, wäre damit ein gewichtiges Argument für die Einordnung des Anspruches gewonnen.

Das Wort „entschädigen“ ist rechtlichen Ursprungs.[425] „Entschädigung“ bedeutet zum einen die Wiedergutmachung, den Ersatz materieller Einbußen, zum anderen aber auch die Erstattung von Auslagen oder Aufwendungen.[426] Hieraus wird die Ambivalenz des Wortes „Entschädigung“ deutlich: Es findet sowohl als Synonym für „Schadensersatz“ Anwendung als auch für „Aufwendungsersatz“. Neben diesen beiden Interpretationsmöglichkeiten findet sich aber auch der Hinweis auf die dritte (heute weniger geläufige) Verwendung des Wortes als Synonym für „Bezahlung“.[427] So wird ein Beispiel aus dem Jahre 1871 genannt, in dem die Gegenleistung für die Aufnahme eines Gastes als „Entschädigung“ bezeichnet wird.[428] Dabei handelt es sich gerade um die Zeit der Erschaffung des BGB, weshalb trotz der heutigen Ungeläufigkeit dieser Wortbedeutung diese Interpretationsmöglichkeit Beachtung verdient.

Anhaltspunkte für die konkrete Bedeutung des Wortes „Entschädigung“ im § 642 BGB ergeben sich aus den Gesetzesmaterialien. Denn ausweislich der dortigen Ausführungen schuf der Gesetzgeber § 642 BGB, weil er einerseits einen bloßen Aufwendungsersatz nach § 304 BGB als nicht ausreichend ansah, andererseits aber einen Schadensersatzanspruch als zu weit reichend.[429] Die Annahme eines Schadensersatzanspruches entspräche daher nicht dem gesetzgeberischen Willen. Des Weiteren qualifizieren die Motive ausdrücklich den Anspruch aus

424 Larenz/Canaris, Methodenlehre, S. 141.
425 Horlitz/Albrand in: Grimm, Deutsches Wörterbuch.
426 Brockhaus/Wahrig, Deutsches Wörterbuch; Horlitz/Albrand in: Grimm, Deutsches Wörterbuch.
427 Horlitz/Albrand in: Grimm, Deutsches Wörterbuch.
428 Horlitz/Albrand in: Grimm, Deutsches Wörterbuch.
429 Motive, S. 495; Protokolle der ersten Kommission nach Schubert/Lang, §§ 642, 643, S. 889.

§ 642 BGB als einen Anspruch auf angemessene Vergütung.[430] Zudem fand sich bis zur zweiten Lesung der zweiten Kommission sogar im beabsichtigten Gesetzeswortlaut der Begriff „angemessene Vergütung“ statt „angemessene Entschädigung“.[431] Warum es zu dieser Änderung kam, ist nicht überliefert. Immerhin findet sich die vereinbarte Vergütung noch als Maßstab für die Berechnung der angemessenen Entschädigung in § 642 Abs. 2 BGB. Deshalb liegt die Auslegung des Begriffes „Entschädigung“ im Sinne von „Vergütung“ nahe. Allerdings kann es sich nicht um einen klassischen Vergütungsanspruch handeln, weil er nicht die Gegenleistung für die Werkherstellung ist, sondern für die Bereithaltung von Personal und Material während des Annahmeverzuges des Bestellers. Zudem besteht er neben dem eigentlichen Werklohnanspruch. Zur Verdeutlichung dieser Unterschiede könnte von einem vergütungsgleichen Anspruch gesprochen werden. Wenngleich eine Einordnung zu einer bestimmten Gruppe von Ansprüchen damit nicht verbunden wäre, da es sich bei einem vergütungsgleichen Anspruch nicht um einen im BGB häufiger anzutreffenden Anspruchstyp handelt, müsste der Anspruch dann wie eine Vergütung berechnet werden, sich also grundsätzlich aus den typischerweise in einer Vergütung enthaltenen Einzelpositionen zusammensetzen.

Die nach dem Wortsinn ebenfalls in Betracht zu ziehende Qualifizierung des § 642 BGB als Aufwendungsersatzanspruch kann jedoch zum jetzigen Zeitpunkt nicht endgültig ausgeschlossen werden. Allein die Motivation des Gesetzgebers, einen über § 304 BGB hinausgehenden Anspruch zu schaffen, ermöglicht einen solchen Ausschluss nicht. § 304 BGB umfasst nur die Aufwendungen, die für das erfolglose Angebot und die Aufbewahrung des Gegenstands getätigt wurden[432], ist also inhaltlich sehr beschränkt, so dass § 642 BGB darüber hinausgehende Aufwendungen erfassen könnte und nicht nach Vergütungsmaßstäben zu berechnen wäre. Die Rechtsnatur ist also weder auf Basis der Gesetzesmaterialien und des heutigen Meinungsstandes, noch durch Auslegung des Wortes „Entschädigung“ zu klären. Infolgedessen kann auch die Berechnung der Rechtsfolge nicht aus der Rechtsnatur entnommen werden, sondern vielmehr ist zunächst die Berechnung zu klären, um hieraus auf die Rechtsnatur zu schließen.

Zu diesem Zwecke hat eine fundierte Auseinandersetzung mit den typischen Rechtsfolgen einer Obliegenheitsverletzung, insbesondere im Falle des Unterlassens einer Mitwirkungsobliegenheit, und den Berechnungsmethoden anderer Entschädigungsansprüche zu erfolgen, wie sie sich bisher weder in Rechtsprechung

---

430 Motive, S. 496: „Zusätzlich zu dem Anspruch auf angemessene Vergütung sei kein Rücktrittsrecht für den Unternehmer erforderlich.“

431 Vgl. Jakobs/Schubert, S. 892.

432 S. im einzelnen unten Siebentes Kapitel, B. V. 1. u. 2.

noch Literatur findet. Das Anliegen dieser Abhandlung ist es, diese Lücke zu schließen und so das Fundament zu einer dogmatisch sicheren Bestimmung der Berechnung der Rechtsfolge und damit der Rechtsnatur zu schaffen.[433]

B. Rechtsfolgen einer Obliegenheitsverletzung

Als ersten Schritt bedarf es einer näheren Untersuchung, welche Rechtsfolgen ein Obliegenheitsverstoß nach sich ziehen kann. Der Verlust oder die Minderung eines Anspruches wie z.B. gemäß § 377 HGB oder § 254 BGB und im Versicherungsrecht sind dabei für diese Untersuchung vernachlässigbar, weil es sich bei § 642 BGB um einen Anspruch auf Zahlung handelt. Es soll mithin im Folgenden nur eine Betrachtung möglicher Zahlungsansprüche bei Obliegenheitsverstößen unter besonderer Berücksichtigung des Falls einer unterlassenen Mitwirkung erfolgen. Bei diesen Ansprüchen ist dann jeweils festzustellen, ob ihr Anspruchsumfang Rückschlüsse auf die Berechnung der angemessenen Entschädigung gemäß § 642 Abs. 1 BGB ermöglicht.

I. Schadensersatz bei Obliegenheitsverletzung?

Es entspricht der herkömmlichen Definition des Begriffs „Obliegenheit“, dass ein Obliegenheitsverstoß niemals einen Schadensersatzanspruch nach sich ziehen kann.[434] Dennoch hat der BGH im Jahre 1953[435] Schadensersatz infolge einer schuldhaft unterlassenen Mitwirkungshandlung, die er als Obliegenheit einstufte, zugesprochen. Dies wirft die Frage auf, ob im Falle einer Obliegenheitsverletzung nicht doch in bestimmten Fallgestaltungen ein Schadensersatzanspruch bestehen kann.

1. Meinungsstand

Das Urteil des BGH ist in der Literatur auf heftige Kritik gestoßen. Die Entscheidung stünde im Widerspruch zu dem dogmatischen Ansatz, dass die Mitwirkung des Bestellers eine Obliegenheit und keine Pflicht sei[436]; die Grenzen zwischen

---

433 Dabei wird im Folgenden aufgrund der hohen Praxisrelevanz von einem baurechtlichen Werkvertrag ausgegangen. Die gewonnen Ergebnisse lassen sich aber ohne weiteres auf andere Werkverträge wie z.B. zur Herstellung von Individualsoftware übertragen.

434 Vgl. zur Definition oben Zweites Kapitel, B. II.

435 BGHZ 11, S. 80, vgl. dazu oben Drittes Kapitel, B. I.

436 Schwenker in: Erman, § 642, Rn. 10; Lehmann, JZ 1954, S. 240.

diesen Kategorien würden verwischt.[437] Über den Umweg eines Schadensersatzanspruches würde mittelbar doch ein Zwang zur Erfüllung der Obliegenheit eingeführt.[438] Stattdessen sollte dogmatisch richtig nicht auf die Obliegenheitsverletzung als solche, sondern auf die sie häufig begleitende Verletzung der allgemeinen Treuepflicht abgestellt werden.[439] Diese wird auch nach der Schuldrechtsmodernisierung aus § 242 BGB hergeleitet, gehört demnach nicht zu den Schutzpflichten i.S.v. § 241 Abs. 2 BGB.[440] Die allgemeine Treuepflicht verpflichtet die Parteien alles zu unterlassen, was den Vertragszweck oder Leistungserfolg beeinträchtigen, gefährden oder vereiteln könnte, letztlich also jegliches vertragsstörende Verhalten.[441] Im positiven Sinne müssen die Parteien in ihrem Risikobereich alles tun, um den Leistungserfolg vorzubereiten, herbeizuführen und zu sichern.[442] Die Möglichkeit eines Schadensersatzanspruches im Falle der Verletzung der Leistungstreuepflicht ergibt sich nach der Schuldrechtsmodernisierung aus § 280 Abs. 1 S. 1 BGB. Vorher war eine Schadensersatzpflicht aus pVV anerkannt.[443] Bei solchen Schadensersatzansprüchen ist allerdings der Vorrang der speziell geregelten Leistungsstörungen zu beachten, im Falle der Gläubigermitwirkung im Werkvertragsrecht also insbesondere des § 642 BGB. Nicht jedes Unterlassen der Mitwirkung soll daher Schadensersatzansprüche auslösen, sondern es müsse der Vertragszweck ernsthaft gefährdet werden oder eine grundlose Lossagung vom Vertrag vorliegen.[444]

Aber auch dieser Ansatz stößt auf Kritik. Ihm wird ebenfalls vorgeworfen, keine klare Grenzziehung zwischen Obliegenheiten und Pflichten vorzunehmen.[445] *Götz* meint, die Anwendung der pVV sei zudem durch die spezialgesetz-

---

437 Peters in: Staudinger, § 643, Rn. 22 („dogmatisch bedenklich"); Kreuzer/Stehle, JA 1984, S. 69, 76; Wertheimer, JuS 1993, S. 646, 650; Wahl, S. 83; trotzdem der Rechtsprechung zustimmend: Hofmann in: Beck´scher VOB-Kommentar, Teil B, vor § 3, Rn. 32.

438 Voit in: Bamberg/Roth, § 642, Rn. 8.

439 Lehmann, JZ 1954, S. 240; diesen Ansatz verfolgte später auch der BGH, VersR 1960, S. 693, 695, vgl. oben Drittes Kapitel, B. I.

440 Krebs in: AnwK, § 241, Rn. 19; Fuchs, S. 73f.

441 BGH, DB 1968, S. 2210; Mansel in: Jauernig, § 242, Rn. 27; Köhler, AcP 190 (1990), S. 496, 501 u. 504ff, zur Existenz eines klagbaren Unterlassensanspruches im Verletzungsfalle.

442 Hohloch in: Erman, § 242, Rn. 77; Heinrichs in: Palandt, § 242, Rn. 27; Gernhuber, § 2 IV. 1. a), der den Begriff Leistungstreue- und Mitwirkungspflichten bevorzugt.

443 Teichmann in: Soergel, § 242, Rn. 189; Gernhuber, § 2 IV. 1. a).

444 BGH, VersR 1960, S. 693, 694; Kleine-Möller in: Kleine-Möller/Merl, § 10, Rn. 519; Braun, S. 266; Kreuzer/Stehle, JA 1984, S. 69, 76; Lehmann, JZ 1954, S. 240; Wertheimer, JuS 1993, S. 646, 650; Köpcke, S. 77, 149 u S. 114 in Fn. 194, spricht von einer Pflicht zur mangelfreien Vorbereitung.

445 Scheube, S. 67.

liche Regelung des § 321 BGB (a.F.) ausgeschlossen.[446] Diese Norm gebe dem Schuldner nicht nur ein Leistungsverweigerungsrecht, sondern weitergehend einen Anspruch auf die Gegenleistung Zug-um-Zug gegen die eigene Leistung.[447] Außerdem sei die Norm analog anzuwenden, wenn der vorleistungspflichtige Unternehmer subjektiv Anlass habe, eine Verschlechterung der Vermögensverhältnisse des Bestellers zu befürchten.[448] Käme der Besteller dem Verlangen nach Sicherheitsleistung oder Zug-um-Zug-Erfüllung nicht nach, lägen die Voraussetzungen des § 326 BGB a.F. vor.[449]

Hiergegen wendet sich wiederum *Hüffer*, der auf §§ 322 Abs. 2 und 3 BGB verweist, nach deren Regelungsgehalt die Gegenleistung erst in der Zwangsvollstreckung ohne Erbringung der Vorleistung begehrt werden könne.[450] Er präferiert stattdessen die analoge Anwendung von § 326 BGB a.F.. Die Norm enthalte den verallgemeinerungsfähigen Gedanken, dass der Schuldner die Möglichkeit habe, den Gläubiger bei Zweifeln über das Zustandekommen der Vertragsdurchführung auf Nichterfüllung und damit Schadensersatz festzulegen.[451]

2. Stellungnahme

Die Lösungswege von *Götz* und *Hüffer* sind spätestens seit der Schuldrechtsmodernisierung nicht mehr tragfähig. Im Rahmen dieser ist das früher bereits von der h.M. gewährte Rücktrittsrecht in § 321 Abs. 2 BGB geregelt worden. Dabei hat sich der Gesetzgeber bewusst gegen die Normierung eines Anspruches auf die Gegenleistung ausgesprochen[452], so dass eine planwidrige Regelungslücke als Grundlage für eine Ausweitung der Art der Rechtsfolgen im Falle des § 321 Abs. 1 BGB n.F. fehlt. Genauso wenig lässt die im Rahmen der Schuldrechtsmodernisierung geschaffene Systematik der Schadensersatzansprüche über die Zentralnorm § 280 Abs. 1 BGB Raum für eine analoge Anwendung der §§ 280, 286 BGB im Falle einer schuldhaften Obliegenheitsverletzung.

---

446 Götz, JuS 1961, S. 56, 58.

447 Götz, JuS 1961, S. 56, 58; die seinerzeit h.M. gestand dem Gläubiger neben dem Leistungsverweigerungsrecht nur ein Rücktrittsrecht zu. Dieses ist nun in § 321 Abs. 2 S. 2 BGB ausdrücklich geregelt.

448 Götz, JuS 1961, S. 56, 59.

449 Götz, JuS 1961, S. 56, 59.

450 Hüffer, S. 212.

451 Hüffer, S. 240, allgemein bei Zweifeln und S. 243f, gesondert für den Fall der anfänglichen Erfüllungsverweigerung, bei dann das Erfordernis der Nachfristsetzung mit Ablehnungsandrohung entfalle.

452 Tettinger in: AnwK, § 321, Rn. 11, unter Bezug auf die eindeutige Gesetzesbegründung, BT-Drs. 14/6040, S. 180.

Die Annahme eines „Überlagerns" der Mitwirkungsobliegenheit durch eine Treuepflicht stellt eine schwer verständliche und konstruiert wirkende Aufspaltung eines einheitlichen Unterlassens durch den Gläubiger dar. Diese Konstruktion und die Argumentation des BGH sind offensichtlich beseelt von der Überzeugung, dass in dem zu entscheidenden Fall die Rechtsfolge des § 642 BGB nicht ausreichend gewesen wäre, wobei insbesondere das beträchtliche wirtschaftliche Risiko des Verfrachters durch die Bereitstellung des Schiffes eine Rolle spielte.[453] Unausgesprochen schwingt in dieser Argumentation die zur Abgrenzung von Obliegenheiten und Pflichten heranzuziehende Interessenabwägung mit[454]: In dem vom BGH entschiedenen Fall gebot die Interessenlage offenbar einen Schadensersatzanspruch, also eigentlich die Annahme einer Pflicht zur Mitwirkung.[455] Die Nichtbereitstellung der Ladung durch den Besteller ist der Sache nach nichts anderes, als die nicht rechtzeitige Bereitstellung eines bebauungsreifen Grundstücks im Baurecht. Diesbezüglich gebietet die Interessenlage die Annahme einer Pflicht. Diese Wertung lässt sich auf die Bereitstellung der Ladung im Seefrachtvertrag übertragen, weil der Verfrachter erhebliche wirtschaftliche Dispositionen in Form der Bereitstellung des Schiffs im Vertrauen auf die Vertragsdurchführung eingeht. Sein Interesse an der Bereitstellung der Ladung überwiegt demnach das Interesse des Versenders, so dass im Wege der Rechtsfortbildung eine Pflicht anzunehmen ist. Liegt eine Pflicht vor, so ist aber kein Raum mehr für eine daneben existierende Obliegenheit.[456] Jeglicher Widerspruch ist auf diesem Wege aufgelöst. Die vom BGH entschiedene Fallgestaltung kann also einfach durch die hier präferierte Einzelfallbetrachtung bei der Einordnung von Mitwirkungshandlungen gelöst werden.

Gebietet indessen die Interessenlage in anderen Fallgestaltungen nicht die Annahme einer Pflicht, so ist bei der Verletzung einer bloßen Obliegenheit für einen Schadensersatzanspruch kein Raum. Allein das Vorliegen eines Verschuldens bezüglich der unterlassenen Mitwirkung vermag einen solchen nicht zu rechtfertigen. Eine verschuldete Obliegenheitsverletzung ist unter Wertungsgesichtspunkten immer noch weniger schwerwiegend als eine verschuldete Pflichtverletzung. Eine Gleichschaltung der Rechtsfolgen nur wegen des jeweils vorhandenen Verschuldens würde letztlich auf eine Gleichstellung von Pflichten und Obliegenheiten hinauslaufen, die systemwidrig und nicht zu rechtfertigen wäre.

---

453 Götz, JuS 1961, S. 56, 58.

454 S. hierzu oben Zweites Kapitel, D. II.

455 So im Ergebnis auch Fuchs, S. 374, der allerdings daraus gleich ein Argument für die generelle Pflichtigkeit der Mitwirkungshandlungen ableiten will.

456 Bereits Lachmann, BauR 1990, S. 409, 410, weist zutreffend darauf hin, dass im Falle einer ernsthaften und endgültigen Erfüllungsverweigerung die Mitwirkungshandlung ohne weiteres zur Leistungspflicht wird.

Ein Schadensersatzanspruch im Falle einer Obliegenheitsverletzung scheidet daher aus. Da auch der historische Gesetzgeber mit § 642 BGB keinen Schadensersatzanspruch schaffen wollte, kommt eine solche Qualifizierung des Anspruches nicht in Betracht.

II. Voller Werklohnanspruch bei Verweigerung der Mitwirkung?

Eng verwandt mit der vorstehenden Konstellation[457] ist der Fall, in dem der Besteller durch das bloße Unterlassen einer Mitwirkungsobliegenheit die Vertragsdurchführung (regelmäßig schuldhaft) boykottiert, aber von einer Kündigung nach § 649 S. 1 BGB wegen der damit verbundenen negativen Rechtsfolgen in Form des Anspruches des Unternehmers gemäß § 649 S. 2 BGB absieht. Kündigt der Unternehmer indes seinerseits nach § 643 BGB, so stehen ihm gemäß § 645 Abs. 1 S. 1 BGB lediglich eine Teilvergütung für die bereits erbrachten Leistungen und ein Auslagenersatz zu.

1. Die Rechtsprechung

Zur Lösung dieses Wertungswiderspruchs hat der BGH in einem grundlegenden Urteil aus dem Jahre 1968[458] dem Unternehmer den vollen Vergütungsanspruch zugesprochen. Wenn der Besteller jegliche vertragliche Verpflichtung leugne, könne er dem Werklohnanspruch weder die Einrede mangelnder Fälligkeit noch die des nicht erfüllten Vertrages entgegensetzen.[459] Dem Unternehmer sei eine Vorleistung dann nicht zumutbar.[460] Folgerichtig bleibt der Unternehmer – ohne dass der BGH hierauf eingeht – zur Werkherstellung verpflichtet.

Ebenfalls der VII. Senat des BGH hat in einer Entscheidung aus dem Jahre 1983 diese Argumentation weiter verfolgt und dem Unternehmer einen Restwerklohnanspruch zugesprochen, nachdem der Besteller die Durchführung von Nachbesserungsarbeiten durch den Unternehmer verweigert hatte.[461] Ergänzend hat er das Ergebnis mit einer analogen Anwendung des § 162 BGB begründet,

---

457 Häufig findet sich in der Literatur eine gemeinsame Abhandlung der beiden Fallgruppen. Dies ist aber wegen der unterschiedlichen Lösungsmöglichkeiten zu undifferenziert.
458 BGHZ 50, S. 175; vgl. hierzu auch schon oben Drittes Kapitel, B. I.
459 BGHZ 50, S. 175, 177f.
460 BGHZ 50, S. 175, 178.
461 BGHZ 88, S. 240.

nach dessen verallgemeinerungsfähigen Grundgedankens niemand aus einer von ihm treuwidrig herbeigeführten Lage Vorteile ziehen solle.[462]

Der X. Senat hat im Jahre 1990 die Rechtsprechung des VII. Senats bestätigt und den vollen Werklohn zugesprochen, nachdem der Besteller seiner Mitwirkungsobliegenheit zur Lieferung einer Druckvorlage trotz mehrfacher Erinnerung nicht nachgekommen war.[463] Es verstieße gegen § 242 BGB, wenn sich der Besteller auf die mangelnde Fälligkeit des Werklohns berufen würde.[464]

Erneut der X. Senat stufte in einem weiteren Fall die entsprechende Rechtsprechung sogar als für den Besteller vorteilhaft ein, weil ein Zwang zur Fertigstellung des Werkes ihm die Möglichkeit der Anrechnung ersparter Aufwendungen analog § 649 S. 2 BGB rauben würde.[465] Wie sich aus den Feststellungen der Vorinstanz ergibt, sind von dieser in analoger Anwendung der § 324 Abs. 1 S. 2 BGB a.F. (§ 326 Abs. 1 S. 2 BGB n.F.) und § 649 S. 2 BGB tatsächlich die ersparter Aufwendungen des Unternehmers in Abzug gebracht worden. Dies entspricht indes nicht der bisherigen Rechtsprechung des VII. und X. Senats, die in ihren Urteilen jeweils den vollen Werklohn zugesprochen hatten.[466] Auf diese Diskrepanz geht der X. Senat nicht ein.

Das OLG Koblenz hat in einer Entscheidung aus dem Jahre 2001[467] auf den Fall einer endgültigen Verweigerung der Mitwirkung und anschließender Beauftragung eines anderen Unternehmers § 324 Abs. 1 BGB angewendet und folgerichtig eine Anrechnung ersparter Aufwendungen vorgenommen.

Auf eine vergleichbare Fallgestaltung hat der VIII. Senat des BGH später ebenfalls § 324 Abs. 1 BGB angewendet.[468]

2. Die Literatur

Diese Entscheidungen haben in der Literatur zu einer umfangreichen Diskussion über die dogmatisch richtige Lösung der Problematik geführt.

---

462 BGHZ 88, S. 240, 248; in der Entscheidung BGHZ 50, S. 175 hatte der BGH die Anwendung des § 162 BGB als entbehrlich angesehen, vgl. S. 179.

463 BGH, NJW-RR 1986, S. 211, 211f.

464 BGH, NJW-RR 1986, S. 211, 212.

465 BGH, NJW 1990, S. 3008.

466 Allerdings war die Werkleistung im Fall BGHZ 50, S. 175, schon im wesentlichen erbracht und im Fall BGHZ 88, S. 240, ging es nur noch um Mängelbeseitigung, so dass sich die Frage nach dem Abzug ersparter Aufwendungen nicht unbedingt gestellt haben dürfte. Im Fall BGH, NJW-RR 1986, S. 211, hingegen war die Werkleistung noch nicht einmal in Angriff genommen.

467 OLG Koblenz, BauR 2002, S. 811.

468 BGH, DB 2004, S. 2580, 2581.

Die herrschende Meinung in der Literatur nimmt zunächst eine extensive Auslegung des § 322 Abs. 2 und 3 BGB vor. Unter Annahmeverzug im Sinne dieser Vorschrift fällt danach auch das Unterlassen einer Mitwirkungshandlung.[469] Damit kann jedoch keine uneingeschränkte Verurteilung des Bestellers erreicht werden, sondern nur eine auf Erhalt der Gegenleistung nach Erbringung der eigenen Leistung. Erst in der Zwangsvollstreckung entfällt bei festgestelltem Annahmeverzug gemäß § 756 ZPO die Vorleistungspflicht.

Dies hält *Huber* für unbillig, da der Unternehmer seine Leistung u.U. ohne die Mitwirkung des Bestellers nicht erbringen könne.[470] Daher will er im Einklang mit der Rechsprechung des VII. Senats des BGH die Vorleistungspflicht des Unternehmers allein durch das den Annahmeverzug begründende Angebot der eigenen Leistung entfallen lassen und so die Fälligkeit des Werklohnanspruches herbeiführen.[471] Zusätzlich will er dem Schuldner die Möglichkeit eröffnen, analog § 326 BGB a.F. vom Vertrag zurückzutreten oder Schadensersatz zu verlangen.[472] Im ersten Fall muss der Unternehmer dann seine Werkleistung noch erbringen, in der zweiten Variante entfällt diese Verpflichtung und er erhält den um ersparte Aufwendungen gekürzten Werklohn.

Hüffer lehnt die Rechtsprechung des VII. Senats des BGH ab und verweist zunächst auf die beschränkte Wirkung des Instituts des Rechtsmissbrauches; dieses habe nur eine verbietende, aber keine rechtsbegründende Funktion.[473] Ein Ausschluss der „Einrede“ mangelnder Fälligkeit könne nicht vorliegen, da die Fälligkeit keine Einrede sondern eine Anspruchsvoraussetzung sei.[474] Zur Gewährung eines Erfüllungsanspruches käme man nur über eine Anwendung des § 324 Abs. 2 BGB a.F. (§ 326 Abs. 2 S. 1, 2. Alt. BGB n.F.), wenn aufgrund der verzögerten Mitwirkung ein Fall der Unmöglichkeit durch Zeitablauf vorläge, wobei auch die Unzumutbarkeit einer späteren Leistungserbringung durch den Schuldner eine Rolle spiele.[475] Daneben will er erneut einen Schadensersatzanspruch aus § 326 BGB a.F. analog (§§ 280 Abs. 1, 2, 286 BGB n.F.) gewäh-

---

469 Heinrichs in: Palandt, § 322, Rn. 4; Otto in: Staudinger, § 322, Rn. 18; Hartmann, S. 32ff; Huber, Bd. I, § 15 I. 2. b) aa); anders Hüffer, S. 215: nur die eigentlichen Annahme der Leistung. Diese Auslegung lässt sich mit dem Gesetzeswortlaut nicht vereinbaren, da § 322 Abs. 2 BGB genauso von Verzug der Annahme spricht wie § 642 BGB. Eine unterschiedliche Auslegung der Begriffe kommt daher nicht in Betracht.

470 Huber, Bd. I, § 15 I. 2. b) bb).

471 Huber, Bd. I, § 15 I. 2.b) bb).

472 Huber, Bd. I, § 15 I. 3. b) bb).

473 Hüffer, S. 210.

474 Hüffer, S. 208f.

475 Hüffer, S. 217.

ren.[476] Verzug läge zwar mangels Fälligkeit nicht vor, jedoch könne diese Voraussetzung durch andere Fälle der Ungewissheit über die Vertragsdurchführung ersetzt werden.[477] Folgt man *Hüffer*, so ist eine Verurteilung zum vollen Werklohnanspruch nicht möglich, da § 326 Abs. 2 S. 2 BGB n.F. eine Anrechnungsklausel enthält und auch bei einem Schadensersatzanspruch aufgrund der Differenzhypothese eine Anrechnung vorzunehmen ist.

Eine weitere Auffassung stellt neben einer evtl. Unmöglichkeit wegen Zeitablaufs gemäß § 275 Abs. 1 BGB den Fall des § 275 Abs. 3 BGB in den Vordergrund und will einen Anspruch aus § 326 Abs. 2 BGB gewähren, sobald die Verzögerung aus der Risikosphäre des Bestellers stammt.[478] Sofern der Besteller die Mitwirkungshandlung trotz Fristsetzung nicht vornähme, läge hierin eine endgültige Erfüllungsverweigerung, die es dem Unternehmer unmöglich oder unzumutbar mache weiterzuarbeiten.[479] Zuvor hatten bereits einige Autoren eine analoge Anwendung des § 324 Abs. 1 BGB a.F. (§ 326 Abs. 2, S. 1, 1. Alt. BGB n.F.) vorgeschlagen, wenn der Unternehmer gemäß § 643 BGB wegen schuldhaft unterlassener Mitwirkung des Bestellers gekündigt hatte.[480] Dann läge wegen der Kündigung rechtliche Unmöglichkeit vor, die der Besteller durch Verstreichenlassen der Nachfrist verschuldet habe.[481] Das Ergebnis entspreche zudem den Rechtsgedanken aus §§ 162, 242 BGB.[482] Dabei befürworten Teile der Literatur eine analoge Anwendung des § 324 BGB a.F. (§ 326 Abs. 2 BGB n.F.) über § 645 Abs. 2, Abs. 1 S. 2 BGB.[483] Nach anderer Meinung soll eine direkte Anwendung des § 324 Abs. 1 und 2 BGB a.F. (§ 326 Abs. 2 BGB n.F.) ausreichend sein, weil bereits nach Ablauf des zumutbaren Erfüllungszeitraumes Unmöglichkeit eintrete.[484]

Nach wiederum anderer Ansicht ist in missbräuchlichen Fällen für die Zukunft nach § 649 S. 2 BGB abzurechnen.[485] Die vom BGH vorgenommene Verurteilung zur vollen Gegenleistung ohne Abzug der ersparten Aufwendungen sei

---

476 Vgl. hierzu bereits oben Siebentes Kapitel, B. I. 1. für den Fall der Erfüllungsverweigerung.

477 Hüffer, S. 240.

478 Maxem, BauR 2003, S. 952, 955.

479 Peters, FS Thode, S. 65, 72.

480 Nicklisch, BB 1979, S. 533, 543; ihm folgend Lachmann, BauR 1990, S. 409, 411.

481 Nicklisch, BB 1979, S. 533, 543.

482 Nicklisch, BB 1979, S. 533, 543.

483 Esser/Weyers, SchR BT, Bd. 1, § 33 II. 3.

484 Müller-Foell, S. 125; ähnlich argumentiert auch Duffek, BauR 1999, S. 979, 984.

485 Voit in: Bamberger/Roth, § 642, Rn. 8; Peters, FS Thode, S.65, 72; Peters in: Staudinger, § 643, Rn. 18, der dies sogar für die unverschuldete Unterlassung der Mitwirkung vertritt. Dies ist freilich mit der gesetzlichen Systematik der §§ 642, 643, 645, 649 BGB nicht in Einklang zu bringen.

unangemessen.[486] Läge keine ausdrückliche oder konkludente Kündigung nach § 649 S. 1 BGB vor, so käme der Rechtsgedanke des § 162 BGB ins Spiel und der Besteller müsse sich so behandeln lassen, als ob er gekündigt hätte.[487] Diese Auffassung unterscheidet sich im Ergebnis nicht von den anderen Stellungnahmen der Literatur, da gemäß § 649 S. 2 BGB ebenfalls vom vollen Werklohn Abzüge zu machen sind.

3. Stellungnahme

Die Vielseitigkeit der aufgezeigten Lösungsmöglichkeiten zeugt von den Schwierigkeiten, den Fällen des Boykotts durch den Besteller auf einem einzigen Lösungsweg Herr zu werden. Tatsächlich hängt es von den Gegebenheiten des Einzelfalls ab, wie die Konstellation interessengerecht zu lösen ist.

Zunächst einmal ist anhand der Interessenlage bezüglich der boykottierten Mitwirkungshandlung zu eruieren, ob diese nicht als Pflicht zu kategorisieren ist, so dass ein Schadensersatzanspruch besteht. Ist dies nicht der Fall, kommt eine analoge Anwendung des § 326 BGB a.F. (§§ 280 Abs. 1, 2, 286 BGB n.F.) nicht in Betracht. Der Vorschlag *Hüffers* ist hier genauso wie bei der Erörterung eines möglichen Schadensersatzanspruches im Falle einer Obliegenheitsverletzung abzulehnen[488], da er inzwischen überholt und nicht mehr mit der aktuellen Gesetzeslage in Einklang zu bringen ist. Aus demselben Grund ist die von *Huber* vertretene Ausweitung des § 322 Abs. 2 und 3 BGB abzulehnen. Der Gesetzgeber hat sich bewusst gegen einen Anspruch auf die Gegenleistung ausgesprochen und wollte die von den Parteien vereinbarte Zeitdifferenz der Leistungen aufrechterhalten.[489]

Dagegen ist § 326 Abs. 2, S. 1, 1. Alt. BGB regelmäßig in Betracht zu ziehen, wenn z.B. rechtliche Unmöglichkeit vorliegt. Die vom BGH und vom OLG Koblenz entschiedenen Fälle[490], in denen der Besteller einen anderen Unternehmer mit der Durchführung der Arbeiten beauftragt hatte, stellen gute Beispiele hierfür dar. Aufgrund des Annahmeverzuges des Bestellers kommt es auf ein Vertretenmüssen der Unmöglichkeit nicht an. Schwierigkeiten bestehen nach der Schuldrechtsmodernisierung auch nicht, wenn der Unternehmer durch die Kündigung

486 Larenz, SchR BT 1, § 53 III. c).
487 Lachmann, BauR 1990, S. 409, 412 unterbreitet diesen Weg als Alternativvorschlag.
488 S. oben Siebentes Kapitel, B. I. 2.
489 So schon Kirn, JZ 1969, S. 325, 329, zutreffend zur alten Rechtslage. Auch der bereits oben Sechstes Kapitel, C. I. erörterte Lösungsweg von Götz, der für die vorliegende Konstellation ebenfalls Anwendung finden könnte, ist deshalb abzulehnen.
490 S. oben Siebentes Kapitel, B. II.1.

gemäß § 643 BGB die Unmöglichkeit selbst herbeigeführt hat. Zwar greift dann die Regelung des § 326 Abs. 2 S. 1, 2. Alt. BGB nicht ein, weil der Unternehmer die Unmöglichkeit zumindest mit zu vertreten hat. Jedoch liegt ein Fall des § 326 Abs. 2 S. 1, 1. Alt. BGB vor, weil der Besteller durch seine schuldhafte Blockadehaltung die Kündigung und damit die Unmöglichkeit weit überwiegend zu verantworten hat. Dem Unternehmer blieb dann gar nichts anderes übrig, als sich von seiner Vorleistungspflicht gemäß § 643 BGB zu befreien; andernfalls hätte er dauerhaft leistungsbereit bleiben müssen, obwohl mit der Vornahme der erforderlichen Mitwirkungshandlung durch den Besteller nicht mehr zu rechnen war.

Schließlich verbleibt noch die Konstellation, in der keine Kündigung nach § 643 BGB erklärt wurde, z.B. weil der Unternehmer befürchtete, nur die Teilvergütung nach § 645 Abs. 1 S. 1 BGB zu erhalten. In diesen Fällen bietet sich die Anwendung des § 162 Abs. 1 BGB an, so dass der Bestellers sich so behandeln lassen muss, als ob er gemäß § 649 S. 1 BGB gekündigt hätte. Auch wenn er alles unternommen hat, um nicht den Eindruck einer (konkludenten) Kündigung zu erwecken, kann er nach dem Rechtsgedanken des § 162 Abs. 1 BGB trotz alledem nicht den nachteiligen Rechtsfolgen einer solchen entgehen. Die Diskrepanz der Folgen der Kündigungen nach § 643 BGB und § 649 BGB darf sich nicht zu Lasten des Unternehmers auswirken, wenn der Besteller den Vertrag durch schuldhaftes Unterlassen der Mitwirkung boykottiert.

Nicht beigepflichtet werden kann nach alledem den Urteilen des BGH, mit denen der Besteller zur Zahlung des vollen Werklohns verurteilt worden ist. Eine solche Rechtsfolge lässt sich dogmatisch nicht rechtfertigen. Sowohl § 326 Abs. 2 S. 2 BGB, als auch § 649 S. 2 BGB beinhalten eine inhaltsgleiche Anrechnungsregelung, die nicht umgangen werden darf. Sogar im Falle der Bejahung eines Schadensersatzanspruches wegen einer Pflichtverletzung käme es aufgrund der Differenzhypothese zu einer Anrechnung ersparter Aufwendungen.[491] Die Rechtsfolge einer Obliegenheitsverletzung kann aber nicht schwerer wiegen, als die einer Pflichtverletzung. Zu berücksichtigen ist allerdings, dass der Unternehmer unter Zugrundelegung der einschlägigen BGH-Entscheidungen nach wie vor zur Erbringung seiner Werkleistung verpflichtet bleibt, da er nur von seiner Vorleistungspflicht befreit sein soll. Zu einer weiteren Vertragsdurchführung wird es dennoch in aller Regel nicht kommen. Der Besteller hat in diesen Fallkonstellationen durch sein Verhalten zum Ausdruck gebracht, dass er kein Interesse mehr an der Werkleistung hat, weshalb ihm mit der fortbestehenden Leistungspflicht des Unternehmers nicht gedient ist. Infolgedessen müsste der Besteller für seinen Boykott anstelle einer Kündigung gemäß § 649 S. 1 BGB gleichsam eine Strafe in Form der Differenz zwischen der vollen und der gekürzten Vergütung bezah-

491 Hierauf weist Seidel, JZ 1991, S. 391, 393, zutreffend hin.

len, die nicht gerechtfertigt ist und den Unternehmer unangemessen bevorteilen würde.

Die untersuchte Konstellation zerfällt nach dem Vorstehenden also in verschiedene Fallgruppen, die unter Zuhilfenahme allgemeiner Regelungen einer befriedigenden Lösung zugeführt werden können. In allen Varianten spielt die Obliegenheitsverletzung des Bestellers keine Rolle als solche[492], sondern Anknüpfungspunkt ist entweder die durch ihn zu verantwortende Unmöglichkeit oder die über § 162 Abs. 1 BGB analog als erklärt geltende Kündigung gemäß § 649 S. 1 BGB. Die Gewährung des ursprünglichen Erfüllungsanspruches als Rechtsfolge einer Obliegenheitsverletzung scheidet daher aus.

III. §§ 280 Abs. 1, 286 BGB, 6 Nr. 6 VOB/B

Ist der Besteller zur Mitwirkung verpflichtet, so kann dem Unternehmer im Falle eines schuldhaften Unterlassens durch den Besteller ein Schadensersatzanspruch gemäß §§ 280, 286 BGB zustehen. Zu beachten ist in diesem Zusammenhang § 6 Nr. 6 VOB/B, der eine Schadensersatzpflicht bei Behinderungen regelt und diesbezüglich die Haftung für entgangenen Gewinn einschränkt. Unter den Begriff der Behinderung fallen alle Ereignisse, die den vorgesehenen Leistungsablauf in sachlicher, zeitlicher oder räumlicher Hinsicht hemmen oder verzögern.[493] Erfasst sind daher unterlassene Mitwirkungshandlungen und jegliche andere Art von Verzögerungen des Bauablaufs.[494] Die dogmatische Einordnung des § 6 Nr. 6 VOB/B in das System des BGB bezüglich der Folgen unterlassener Bestellermitwirkung bereitet Schwierigkeiten. Insbesondere ist nicht abschließend geklärt, ob diese Regelung für den Geltungsbereich der VOB/B einen Schadensersatzanspruch im Falle einer bloßen Obliegenheitsverletzung gewährt und ob sie überhaupt eine eigenständige Anspruchsgrundlage ist. Je nachdem, wie diese Fragen zu beantworten sind, können Auswirkungen auf die Rechtsfolge des Anspruches aus § 642 BGB nicht ausgeschlossen werden.

---

492 Infolgedessen kommen diese Lösungswege auch beim schuldhaften Unterlassen einer Mitwirkungspflicht in Betracht, zumal im Falle einer Kündigung gemäß § 643 BGB der Anspruch aus §§ 280, 286 BGB nicht den Ersatz des Schadens wegen Nichtdurchführung des Vertrages umfasst, da insoweit wegen der auf einer eigenen Willensentscheidung des Unternehmers beruhenden Kündigung keine Schadenszurechnung möglich ist.

493 Döring in: Ingenstau/Korbion, § 6 VOB/B, Rn. 2; Leineweber, Jahrbuch Baurecht 2002, S. 107, 136.

494 Motzke in: Beck'scher VOB-Kommentar, Teil B, vor § 6, Rn. 61.

1. *Pflicht oder Obliegenheit, Anspruchsgrundlage oder Haftungsbeschränkung*

Die bezüglich § 6 Nr. 6 VOB/B zu klärenden Punkte, ob die Mitwirkungshandlung eine besondere rechtliche Qualität aufweisen muss und ob § 6 Nr. 6 VOB/B Anspruchsgrundlage und/oder Haftungsbegrenzung ist, sind eng miteinander verknüpft und werden daher zweckmäßigerweise zusammen untersucht.

a. Rechtsprechung

Der BGH hat in zwei neueren Urteilen herausgestellt, dass § 6 Nr. 6 VOB/B eine Pflichtverletzung voraussetzt.[495] In beiden Entscheidungen ist dabei von einem Anspruch aus § 6 Nr. 6 VOB/B die Rede, ohne dass eine Bezugnahme auf § 286 BGB a.F. oder pVV erfolgt. Offenbar qualifiziert der BGH § 6 Nr. 6 VOB/B als Anspruchsgrundlage, wenngleich eine diesbezügliche klare Aussage fehlt.

In früheren Urteilen verfolgte der BGH keine einheitliche Linie. Es finden sich sowohl Entscheidungen, in denen von einer Haftungsbeschränkung die Rede ist[496], als auch Entscheidungen, die § 6 Nr. 6 VOB/B als Anspruchsgrundlage ansehen[497]. Nach einem obiter dictum soll für § 6 Nr. 6 VOB/B zudem Gläubigerverzug ausreichen, wobei in dieser Entscheidung die Regelung als Haftungsbeschränkung eingeordnet wird.[498]

Auch wenn die Rechtsprechung des BGH nicht frei von Widersprüchen ist, vertritt er zumindest inzwischen eindeutig die Meinung, dass § 6 Nr. 6 VOB/B eine Pflichtverletzung voraussetzt.

b. Literatur

In der Literatur findet eine kontroverse Diskussion statt. Im Einklang zu den vorerwähnten neueren Entscheidungen verlangen viele Autoren eine Pflichtverletzung zur Erfüllung der Voraussetzungen des § 6 Nr. 6 VOB/B.[499] Hierin soll gerade der entscheidende Unterschied zu den Voraussetzungen des § 642 BGB liegen.[500] Ohnehin könne die Rechtsfolge Schadensersatz nur im Falle einer Pflicht-

---

495 BGHZ 137, S. 35, 41; BGH, BauR 2000, S. 722, 723.

496 BGH, BauR 1976, S. 126, 127; BGHZ 48, S. 78, 80.

497 BGH, BauR 1974, S. 208, 210.

498 BGHZ 48, S. 78, 81.

499 Kapellmann in: Kapellmann/Messerschmidt, § 6 VOB/B, Rn. 53f; Jagenburg, FS Mantscheff, S. 99, 102; Gehlen, ZfBR 2000, S. 291; Kniffka, Jahrbuch Baurecht 2001, S. 1, 14; Thode, ZfBR 2004, S. 214, 219.

500 Maxem, BauR 2003, S. 952, 954.

verletzung eingreifen, nicht aber bei einer Obliegenheitsverletzung.[501] Die Behinderung gemäß § 6 Nr. 6 VOB/B ist nach dieser Ansicht nichts anderes als ein Fall einer Pflichtverletzung i.S.v. § 280 Abs. 1 BGB.[502] Folgerichtig ergibt sich die Schadensersatzpflicht des Auftraggebers bereits aus § 280 Abs. 1 BGB, ggf. unter den weiteren Voraussetzungen des § 286 BGB, so dass § 6 Nr. 6 VOB/B keine eigene Anspruchsgrundlage ist, sondern nur eine Haftungsbeschränkung.[503]

Hingegen gibt es eine weit verbreitete Ansicht, nach der § 6 Nr. 6 VOB/B neben dem Schuldnerverzug auch den Annahmeverzug erfasst.[504] Die Regelung sei ein Auffangtatbestand für alle Leistungsverzögerungen.[505] Für den Fall des schuldhaften Unterlassens einer Mitwirkungshandlung soll § 6 Nr. 6 VOB/B nach dieser Ansicht unabhängig von der dogmatischen Einordnung der jeweiligen Mitwirkungshandlung einen Schadensersatzanspruch gewähren.[506] Nur das Verschuldenserfordernis sei der entscheidende Unterschied zu den Voraussetzungen des § 642 BGB.[507] Die VOB/B weiche daher von der Unterscheidung des BGB zwischen Pflichten und Obliegenheiten ab und gewähre im Falle einer Obliegenheitsverletzung einen Schadensersatzanspruch.[508] Deshalb ist nach den meisten Vertretern dieser Meinung § 6 Nr. 6 VOB/B eine eigenständige Anspruchsgrundlage.[509] Teilweise wird aber auch differenziert und in der Regelung nur im

---

501 Scheube, S. 91.

502 Kapellmann in: Kapellmann/Messerschmidt, § 6 VOB/B, Rn. 53f; ebenso Kapellmann/Schiffers, Bd. 1, Rn. 1271f, und Gehlen, ZfBR 2000, S. 291, jeweils zum alten Schuldrecht.

503 Kapellmann in: Kapellmann/Messerschmidt, § 6 VOB/B, Rn. 46 u. 55; Maxem, BauR 2003, S. 952, 954; vgl. aus Kapellmann/Schiffers, Bd. 1, Rn. 1277, und Leineweber, Jahrbuch Baurecht 2002, S. 107, 112 jeweils zum alten Schuldrecht.

504 Busche in: MüKo, BGB, § 642, Rn. 27; Döring in: Ingenstau/Korbion, § 6 VOB/B, Rn. 5; Motzke in: Beck´scher VOB-Kommentar, Teil B, vor § 6, Rn. 61; Merl in: Kleine-Möller/Merl/Oerlmaier, § 13, Rn. 409; Hofmann, FS v.Craushaar, S. 219, 221; Kleine-Möller, NZBau 2000, S. 401, 402; unklar Schwarze, S. 87, der wohl aus § 6 Nr. 6 VOB/B ein Argument für die Einordnung der Mitwirkungshandlungen des Auftraggebers als Nebenpflichten entnehmen will. Die Folgerung von der Rechtsfolge auf die rechtliche Qualität ist jedoch ein abzulehnender Zirkelschluss, der auch von Schwarze, S. 82, selbst abgelehnt wird.

505 Heiermann, BB 1981, S. 876, 880; Wahl, S. 62 und S. 131, trotz Erkennens, dass Annahmeverzug sonst nicht zu einem Schadensersatzanspruch führen kann, und ohne Erwähnung der eindeutigen anderen BGH-Rechtsprechung.

506 Vygen/Schubert/Lang, Rn. 254; Raab, JZ 2001, S. 251, 254.

507 Kleine-Möller, NZBau 2000, S. 401, 402.

508 Busche in: MüKo, BGB, § 642, Rn. 27; Oberhauser, S. 222.

509 Nicklisch in: Nicklisch/Weick, § 4 VOB/B, Rn. 41; Mai/Merl in: Kleine-Möller/Merl, § 14, Rn. 68; Kleine-Möller, NZBau 2000, S. 401, 402; Raab, JZ 2001, S. 251, 254; Wahl, S. 87; unklar Döring in: Ingenstau/Korbion, § 6 VOB/B, Rn. 13.

Falle des Unterlassens einer Mitwirkungsobliegenheit eine Anspruchsgrundlage und ansonsten eine Haftungsbeschränkung gesehen.[510]

c. Stellungnahme

Unter den Begriff der Behinderung kann man sicherlich eine Obliegenheitsverletzung subsumieren, er ist insoweit nicht eindeutig. Eine verschuldete Obliegenheitsverletzung für § 6 Nr. 6 VOB/B ausreichen zu lassen ist jedoch mit allgemeinen dogmatischen Grundsätzen unvereinbar. Wie bereits erläutert kann die Rechtsfolge einer Obliegenheitsverletzung niemals ein Schadensersatzanspruch sein.[511] Hierüber besteht in der nicht baurechtsspezifischen juristischen Literatur Einigkeit. Nur für die Spezialmaterie Baurecht finden sich immer wieder Versuche der Umgehung und damit Missachtung dieses Grundprinzips. Zu erklären ist dies wohl u.a. durch die beiden missverständlichen und dogmatisch unrichtigen Entscheidungen des BGH zur Bestellermitwirkung, in denen das Gericht Schadensersatz bzw. den vollen Werklohn zugesprochen hat.[512] Diese Rechtsprechung ist abzulehnen[513] und zwischenzeitlich hat der BGH gerade für § 6 Nr. 6 VOB/B die Notwendigkeit einer Pflichtverletzung herausgestellt.

Aufgrund der Privatautonomie steht es allerdings Vertragsschließenden grundsätzlich frei, eine Verhaltensaufforderung zu kreieren, die wie eine Obliegenheit nicht einklagbar ist, aber dennoch im Falle eines verschuldeten Verstoßes einen Schadensersatzanspruch wie eine Pflichtverletzung nach sich zieht. Damit läge dann eine dritte Art einer Verhaltensaufforderung vor, die weder als Obliegenheit noch als Pflicht bezeichnet werden könnte. Eine solche Interpretation des § 6 Nr. 6 VOB/B jenseits des dogmatischen Systems des BGB ist indes kaum zu begründen. Die VOB/B baut lediglich auf das BGB auf und ergänzt bzw. modifiziert einzelne Regelungen. Hingegen schafft die VOB/B kein völlig neues Vertragsrecht, das anderen dogmatischen Grundsätzen gehorcht als das BGB. Für die Annahme einer nicht einklagbaren, aber Schadensersatzansprüche auslösenden Verhaltensaufforderung hätte es daher einer eindeutigen Regelung bedurft. Aufgrund des Fehlens einer solchen ist ein Verständnis des § 6 Nr. 6 VOB/B wesentlich näher liegend, nach dem die Regelung nur die allgemeinen Rechtsfolgen einer Mitwirkungspflichtverletzung anspricht und insoweit die Haftung beschränkt.

---

510 Motzke, Beck´scher VOB-Kommentar, VOB/B, § 6 Nr. 6, Rn. 20ff u. 39.
511 S. oben Siebentes Kapitel, B. I. 2.
512 S. hierzu oben Siebentes Kapitel, B. I. u. II. sowie Drittes Kapitel, B. I.
513 S. hierzu Siebentes Kapitel, B. I. 2. u. II. 3.

Wenig erstaunlich ist es, dass sich bei den Vertretern der Gegenauffassung keine Auseinandersetzung mit der neueren Rechtsprechung oder den allgemeinen Rechtsfolgen einer Obliegenheitsverletzung findet. Letztlich handelt es sich nur um einen weiteren Versuch, den Auftragnehmer in den Genuss eines Schadensersatzanspruches kommen zu lassen, wenn man schon keine generelle Mitwirkungspflicht anerkennt.

Handelt es sich bei der in § 6 Nr. 6 VOB/B gemeinten Behinderung aber um eine Pflichtverletzung, so ist für den Schadensersatzanspruch auf das allgemeine Leistungsstörungsrecht, also bei einer Schlechterfüllung auf § 280 Abs. 1 BGB und bei einer Verzögerung auf §§ 280, 286 BGB zurückzugreifen. Deren Rechtsfolge beschränkt § 6 Nr. 6 VOB/B nur, ein Bedürfnis für die Einordnung als eigene Anspruchgrundlage besteht bei richtigem Verständnis des § 6 Nr. 6 VOB/B mithin nicht.

2. Folgerungen für die Rechtsfolge des § 642 BGB

Eine weitere Betrachtung der Rechtsfolge eines Schadensersatzanspruches aus §§ 280, 286 BGB, 6 Nr. 6 VOB/B ist wegen des Anknüpfens an eine Pflichtverletzung für die Bestimmung der Rechtsfolge des § 642 BGB nicht zielführend. Negativ betrachtet kann die Entschädigung jedenfalls nicht auf Basis der §§ 249ff BGB nach der schadensersatztypischen Differenzhypothese berechnet werden.

IV. Teilvergütung bei Kündigung wegen unterlassener Mitwirkung

Wenn der Besteller mit einer Mitwirkungshandlung im Verzug der Annahme ist, steht dem Unternehmer das ex-nunc wirkende Kündigungsrecht gemäß § 643 BGB zu. Im Falle der Ausübung besteht der Anspruch auf Teilvergütung und Auslagenersatz aus § 645 Abs. 1 S. 2, S. 1 BGB. Im VOB-Vertrag ergibt sich das Kündigungsrecht aus § 9 Nr. 1 a) VOB/B und der Teilvergütungsanspruch aus § 9 Nr. 3 VOB/B. Diese Ansprüche bestehen neben dem Anspruch aus § 642 BGB[514], wie die VOB/B in § 9 Nr. 3 S. 2 sogar ausdrücklich regelt. Ein Blick auf diese Teilvergütungsansprüche ist dennoch geeignet, Rückschlüsse auf die Art und Höhe der angemessenen Entschädigung für die Zeit des Stillstands bis zur Kündigung zu ermöglichen. Denn der Anspruch aus § 642 BGB kann einerseits wegen der Konkurrenz der Ansprüche nicht die gleichen Positionen umfassen, die bereits von § 645 Abs. 1 S. 1 BGB abgedeckt werden. Andererseits wäre es

514 Für den BGB-Werkvertrag einhellige Meinung, vgl. nur Sprau in: Palandt, § 642, Rn. 5; Gleichmann, S. 12

widersprüchlich für die Zeit des Annahmeverzuges z.B. einen Gewinnzuschlag zu gewähren, wenn der Gewinn bei § 645 Abs. 1 S. 1 BGB außer Betracht bliebe.

1. Voraussetzungen des Kündigungsrechts

Im BGB-Vertrag gibt § 643 BGB ein Kündigungsrecht im Falle des Unterlassens einer jeglichen erforderlichen Mitwirkungshandlung. *Peters* sieht dies als unbillig an und will ein Kündigungsrecht unter Berücksichtigung der Wertung des § 324 BGB nur bei Unzumutbarkeit des Festhaltens am Vertrag zugestehen, wobei die Unzumutbarkeit wegen der Wirkung der Kündigung ex-nunc nur in gegenüber § 324 BGB abgeschwächter Form vorliegen müsse.[515] Diese Einschränkung ist aber mit dem Wortlaut von § 643 BGB nicht vereinbar und daher abzulehnen.[516] Unklar bleibt zudem, wann eine abgeschwächte Unzumutbarkeit vorliegen soll. Angesichts eines solchen fast nicht zu bestimmenden Kriteriums ist eine rechtssichere Anwendung des § 643 BGB nicht zu gewährleisten. Der Besteller ist außerdem durch die erforderliche Fristsetzung mit Kündigungsandrohung hinreichend geschützt. Nach Fristablauf gilt der Vertrag gemäß § 643 S. 2 BGB als aufgehoben, einer weiteren Erklärung des Unternehmers bedarf es nicht.

Im VOB-Vertrag ist eine Kündigung wegen unterlassener Mitwirkung nach § 9 Nr. 1 a) VOB/B möglich, wenn der Auftragnehmer durch das Unterlassen zu Erbringung seiner Leistung außerstande ist. Daneben kommt grundsätzlich das Kündigungsrecht nach § 6 Nr. 7 VOB/B im Falle einer länger als dreimonatigen Unterbrechung der Arbeiten in Betracht. Dadurch ist jedoch § 9 Nr. 1 a) VOB/B nicht ausgeschlossen, der spezieller auf die unterlassene Mitwirkung abstellt und umfangreichere Rechtsfolgen vorsieht.[517] Nach § 9 Nr. 2 VOB/B ist ebenfalls eine Fristsetzung mit Kündigungsandrohung notwendig und – insoweit anders als bei § 643 BGB – eine schriftliche Kündigungserklärung nach Fristablauf.

2. Rechtsfolge

Bei der Rechtsfolge bietet es sich an, zwischen der Zeit bis zur Kündigung und der Zeit nach der Kündigung zu differenzieren.

515 Peters in: Staudinger, § 643, Rn. 7.

516 Kritisch zu einer Einschränkung des Kündigungsrechts auch v.Rintelen in: Kapellmann/Messerschmidt, § 9 VOB/B in Fn. 11; Busche in: MüKo, BGB, § 643, Rn. 6.

517 Kapellmann/Schiffers, Bd. 1, Rn. 1656.

a. Für erbrachte Leistungen

Für die in der Vergangenheit bereits erbrachten Leistungen erhält der Unternehmer beim BGB-Vertrag zunächst einen der geleisteten Arbeit entsprechenden Teil des Werklohns, § 645 Abs. 1 S. 1 BGB. Hierbei kommt es nicht auf den Wert des Teilwerkes an, sondern nur auf den Arbeitsfortschritt.[518] Diesen bemisst ein Teil der Literatur allein nach dem zeitlichen Arbeitsfortschritt[519], wohingegen der BGH und ein anderer Teil der Literatur die Wertverhältnisse der Leistungsanteile zugrunde legen.[520] Die zusätzlich vorgesehene Erstattung von Auslagen betrifft die entsprechend der vertraglichen Vereinbarung nicht in der Vergütung inbegriffenen Auslagen oder etwaige höhere als die kalkulierten Auslagen für die bereits erbrachten Leistungen, die sich erst durch Erbringung der Restleistung amortisiert hätten.[521] Ein Unterschied zur Berechnung der Rechtsfolge des § 649 S. 2 BGB im Falle einer Bestellerkündigung besteht im Ergebnis nicht[522], weshalb die hierzu entwickelten Grundsätze für die Bestimmung des Teilvergütungsanspruches herangezogen werden können.

Im Falle einer Kündigung eines VOB/B-Vertrages sieht § 9 Nr. 3 VOB/B die Abrechnung der bisher erbrachten Leistungen nach den Vertragspreisen vor. Dies entspricht weitestgehend der Abrechnung nach § 645 Abs. 1 S. 1 BGB.[523]

Die Berechnung der Teilvergütung ist im Einzelnen u.U. sehr schwierig, da eine genaue Abrechnung der bereits erbrachten Leistungen nicht immer ohne weiteres aus der Ursprungskalkulation zu entnehmen ist. Für den Baubereich gilt es im Falle eines Einheitspreisvertrages die ausgeführten Mengen mit den Einheitspreisen zu multiplizieren, wohingegen beim Pauschalvertrag der Unternehmer auf Basis seiner internen Kalkulation eine Bewertung der erbrachten Teilleistung vornehmen muss, wofür deren Verhältnis zur Gesamtleistung ausschlaggebend ist.[524] Sowohl im BGB-Vertrag als auch im VOB/B-Vertrag erhält der Unternehmer mithin seinen Gewinn insoweit, als dass sich dieser auf die bereits erbrachte Teilleistung bezieht.

---

518 Schwenker in: Erman, § 645, Rn. 6.

519 Peters in: Staudinger, § 645, Rn. 22.

520 BGH, NJW 1999, S. 2036, 2037; Voit in: Bamberger/Roth, § 645, Rn. 24; Raab in: AnwK, § 645, Rn. 25.

521 Glanzmann in: RGRK, § 645, Rn. 9; Busche in: MüKo, BGB, § 645, Rn. 13.

522 BGH, NJW 1999, S. 2036, 2037; Peters in: Staudinger, § 643, Rn. 17; Busche in: MüKo, BGB, § 645, Rn. 12.

523 v.Rintelen in: Kapellmann/Messerschmidt, § 9 VOB/B, Rn. 78; Peters in: Staudinger, § 643, Rn. 27.

524 Teichmann in: Soergel, § 645, Rn. 17; Kniffka, Jahrbuch Baurecht 2000, S. 1, 4ff, mit zahlreichen Nachweisen aus der Rechtsprechung.

b. Für nicht erbrachte Leistungen

Für die durch die Kündigung weggefallenen Leistungsteile sieht § 645 Abs. 1 S. 1 BGB nur die Erstattung von Auslagen vor, die nicht in der Vergütung für die erbrachten Teilleistungen enthalten sind. Im VOB-Vertrag werden als Anspruchsgrundlage allgemein die §§ 6 Nr. 5, Nr. 7 VOB/B entsprechend herangezogen.[525] Bei den zu erstattenden Auslagen handelt es sich um Kosten für die Vorbereitung der geschuldeten Leistungen wie z.B. für bereits gekauftes Material und die Beschaffung und Nutzung von Geräten und Maschinen.[526] Baustellengemeinkosten und allgemeine Geschäftskosten sind umfasst, sofern sie bereits angefallen, aber nicht in der Teilvergütung enthalten sind.[527] Weitergehend will *Glanzmann* einen Gewinnzuschlag gewähren.[528] In die gleiche Richtung zielt der Vorschlag von *Peters,* auch für die Zukunft nach § 649 S. 2 BGB abzurechnen, selbst wenn der Annahmeverzug unverschuldet war.[529] Nach § 326 Abs. 2 BGB stehe der unverschuldete Annahmeverzug der zu vertretenen Unmöglichkeit gleich, weshalb nicht einzusehen sei, dass nur im letzteren Fall nach dem in der Rechtsfolge § 649 S. 2 BGB entsprechenden § 326 Abs. 1 BGB abgerechnet werden könne.[530]

Die Gewährung eines Gewinnzuschlags für die Zukunft ist mit dem Willen des historischen Gesetzgebers nicht in Einklang zu bringen. Dieser hat sich bewusst gegen einen vollen Vergütungsanspruch ausgesprochen[531] und dieser wäre im Falle eines unverschuldeten Annahmeverzuges zudem nicht interessengerecht. Der Unternehmer hätte es dann in der Hand, schon bei einem eher kurzen Annahmeverzug durch die Kündigung, also einem vom Besteller nicht beeinflussbaren Willensakt, seinen vollen unternehmerischen Gewinn zu liquidieren, ohne hierfür eine weitere Leistung erbringen zu müssen. Eine solche Besserstellung ist nicht zu rechtfertigen, vielmehr vermögen die bereits geschilderten Lösungsmöglichkeiten für den Fall eines verschuldeten Annahmeverzuges den Unternehmer hinreichend zu schützen.[532]

---

525 OLG Düsseldorf, BauR 1990, S. 386, 387; Franke/Kemper/Zanner/Grünhagen, § 9 VOB/B, Rn. 24; Nicklisch/Weick, § 9 VOB/B, Rn. 27.

526 BGH, NJW 1998, S. 456, 457; Schwenker in: Erman, § 645, Rn. 6.

527 v.Rintelen in: Messerschmidt/Kapellmann, § 9 VOB/B, Rn. 79; Müller-Foell, S. 118.

528 Glanzmann in: RGRK, § 645, Rn. 11.

529 Petes in: Staudinger, § 643, Rn. 19.

530 Peters in: Staudinger, § 643, Rn. 19; ähnlich Gleichmann, S. 44ff.

531 Motive, S. 501.

532 S. oben Siebentes Kapitel, B. II. 3.

3. Folgerungen für die Rechtsfolge des § 642 BGB

Sowohl im BGB-Werkvertrag als auch im VOB/B-Vertrag erhält der Unternehmer für die bisher erbrachte Leistung seine volle Vergütung samt Gewinn. Dazu kann er Erstattung der Auslagen verlangen, die er im Hinblick auf die letztendlich entfallene Weiterführung seiner Arbeiten bereits getätigt hatte. Für die Bestimmung der Rechtsfolge des § 642 BGB ist damit wenig gewonnen, denn die angemessene Entschädigung ist zeitlich genau zwischen dem Teilvergütungsanspruch inklusive Gewinn für die bereits erbrachte Leistung und dem reinen Auslagenersatz für die Zeit nach der Kündigung angesiedelt. Aufgrund dieser Stellung ließe sich sowohl die Einordnung als vergütungsgleicher Anspruch als auch als Aufwendungsersatzanspruch rechtfertigen. Das Vorstehende bestätigt aber immerhin die bisherige Annahme, dass § 642 BGB jedenfalls nicht als Schadensersatzanspruch zu qualifizieren ist, denn ein solcher Anspruch würde sich nicht in die Rechtsfolgen des § 645 Abs. 1 S. 1 BGB für die bereits erbrachten bzw. entfallenen Leistungen einfügen.

V. § 304 BGB

Im Falle des Annahmeverzuges steht dem Schuldner ein Anspruch auf Erstattung von Mehraufwendungen gemäß § 304 BGB zu. Aus der Begründung des historischen Gesetzgebers ist zu entnehmen, dass § 642 BGB einen darüber hinausgehenden finanziellen Ausgleich für den Schuldner gewähren soll.[533] Deshalb lassen sich aus der Rechtsfolge des § 304 BGB Rückschlüsse für die Rechtsfolge des § 642 BGB ziehen; dieser Anspruch muss nicht nur mindestens die Positionen des § 304 BGB beinhalten, sondern weitergehende Positionen umfassen. Es empfiehlt sich daher die Ermittlung der typischerweise im Falle der unterlassenen Mitwirkung des Bestellers von diesem gemäß § 304 BGB zu ersetzenden Mehraufwendungen.

1. Aufwendungen für das Angebot

Nach § 304 BGB sind zum einen die Aufwendungen für das erfolglose Angebot zu ersetzen. Hierunter fallen alle mit der Aussonderung, Bereitstellung und dem Angebot selbst verbundenen Kosten, die sonst nicht angefallen wären.[534] Nicht

533 Motive, S. 495f.
534 Wiedemann in: Soergel, § 304, Rn. 2.

zu ersetzen sind hingegen z.B. Schäden, die beim Rücktransport der angedienten Ware entstehen.[535]

Im Falle des Unterlassens einer Mitwirkungshandlung im baurechtlichen Werkvertrag liegt immer ein Fall des § 295 S. 1, 2. Var. BGB vor, weil der Unternehmer seine Leistung nicht ohne die Mitwirkung des Bestellers erbringen kann. Das hiernach erforderliche wörtliche Angebot als solches führt nur dann zu zusätzlichen Kosten, wenn der Unternehmer zum Zwecke des Angebots z.B. zur Baustelle fährt und unverrichteter Dinge wieder umkehren muss. Die ersatzfähigen Kosten sind in diesem Fall die Fahrtkosten für das Personal und die Transportkosten für etwaige Maschinen, die wieder mitgenommen werden müssen und nicht auf der Baustelle bis zum Ende des Annahmeverzuges verbleiben können. Wenn für die Erbringung der Mitwirkungsobliegenheit eine Vertragsfrist vereinbart war, ein Angebot mithin nach § 296 S. 1 BGB entbehrlich war, sind die Kosten für die im Vertrauen auf die rechtzeitige Vornahme der Mitwirkungshandlung getroffenen Vorbereitungshandlungen für die eigene Leistung ersatzfähig. Hierbei handelt es sich ebenfalls in der Regel um Fahrtkosten zur Baustelle.

2. Aufbewahrung und Erhaltung des Gegenstandes

Zum anderen umfasst § 304 BGB die Mehraufwendungen für die Aufbewahrung und Erhaltung des geschuldeten Gegenstandes. Ersetzt werden nur die objektiv notwendigen, also angemessenen und zweckmäßigen Kosten.[536] Zur Erhaltung des Gegenstandes dienen vor allem Aufwendungen zum Schutz vor Beschädigungen und Abhandenkommen sowie Versicherungsprämien und Wartungskosten für Maschinen.[537] Dabei sind die Kosten für die eigene Arbeitskraft des Schuldners in Anwendung des Gedankens des § 1835 Abs. 3 BGB nur ersatzfähig, wenn die Leistung sein gewerbliches oder berufliches Tätigkeitsfeld betrifft.[538]

Kosten der Aufbewahrung sind insbesondere Lagerkosten oder Standplatzkosten.[539] Nicht umfasst ist entgangener Gewinn oder ein Schaden in Folge des Annahmeverzuges, wie beispielsweise wegen blockierter Produktion.[540]

In einem baurechtlichen Werkvertrag zählen zu den Kosten der Aufbewahrung und Erhaltung z.B. die Kosten für die Sicherung des bisherigen Teilwerkes

535 Löwisch in: Staudinger, § 304, Rn. 5.
536 Mansel in: Jauernig, § 304, Rn. 1; Wiedemann in: Soergel, § 304, Rn. 2.
537 Hager in: Erman, § 304, Rn. 2; Löwisch in: Staudinger, § 304, Rn. 3.
538 Ernst in: MüKo, BGB, § 304, Rn. 2.
539 OLG Hamm, NJW-RR 1997, S. 1418, 1419; Löwisch in: Staudinger, § 304, Rn. 4.
540 Hager in: Erman, § 304, Rn. 2; Wiedemann in: Soergel, § 304, Rn. 2.

vor Witterungseinflüssen und Diebstahl[541] während des Annahmeverzuges. Nicht umfasst sind hingegen die Kosten für die Absicherung der auf der Baustelle verbleibenden Geräte, da es sich bei diesen nicht um den geschuldeten Gegenstand selbst handelt, vielmehr dienen sie nur zur Erstellung desselben. Stellt der Unternehmer für den Schutz des Teilwerkes Personal ab, so kann er die entsprechenden Kosten ersetzt verlangen, weil es sich bei der Erstellung eines Bauwerkes regelmäßig um eine gewerbliche Tätigkeit handelt. Kosten für die Aufbewahrung in Form von Lagerkosten entstehen in aller Regel nicht, weil die Teilleistung auf der Baustelle verbleibt. Weitergehend will *Döring* ohne nähere Begründung auch die Kosten für das Vorhalten der Baustelleneinrichtung unter § 304 BGB fassen.[542] Er übersieht dabei aber, dass diese nicht der geschuldete Gegenstand i.S.v. § 304 BGB ist.

3. Folgerungen für die Rechtsfolge des § 642 BGB

Der Umfang des Anspruches aus § 304 BGB ist demnach sehr beschränkt. Der Unternehmer kann insbesondere keinen Ersatz der Kosten für ggf. unbeschäftigtes Personal oder nutzlos herumstehende Gerät erlangen. Das gleiche gilt für die unternehmerischen Gemeinkosten wie Verwaltungsaufwendungen, die sich im normalen Geschäftsbetrieb durch den Werklohn amortisieren. Erst recht erhält er keinen Ersatz für einen etwaigen Gewinnausfall während des Annahmeverzuges. Dies verdeutlicht die Notwendigkeit einer weitergehenden Regelung im Werkvertragsrecht, die auch der historische Gesetzgeber erkannt und deshalb § 642 BGB geschaffen hat. Dieser Anspruch muss daher Positionen umfassen, die über die gemäß § 304 BGB ersatzfähigen hinausgehen. In Betracht kommen die Kosten für unbeschäftigtes Personal und ungenutztes Gerät, die allgemeinen Aufwendungen für den Geschäftsbetrieb sowie der entgangene Gewinn.[543]

VI. Standgeld nach § 412 Abs. 3, 2. Alt. HGB

Im Zuge der Transportrechtsreform im Jahre 1998 ist die Vorschrift § 412 Abs. 3 HGB geschaffen worden. Hierbei handelt es sich um die erstmalige Normierung eines Standgeldanspruches im Falle der verspäteten Ver- oder Entladung des Frachtgutes durch den Absender.[544] Zuvor existierte nur für den Bereich der Bin-

---

541 Vgl. § 4 Nr. 5 VOB/B.

542 Döring in: FS Jagenburg, S. 111, 116.

543 aA Döring, FS Jagenburg, S. 111, 117, unter Zugrundelegung seiner unzutreffenden weiten Auslegung des § 304 BGB geht er davon aus, dass nur der entgangene Gewinn als zusätzliche Position in Betracht kommt.

544 So die Gesetzesbegründung BT-Drs. 13/8445, S. 41.

nenschifffahrt ein Liegegeldanspruch aus dem nunmehr aufgehobenen § 30 BinSchG. Außerhalb von dessen Anwendungsbereich leiteten Rechtsprechung und Literatur häufig einen Standgeldanspruch aus § 642 BGB her.[545] Aufgrund dessen und wegen des werkvertraglichen Charakters des Frachtvertrags[546] sowie der Tatsache, dass es sich bei der Be- und Entladung gemäß § 412 Abs. 1 HGB um eine für die Erbringung der Beförderungsleistung erforderliche Mitwirkungshandlung des Gläubigers handelt, bietet sich eine nähere Untersuchung des § 412 Abs. 3 HGB an.

1. Einordnung der Absendermitwirkung

Zunächst ist die rechtliche Qualität der Mitwirkung des Absenders gemäß § 412 Abs. 1 HGB zu klären. Das rechtzeitige Be- und Entladen des Gutes ist nach fast einhelliger Ansicht als Obliegenheit zu kategorisieren.[547] Aus den §§ 415 – 417 HGB ergebe sich, dass keine Pflicht vorläge.[548] Zwar werde in der Gesetzesbegründung von der „Verpflichtung“ zur Bereitstellung des Gutes gesprochen[549], jedoch bestärke der Hinweis auf die Parallele zu § 17 Abs. 1 S. 2 KVO[550], aus dem keine Pflicht gefolgert wurde, die Annahme einer Obliegenheit.[551] Ein Teil der Literatur spricht indessen von einer Pflicht zur Be- und Entladung, ohne allerdings eine näherer Begründung zu geben oder eine Abgrenzung zu einer Obliegenheit vorzunehmen.[552]

---

545 OLG Düsseldorf, NJW-RR 1996, S. 1507; TranspR 1993, S. 97; LG Stuttgart, TranspR 1991, S. 142; Helm in: Großkom., HGB, § 425, Rn. 189; Dubischer in: MüKo, HGB, § 425, Rn. 99; Geßler in: Schlegelberger, HGB, § 425, Rn. 23; Braun, S. 244.

546 Braun, S. 7.

547 Dubischar in: MüKo, HGB, § 425, Rn. 66; Geßler in: Schlegelberger, HGB, § 425, Rn. 23; Schmid in: Thume, CMR, Anhang I, Rn. 60; Didier, S. 188 u. S. 196, der allerdings missverständlich von einer „Obliegenheit, die im weiteren Sinne eine Vertragspflicht darstellt“ spricht.

548 Merkt in: Baumbach/Hopt, HGB, § 407, Rn. 22.

549 BT-Drs. 13/8445, S. 40.

550 BT-Drs. 13/8445, S. 40.

551 Braun, S. 243, der den Wortlaut „Absender (...) zu verladen hat“ als nicht eindeutige ansieht, weil eine Obliegenheit auch zu erfüllen sei, wenngleich die Erfüllung nicht erzwingbar sei. Hier besteht eine Parallele zu der imperativen Formulierung der VOB/B und einzelner Vertragsklauseln, die ebenfalls nicht zur Annahme einer Pflicht ausreicht, vgl. oben Drittes Kapitel, C. II. 2. a.

552 Tegelen/Lammich/Pöttinger, § 412, Rn. 6; Hein/Eichhoff, § 412, Rn. 2; wohl auch Gass in: Ebenroth/Boujong/Joost, HGB, § 412, Rn. 8f. Symptomatisch für die auch hier anzutreffende dogmatische Ungenauigkeit formuliert Müller in: Praxishandbuch Transportrecht, B. I., Rn. 131 „...Absender verpflichtet ist, die ihm obliegende Verladung...“.

Ausgehend von dem werkvertraglichen Charakter des Frachtvertrags sind die Mitwirkungshandlungen des Absenders wie im BGB-Werkvertrag grundsätzlich als Obliegenheiten einzuordnen. Die Interessenlage gebietet zudem nicht die Qualifizierung der rechtzeitigen Be- und Entladung als Pflichten, weil ein Frachtvertrag typischerweise einem eher simplen Werkvertrag gleicht, auf den das gesetzliche Grundkonzept passt. Es findet ein einmaliger Leistungsaustausch in Form der Erbringung der zeitlich eher kurzen und wenig komplexen Beförderungsleistung einerseits und der Zahlung der vereinbarten Vergütung andererseits statt. Damit drohen dem Frachtführer nicht im gleichen Maße finanzielle und andere Nachteile im Falle der nicht rechtzeitigen Be- und Entladung wie einem Bauunternehmer bei der inhaltlich mit der Beladung vergleichbaren nicht rechtzeitigen Bereitstellung eines bebauungsreifen Grundstücks. Vielmehr kann der Frachtführer bei einer längeren Verzögerung eine Kündigung gemäß § 417 HGB aussprechen und seine Ressourcen zeitnah wieder anderweitig gewinnbringend einsetzen, wie er es wegen der zumeist kurzen Vertragsdauer eines Frachtvertrages ohnehin getan hätte und geplant haben wird. Zudem kann er gemäß §§ 417 Abs. 2, 415 Abs. 2 HGB – anders als ein Bauunternehmer nach §§ 643, 645 Abs. 1 BGB – die volle Fracht abzüglich ersparter Aufwendungen verlangen. Seinen finanziellen Interessen ist damit ausreichend gedient, weshalb die rechtzeitige Vornahme der Be- und Entladung überwiegend im eigenen Interesse des Absenders liegt. Aus der Gesetzesbegründung lässt sich ebenfalls keine Einordnung als Pflicht folgern, da in dieser keine Auseinandersetzung mit der rechtlichen Qualität der Handlungen und der hierzu existierenden Rechtsprechung und Literatur erfolgte. Diese hatten ganz überwiegend unter Zugrundlegung des werkvertraglichen Charakters des Frachtvertrags einen Anspruch auf Standgeld aus § 642 BGB hergeleitet[553], waren also von einer Obliegenheit ausgegangen, da ansonsten – Verschulden vorausgesetzt – ein Schadensersatzanspruch bestanden hätte. Es ist nicht ersichtlich, dass der Gesetzgeber hieran etwas ändern wollte, so dass im Einklang mit der überwiegenden Auffassung an der Einordnung der Be- und Entladung als Obliegenheiten festzuhalten ist.

2. Spezialität des § 412 Abs. 3, 2. Alt. HGB

Es stellt sich die Frage, ob neben § 412 Abs. 3, 2. Alt. HGB noch § 642 BGB Anwendung finden kann. Dies verneint die einhellige Auffassung, weil § 412 Abs. 3, 2. Alt. HGB eine Sonderregelung sei, die in ihrem Anwendungsbereich

553 OLG Düsseldorf, TranspR 1993, S. 97, 98; LG Stuttgart, TranspR 1991, S. 142; Helm in: Großkom., HGB, § 425, Rn. 189; Dubischer in: MüKo, HGB, § 425, Rn. 99; Geßler in: Schlegelberger, HGB, § 425, Rn. 23; Braun, S. 244.

den allgemeinen Werkvertragsregeln und damit auch § 642 BGB vorgehe.[554] Das gleiche gelte für das Kündigungsrecht aus § 417 HGB, das § 643 BGB verdränge.[555] Dies entspricht auch dem Willen des Gesetzgebers, der durch die Schaffung der §§ 417, 412 Abs. 3 HGB einen Rückgriff auf allgemeine zivilrechtliche Regelungen entbehrlich machen wollte.[556] Vollständig deckungsgleich sind die Voraussetzungen von § 412 Abs. 3, 2. Alt. HGB und § 642 BGB allerdings nicht. Der Standgeldanspruch setzt keinen Annahmeverzug voraus[557], sondern knüpft an die allgemein im Transportrecht eingeführte Abgrenzung nach Risikobereichen an. Infolgedessen liegt nicht immer Annahmeverzug vor, wenn die Voraussetzungen des § 412 Abs. 3, 2. Alt. HGB erfüllt sind und umgekehrt. So liegt bei Störungen aus einer neutralen Sphäre wegen § 297 BGB kein Annahmeverzug vor, wohingegen ein Standgeldanspruch bestehen kann, sofern nicht Unmöglichkeit der Beladung vorliegt.[558] Abweichungen können sich zudem bei einem Mitverschulden bezüglich der Beladungsverzögerung durch den Frachtführer ergeben, das den Eintritt des Annahmeverzuges nicht hindert[559], aber zum Entfall des Standgeldanspruches führt.[560] Im Endeffekt verfolgt § 412 Abs. 3, 2. Alt. HGB jedoch den gleichen Zweck wie § 642 BGB[561] und eine Anwendung dieser Norm neben § 412 Abs. 3 HGB liefe der gesetzgeberischen Wertung hinsichtlich der geschilderten Unterschiede zuwider. Demnach findet eine Anwendung des § 642 BGB neben § 412 Abs. 3, 2. Alt. HGB nicht statt.

3. Rechtsnatur des Anspruches auf Standgeld

Die Rechtsnatur des Anspruches aus § 412 Abs. 3, 2. HS HGB ist in der Literatur nicht vollständig geklärt. Ein Teil der Literatur spricht von einem Schadenser-

---

554 Koller, Transportrecht, § 407 HGB, Rn. 105; Schmid in: Thume, CMR, Anhang I, Rn. 54; Didier, S. 202; Braun, S. 253, der auf S. 245f zu Recht darauf hinweist, dass § 412 Abs. 3, 1. Alt. HGB lediglich eine vertragliche Vergütungsregel ist. Der Standgeldanspruch aus § 420 Abs. 3 HGB ist ebenfalls kein Fall des Annahmeverzuges, weil es nicht um eine Mitwirkungshandlung des Absenders geht, sondern um eine Risikozurechnung, vgl. Braun, S. 131.

555 Braun, S. 268; Didier, S. 202.

556 BT-Drs. 13/8445, S. 41 u. S. 47.

557 Fremuth in: Fremuth/Temme, Transportrecht, § 412 HGB, Rn. 17.

558 Braun, S. 249 in Fn. 96.

559 Löwisch in: Staudinger, § 293, Rn. 18; eingehend unten Achtes Kapitel, H. II. 2.

560 Braun, S. 247; Koller, Transportrecht, § 412 HGB, Rn. 57 und Rn. 53ff mit eingehender Diskussion der verschiedenen Ansätze zur nicht immer einfachen Abgrenzung der Risikosphären.

561 Braun, S. 253

satzanspruch.[562] Die ganz überwiegende Literatur sieht in dem Anspruch hingegen eine zusätzliche Vergütung für die verlängerte Standzeit.[563] Das Standgeld solle den typischen Einkommensverlust des Frachtführers aufgrund der fehlenden wirtschaftlichen Nutzbarkeit des Fahrzeugs während des Wartens ausgleichen.[564] Die Gesetzesbegründung spricht ebenfalls von einer zusätzlichen Vergütung.[565] *Koller* will das Standgeld als Entschädigung auffassen und verweist auf die Parallele zu § 642 BGB.[566]

Die Einordnung als Schadensersatzanspruch scheidet schon nach der Gesetzesbegründung aus. Zudem ist das Be- und Entladen als Obliegenheit einzustufen, deren Verletzung keinen Schadensersatzanspruch nach sich ziehen kann.[567] Die von *Koller* präferierte Einordnung als Entschädigungsanspruch hilft nicht weiter, da hiermit keine Zuordnung zu einem bestimmten Anspruchstyp und damit einer anerkannten Berechnungsart verbunden ist. Aufgrund der klaren Aussage des historischen Gesetzgebers und weil das Standgeld als zusätzliche Vergütung neben den Frachtlohn tritt bietet es sich stattdessen an, bei § 412 Abs. 3 HGB von einem vergütungsgleichen Anspruch zu sprechen.

4. Berechnung des Standgeldes

Entsprechend der Qualifizierung des Standgeldes als zusätzliche Vergütung erfolgt die Berechnung desselben wie eine Vergütung. Auf jeden Fall sind die betriebsabhängigen Kosten des Fahrzeugs sowie etwaige Zusatzkosten in Form von Spesen und Auslösungen für den Fahrer zu ersetzen.[568] Daneben finden sich un-

---

562 Widmann, TranspR 2001, S. 72, 73; Müller in: Praxishandbuch Transportrecht, B. I., Rn. 136, erwägt die Einordnung als Schadensersatzanspruch, der dem Hersteller eines Werkes gemäß § 642 Abs. 1 BGB in Folge der Verletzung einer dem Besteller obliegenden Mitwirkungspflicht zustehen kann. Zum einen ist jedoch § 642 BGB kein Schadensersatzanspruch und zum anderen verdeutlichen diese Erwägungen die von Müller nicht vorgenommene Unterscheidung zwischen Obliegenheiten und Pflichten.

563 Gass in: Ebenroth/Boujong/Joost, HGB, § 412, Rn. 30; Knorre in: Praxishandbuch Transportrecht, E. II., Rn. 51; Tegelen/Lammich/Pöttinger, § 412, Rn. 37; Didier, S. 202; Valder, TranspR 2001, S. 363; Goette in: MüKo, HGB, § 30 BinSchG, Rn. 2, spricht bezüglich dieser früheren Regelung des Liegegeldes von einem „Frachtzuschlag".

564 Fremuth in: Fremuth/Temme, Transportrecht, § 412 HGB, Rn. 19; Hein/Eichhoff, § 412, Rn. 28.

565 BT-Drs. 13/8445, S. 41.

566 Koller, Transportrecht, § 412 HGB, Rn. 3.

567 S. oben Siebentes Kapitel, B. I.

568 Müller/Knorre in: Praxishandbuch Transportrecht, B. I., Rn. 172; Hein/Eichhoff, § 412, Rn. 29

bestrittene Stellungnahmen, nach denen der Gewinnausfall für die Zeit der Be- oder Entladeverzögerung ebenfalls zu berücksichtigen ist.[569] Zur konkreten Berechnung wird eine Anknüpfung an das für den Einsatz des Fahrzeugs zu erzielende Entgelt erwogen, wobei hiervon die variablen Kosten wie Treibstoff, Abnutzung des Beförderungsmittels und Deckung des Haftungsrisikos, die während der Standzeit nicht anfallen, abzuziehen sein sollen.[570] Letztlich entspricht diese Berechnungsmethode der früheren Rechtsprechung zu einem Standgeldanspruch aus § 642 BGB.[571] Ausgangspunkt für die Berechnung ist nach *Koller* zunächst dasjenige, was sich im Wege der Fortschreibung aus der vertraglich vereinbarten Vergütung errechnen lässt; daneben will er aber berücksichtigen, was redliche Parteien beim Vertragsschluss als zusätzliche Vergütung vereinbart hätten.[572] Eine Verringerung des Standgeldes soll deshalb erfolgen, wenn das Beförderungsmittel mangels anderer Aufträge unbeschäftigt geblieben wäre, da die Parteien dann eine geringere Vergütung für die Standzeiten vereinbart hätten.[573] *Müller* will insoweit ähnlich an das durchschnittlich zu erzielende Entgelt anknüpfen.[574]

Die Berechnung des Standgeldes erfolgt demnach nach einhelliger Auffassung nach Vergütungsmaßstäben, wie es auch der vergütungsgleichen Rechtsnatur des Anspruches entspricht. Die Vorschläge, nach denen nicht zwingend die vereinbarte Vergütung die Basis für die Berechnung bilden soll, sondern eine Orientierung an der aktuellen Marktlage bzw. des durchschnittlich zu erzielenden Entgelts erfolgen soll, basieren offenbar auf der Erkenntnis, dass die vereinbarte Vergütung nicht zwingend das passende Kriterium zur Ermittlung einer angemessenen Zusatzvergütung ist. Zudem ist die Wartezeit nicht von der ursprünglichen Vergütungsvereinbarung gedeckt. Dennoch wird im Regelfall der Vertragspreis zugrunde zulegen sein, da sich aus diesem ergibt, was die Parteien grundsätzlich

---

569 Hein/Eichhoff, § 412, Rn. 29; Valder, TranspR 2001, S. 363; wohl auch Müller in: Praxishandbuch Transportrecht, B. I., Rn. 136, der an den für den Einsatz des Fahrzeugs durchschnittlich erzielte Entgelt anknüpfen will.

570 Koller, Transportrecht, § 412 HGB, Rn. 58; Müller in: Praxishandbuch Transportrecht, B. I., Rn. 136.

571 OLG Düsseldorf, NJW-RR 1996, S. 1507, 1508; LG Stuttgart, TranspR 1991, S. 142, 143. Das OLG Düsseldorf wollte – es fehlten insoweit die tatsächlichen Feststellungen – aus dem Verhältnis des vereinbarten Preises zur kalkulierten Einsatzzeit des Fahrzeuges für den Auftrag den Verdienst ermitteln, der im Falle einer anderweitigen Verwendung des Fahrzeuges in der Zeit des Stillstandes hätte erwirtschaftet werden können. Das LG Stuttgart hat aus dem Verhältnis von vereinbartem Preis zur kalkulierten Transportzeit einen Stundenpreis pro Fahrzeug ermittelt und von diesem einen Abschlag für ersparte Aufwendungen gemacht.

572 Koller, Transportrecht, § 412 HGB, Rn. 58.

573 Koller, Transportrecht, § 412 HGB, Rn. 58.

574 Müller in: Praxishandbuch Transportrecht, B. I., Rn. 136.

für den Einsatz von Fahrzeug und Fahrer als angemessen und damit marktüblich angesehen haben. Unabhängig von dieser Problematik bleibt jedenfalls festzuhalten, dass allgemein eine Bemessung auf Basis der üblicherweise in die Vergütungsberechnung einfließenden Positionen wie Direkte und Indirekte Kosten und Gewinn erfolgt.

5. Folgerungen für die Rechtsfolge des § 642 BGB

Der Standgeldanspruch aus § 412 Abs. 3, 2. Alt. HGB erweist sich nach dem Vorstehenden als Spezialfall zu § 642 BGB. Beide Normen knüpfen an das Unterlassen einer Mitwirkungsobliegenheit an. Der geregelte Lebenssachverhalt ist also nicht nur vergleichbar, sondern § 412 Abs. 3, 2. Alt. HGB regelt lediglich die Rechtsfolge des Unterlassens zweier Mitwirkungsobliegenheiten gesondert. Infolgedessen spricht vieles für inhaltsgleiche Rechtsfolgen, zumal der Gesetzgeber § 412 Abs. 3 HGB nicht schuf, weil er die Rechtsfolge des § 642 BGB als nicht sachgerecht ansah, sondern weil er die Diskussion um die richtige Herleitung eines Standgeldanspruches[575] beenden wollte.[576] Vor allem aber knüpft § 412 Abs. 3 HGB an die allgemein im Transportrecht etablierte Abgrenzung nach Risikosphären und nicht an ein Vertretenmüssen an[577] und regelt auch die Folgen einer vertraglich vereinbarten Standzeit, weshalb eine weitere Anwendung des § 642 BGB systemwidrig gewesen wäre. Diese Aspekte beziehen sich allesamt auf die Tatbestandsvoraussetzungen und nicht auf die Rechtsfolgen der beiden Normen. Infolgedessen spricht auch die Entstehungsgeschichte nicht gegen eine Übertragung der Berechnungsmethode. Es liegt daher nahe, den Anspruch aus § 642 BGB ebenfalls als vergütungsgleich einzustufen und unter Zugrundelegung typischer in der Vergütung enthaltenen Positionen zu berechnen, wie es auch der früheren Rechtsprechung zur Berechnung eines Standgeldanspruches aus § 642 BGB entspricht.

C. Andere Entschädigungsansprüche

Als nächstes sollen andere Ansprüche, die auf Zahlung einer Entschädigung gerichtet sind, einer Untersuchung unterzogen werden. Bei diesen ist jeweils festzustellen, welche Bedeutung dem Wort „Entschädigung“ zukommt, also ob der Be-

---

575 Vgl. zu den verschiedenen Ansätzen: Braun, S. 244.

576 BT-Drs. 13/8445, S. 41, wo scheinbar § 642 BGB unzutreffenderweise als Schadensersatzanspruch qualifiziert wird.

577 Hierauf verweist auch der historische Gesetzgeber, BT-Drs. 13/8445, S. 41f; Bundesanzeiger 1996, Nr. 231a, S. 57.

griff als Synonym für Schadensersatz, Aufwendungsersatz oder Bezahlung[578] Verwendung findet und wie dementsprechend die Berechnung des Anspruches erfolgt. Außerdem ist zu untersuchen, inwiefern den Ansprüchen eine mit § 642 BGB vergleichbare Regelungssituation zugrunde liegt, so dass Rückschlüsse auf die Berechnungsmethode des Anspruches aus § 642 BGB möglich sind.

I. Synonym für Schadensersatz

In einigen Bestimmungen des BGB findet der Begriff „Entschädigung" als Synonym für Schadensersatz Verwendung. So spricht § 251 Abs. 1 BGB von der Entschädigung des Gläubigers eines Schadenersatzanspruches und § 253 Abs. 1 und 2 BGB bezeichnen den Schadensersatz wegen immaterieller Schäden als Entschädigung. Bei § 611a Abs. 2 und 3 BGB handelt es sich um einen Schadensersatzanspruch wegen materieller und immaterieller Schäden aufgrund Diskriminierung.[579] Alle diese Normen sind für die Bestimmung der Rechtsfolge des § 642 BGB ohne Betracht, da diese Norm ausweislich der klaren Motive keinen Schadensersatz gewähren sollte und die Rechtsfolge einer Obliegenheitsverletzung nie Schadensersatz sein kann.[580]

II. Aufwendungsersatz für Vormund

Dem Vormund, der mangels berufsmäßiger Ausübung seines Amtes keine Vergütung nach § 1836 Abs. 1 S. 2 BGB erhält, steht eine Aufwendungsentschädigung nach § 1835a Abs. 1 S. 1 BGB zu. Hierbei handelt es sich um eine Pauschalierung des in § 1835 Abs. 1 BGB geregelten Aufwendungsersatzes. Der Grund für die Schaffung der Regelung war einerseits die Tatsache, dass viele Vormünde die Mühe eines Einzelnachweises ihrer Aufwendungen scheuten, und andererseits der Gesetzgeber die entsprechenden finanziellen Belastungen ausgleichen und zugleich einen Anreiz für die Übernahme einer Vormundschaft schaffen wollte.[581] Die Norm bezweckt demnach den Ersatz von Aufwendungen, also freiwilligen Vermögensopfern, des Vormunds. Eine vergleichbare Regelungssituation zu der des § 642 BGB ist nicht festzustellen. Zu berücksichtigen bleibt aber, dass der Begriff „Entschädigung" in § 1835a BGB als Synonym für Aufwendungsersatz gebraucht wird, wie es auch dem allgemeinen Sprachgebrauch entspricht.[582]

---

578 S. Siebentes Kapitel, A. II.
579 Putzo in: Palandt, § 611a, Rn. 18.
580 S. oben Siebentes Kapitel, B. I.
581 Holzhauer in: Erman, § 1835a, Rn. 2.
582 S. hierzu bereits Siebentes Kapitel, A. II.

III. Mietrecht

Im Mietrecht findet sich der Begriff „Entschädigung“ in § 546a Abs. 1 BGB und in § 552 BGB.

1. Nutzungsentschädigung gemäß § 546a Abs. 1 BGB

Nach § 546a Abs. 1 BGB steht dem Vermieter ein Anspruch auf Entschädigung zu, wenn der Mieter nach Beendigung des Mietverhältnisses die Mietsache nicht entsprechend § 546 Abs. 1 BGB zurückgibt. Bei der Rückgabe handelt es sich um eine schuldrechtliche Pflicht.[583] Fast identische Regelungen enthalten die §§ 584b S. 1, 597 S. 1 BGB für den Pachtvertrag und den Landpachtvertrag. Aus Gründen der Übersichtlichkeit soll sich im Folgenden auf § 546a Abs. 1 BGB beschränkt werden, wobei zunächst die Voraussetzungen und die Rechtsfolge ermittelt werden, um sodann einen Vergleich mit der Situation bei § 642 BGB zu ermöglichen.

a. Voraussetzungen und Rechtsfolgen

Der Anspruch entsteht im Falle des Vorenthaltens der Mietsache durch den Mieter nach Mietvertragsende. Ein Vorenthalten setzt lediglich das Unterlassen der Rückgabe gegen den Willen des Vermieters voraus.[584] Ein Vertretenmüssen ist seitens des Mieters nicht erforderlich.[585] Genauso wenig kommt es auf eine fortdauernde Nutzung durch den Mieter an.[586]

Die Norm hat den Zweck, dem Vermieter ohne die Schwierigkeiten beim Nachweis eines konkreten Schadens oder einer Bereicherung eine Sanktion gegen den säumigen Mieter an die Hand zu geben.[587] Der Anspruch tritt an die Stelle des Anspruches auf Mietzahlung.[588] Hinsichtlich der Rechtsnatur spricht ein Teil der vor allem älteren Rechtsprechung von einem echten Schadensersatzanspruch.[589] In neueren Urteilen bevorzugt der BGH die Bezeichnung als vertraglichen Anspruch eigener Art, der seine Grundlage in dem Abwicklungsver-

583 Rolfs in: Staudinger, § 546, Rn. 1; Wolf/Eckert/Ball, Rn. 1017.

584 Teichmann in: Jauernig, § 546a, Rn. 2; Gather in: Schmidt-Futterer, § 546a, Rn. 17.

585 Wolf/Eckert/Ball, Rn. 1026; Gather, DWW 2001, S. 78, 80.

586 Schilling in: MüKo, § 546a, Rn. 4.

587 Motive, S. 415; Schilling in: MüKo, § 546a, Rn. 1; Rolfs in: Staudinger, § 546a, Rn. 3; Waas, ZMR 2000, S. 69, 72.

588 BGH, NJW 2003, S. 1395; Jendrek in: Erman, § 546a, Rn. 2.

589 BGH, NJW 1961, S. 916; OLG Frankfurt, DB 1987, S. 2195; OLG Karlsruhe, ZMR 1987, 261, 262.

hältnis nach Beendigung des Mietvertrages habe.[590] Dem folgt das Schrifttum[591], teilweise unter Hinweis auf den Entgeltcharakter.[592] Lediglich *Kandelhard* sieht in der Norm einen typisierten Schadensersatzanspruch.[593] Die Annahme eines vertraglichen Anspruches sei wegen der parallel anwendbaren weiteren Ansprüche wie z.B. aus Verzug widersprüchlich, da z.B. Verzug im Falle des Bestehens eines ungestörten Erfüllungsanspruches nicht möglich sei.[594]

Die Bezeichnung als Schadensersatzanspruch ist abzulehnen. Läge ein Schadensersatzanspruch vor, so müsste sich die Rechtsfolge an den §§ 249ff BGB orientieren. Dies ist aber gerade nicht der Fall, vielmehr wird ohne Schadensnachweis die vereinbarte oder ortsübliche Miete gewährt. Zudem lässt § 546a Abs. 2 BGB ausdrücklich andere Ansprüche unberührt. Hiermit ist vor allem ein Anspruch auf Verzugsschadensersatz aus §§ 280 Abs. 1, 286 BGB gemeint, da die Rückgabe der Mietsache als Pflicht zu qualifizieren ist. Dann muss aber die Nutzungsentschädigung anders als ein Schadensersatzanspruch ausgestaltet sein. Hierin besteht entgegen *Kandelhard* auch kein Widerspruch, da der Verzugsschadensersatzanspruch an das schuldhafte Nichtbefolgen der Rückgabepflicht anknüpft, so dass daneben durchaus ein verschuldensunabhängiger Anspruch aus einem vertraglichen Abwicklungsverhältnis bestehen kann. Ein Nebeneinander von vertraglichen Ansprüchen und Verzugschadensersatzansprüchen besteht z.B. auch bei der Vereinbarung einer Vertragsstrafe für die nicht rechtzeitige Vornahme einer pflichtigen Handlung.

Der Streit um die Rechtsnatur ist allerdings angesichts der klar geregelten Rechtsfolge ohne praktische Bedeutung. Der Vermieter hat als Minimum einen Anspruch auf die vereinbarte Miete, die sich trotz Beendigung des Vertrages unter Anwendung von in diesem ggf. enthaltenen Klauseln erhöhen kann.[595] Daneben sind auch die Betriebskosten weiter geschuldet.[596] Alternativ steht dem Vermieter die ortsübliche Miete zu, die bei Wohnraum nach der Methodik des § 558 Abs. 2 BGB zu ermitteln ist und bei Geschäfts- und Gewerberäumen der Marktmiete entspricht.[597] Nach der Neufassung der Norm im Rahmen der Schuldrechtsmodernisierung hat der Vermieter ein Wahlrecht, ob er die verein-

590 BGH, NJW 2003, S. 1395; BGHZ 104, 285, 290; 90, 145, 151; 68, S. 307, 310.

591 Gather in: Schmidt-Futterer, § 546a, Rn. 6; Ehlert in: Bamberger/Roth, § 546a, Rn. 11; Jendrek in: Erman, § 546a, Rn. 2; Schilling in: MüKo, § 546a, Rn. 7; Scheuer in: Bub/Treier, V. A, Rn. 97; Waas, ZMR 2000, S. 69.

592 Wolf/Eckert/Ball, Rn. 1026.

593 Kandelhard in: Herrlein/Kandelhard, § 546a, Rn. 3.

594 Kandelhard in: Herrlein/Kandelhard, § 546a, Rn. 3.

595 Ehlert in: Bamberger/Roth, § 546a, Rn. 13; Rolf in: Staudinger, § 546a, Rn. 40; Schilling in: MüKo, § 546a, Rn. 11; Scheuer in: Bub/Treier, V. A, Rn. 101.

596 Teichmann in: Jauernig, § 546a, Rn. 3; Gather, DWW 2001, S. 78, 81.

597 Schilling in: MüKo, § 546a, Rn. 13; Gather in: Schmidt-Futterer, § 546a, Rn. 32.

barte oder die ortsübliche Miete verlangt.[598] Der Mieter soll also nicht besser stehen, als wenn er eine andere Wohnung angemietet hätte, und der Vermieter soll durch die Vorenthaltung keinen Nachteil erleiden.[599] Die Höhe des Nutzungsentgeltes, also der Miete, beinhaltet dabei üblicherweise Gewinn. Nach der Vorstellung des Gesetzgebers soll dieser dem Vermieter im Falle der nicht rechtzeitigen Rückgabe der Mietsache auch zugute kommen, denn die Differenz zwischen der vereinbarten und der ortsüblichen Miete ist in aller Regel nichts anderes als ein zusätzlicher Gewinn für den Vermieter. Daneben deckt die Miete die gewöhnliche Abnutzung des Eigentums und den Instandhaltungsbedarf ab. Damit umfasst die Nutzungsentschädigung die laufenden Kosten zuzüglich eines Gewinns.

b. Rückschlüsse auf die Rechtsfolge des § 642 BGB

Es stellt sich nunmehr die Frage, inwieweit diese Erkenntnisse Rückschlüsse auf die Rechtsfolge des § 642 BGB ermöglichen. Zunächst einmal belegt die Rechtsfolge des § 546a BGB die Verwendung des Wortes „Entschädigung" durch den historischen Gesetzgeber als Synonym für Entgelt, so dass eine solche Verwendung grundsätzlich auch bei § 642 BGB in Betracht käme. Die durch § 546a BGB und § 642 BGB geregelten Lebenssituationen bieten zudem Parallelen. Zwar ist der Werkvertrag kein Dauerschuldverhältnis wie die Miete, aber heutige Bauverträge nähern sich wegen der Länge der Abwicklung des Vorhabens und der ineinander verzahnten Leistungen einem Dauerschuldverhältnis an.[600] Ein Unterschied besteht allerdings hinsichtlich des Zeitpunktes des Eingreifens der Anspruchsgrundlagen. Die Nutzungsentschädigung spielt nach Beendigung des Mietvertrages durch Kündigung eine Rolle, wohingegen § 642 BGB einen bestehenden Werkvertrag voraussetzt und nur bis zur Kündigung nach § 643 BGB eingreift. Dennoch geht es in beiden Fällen um die Entschädigung der Vertragspartei, deren wirtschaftliche Kapazitäten gegen ihren Willen durch vertragswidriges Verhalten der anderen Seite gebunden werden. Im Falle von § 546a BGB kann der Vermieter die Mietsache nicht weitervermieten, im Falle des § 642 BGB kann der Unternehmer sein Personal und seine Geräte für die Zeit, um die sich seine Bindung an den Werkvertrag entgegen der ursprünglichen Kalkulation verlängert, nicht anderweitig einsetzen. Darüber hinaus sind beide Ansprüche verschuldensunabhängig. Ein entscheidender Unterschied ist jedoch, dass § 546a

598 Kandelhard in: Herrlein/Kandelhard, § 546a, Rn. 19; zur früheren Rechtslage vgl. Waas, ZMR 2000, S. 69ff.

599 Ehlert in: Bamberger/Roth, § 546a, Rn. 2; Scheuer in: Bub/Treier, V. A, Rn. 103; Gather, DWW 2001, S. 78, 81.

600 S. hierzu oben Drittes Kapitel, C. I.

BGB an eine Pflichtverletzung anknüpft und § 642 BGB an eine Obliegenheitsverletzung. Hierin kann man den maßgeblichen Grund z.B. für die Einbeziehung eines Gewinnes bei § 546a BGB sehen.

Die Betrachtung der Rechtsfolge des § 546a BGB liefert nach alledem ein Indiz für die Rechtsfolge des § 642 BGB, insbesondere bezüglich der Berücksichtigung eines Gewinnzuschlags. Bei einer etwaigen Parallelwertung sind aber immer die unterschiedlichen Regelungssituationen zu beachten.

2. Abwendung des Wegnahmerechts gemäß § 552 BGB

Der Mieter ist jederzeit gemäß § 539 Abs. 2 BGB berechtigt, in die Mietsache eingebrachte Einrichtungen wieder wegzunehmen. Dabei spielt es keine Rolle, ob die Einrichtung gemäß § 94 BGB in das Eigentum des Vermieters übergegangen ist oder nicht, solange sie mit der Mietsache fest verbunden ist und ihrem Zweck dienen soll.[601] Der Vermieter kann – vorbehaltlich eines berechtigten Interesses des Mieters – die Ausübung des Wegnahmerechts gemäß § 552 Abs. 1 BGB durch Zahlung einer angemessenen Entschädigung abwenden. Diese Entschädigung soll also den finanziellen Verlust des Mieters ausgleichen, den dieser infolge des dauerhaften Verbleibs der Einrichtung in der Mietsache erleidet. Die überwiegende Auffassung berechnet dabei die Entschädigung nach dem Zeitwert der Einrichtung nach Ausbau abzüglich der Kosten, die dem Mieter durch den Ausbau der Einrichtung und der Wiederherstellung des ursprünglichen Zustandes entstanden wären.[602] Teilweise wird demgegenüber nur die zwischenzeitliche Abnutzung in Abzug gebracht, da § 552 Abs. 1 BGB ein Aufwendungsersatzanspruch sei.[603] Nach anderer Auffassung sollen auch die Vorteile des Vermieters durch die Übernahme in die Berechnung einfließen[604], die nach wiederum anderer Meinung der alleinige Maßstab sein sollen.[605]

Die vorgeschlagenen Berechnungsmethoden belegen alle, dass bei der angemessenen Entschädigung nach § 552 BGB andere Kriterien entscheidend sind als bei § 642 BGB. Dies beruht auf den nicht vergleichbaren Voraussetzungen der Normen. Bei § 552 Abs. 1 BGB geht es um den Ausgleich eines endgültigen Rechtsverlustes, wohingegen § 642 BGB Nachteile eines vorübergehenden Annahmeverzuges entschädigen soll. Zudem ist § 552 BGB Ausfluss der besonde-

---

601 Jendrek in: Erman, § 539, Rn. 9; Scholl, WuM 1998, S. 327.

602 Eckert in: HK-BGB, § 552, Rn. 2; Jendrek in: Erman, § 552, Rn. 4; Scheuer in: Bub/Treier, V. B ,Rn. 266.

603 Scholl, WuM 1998, S. 327, 328.

604 Schilling in: MüKo, BGB, § 552, Rn. 5.

605 Emmerich in: Staudinger, § 552, Rn. 7; Langenberg in: Schmidt-Futterer. § 552, Rn. 9.

ren Situation bei der Beendigung eines Mietverhältnisses. Die Norm bezweckt einen angemessenen Interessenausgleich zwischen dem Mieter, der die eingebrachte Sache wegnehmen will oder sogar wegen seiner Verpflichtung aus § 546 BGB zur Rückgabe der Mietsache im ordnungsgemäßen Zustand muss[606], und dem Vermieter, der eine zweckmäßige Einrichtung behalten und zukünftig mitvermieten will. Vor diesem Hintergrund ist eine weitere Betrachtung von § 552 Abs. 1 BGB für diese Untersuchung ohne Wert.

IV. Entschädigung gemäß § 951 Abs. 1 S. 1 BGB

Bei § 951 BGB findet das Wort „Entschädigung" nur in der Überschrift Verwendung, die erst seit der Schuldrechtsmodernisierung amtlich ist. § 951 Abs. 1 S. 1 BGB regelt den Ersatzanspruch für denjenigen, der infolge einer Verbindung, Vermischung oder Verarbeitung gemäß §§ 946 – 950 BGB sein Eigentum verloren hat. Dieser erhält vom Eigentümer der Hauptsache eine Vergütung nach bereicherungsrechtlichen Maßstäben. Geschuldet ist Wertersatz und damit regelmäßig die Steigerung des Verkehrswertes der Hauptsache.[607] Die Rechtsprechung und ein Teil der Literatur begrenzen dabei den Wertersatz nicht durch den Wert des eingebrachten Materials, sondern lassen den Voreigentümer an einer etwaigen, durch die Handlung nach §§ 946 – 950 BGB hervorgerufenen Wertsteigerung, partizipieren.[608] Ist also der Wert der neuen Sache größer als die Summe der Werte der eingebrachten Sachen, so erhält der Anspruchsgläubiger einen Anteil an der Wertsteigerung, mithin macht er Gewinn. Genauso kann er aber auch Verlust machen, wenn der Wert der neuen Sache geringer ist als die Summe der Werte der eingebrachten Sachen.

Eine Vertiefung dieser Thematik soll hier nicht erfolgen, da es an einer mit § 642 BGB vergleichbaren Situation fehlt. § 951 Abs. 1 S. 1 BGB ähnelt § 552 Abs. 1 BGB, da er wie diese Vorschrift einen endgültigen Rechtsverlust ausgleichen soll und eben nicht eine vorübergehende Beeinträchtigung. Zudem bestehen Zweifel an der Aussagekraft der Überschrift, da jedenfalls eine Begründung des Gesetzgebers für die Verwendung des Wortes „Entschädigung" nicht vorliegt. Ein Rückschluss dergestalt, dass der Gesetzgeber die von Rechtsprechung und

606 BGH, NJW-RR 1994, S. 847, 848: auch wenn die Einrichtung im Eigentum des Vermieters steht.

607 BGHZ 10, S. 171, 180; 17, S. 236, 239f; Eckert in: HK-BGB, § 951, Rn. 5; Jauernig in: Jauernig, § 951, Rn. 19; Füller in: MüKo, BGB, § 951, Rn. 23f.

608 BGHZ 10, S. 171, 180; 17, S. 236, 239f; Bassenge in. Palandt, § 951, Rn. 15; Henssler in: Soergel, § 951, Rn. 18. aA Füller in: MüKo, BGB, § 951, Rn. 25; Gursky in: Staudinger, § 951, Rn. 30.

Teilen der Literatur vorgeschlagene Berechnungsart der Vergütung dogmatisch als Entschädigung auffasste, ist daher nicht möglich.

V. Reiserecht

Im Reiserecht findet sich in drei Bestimmungen der Begriff „Entschädigung“ wieder. Eine Betrachtung der reiserechtlichen Regelungen bietet sich wegen des werkvertraglichen Charakters des Reisevertrages in besonderem Maße an. Dabei ist allerdings stets im Auge zu behalten, dass die §§ 651a ff BGB erst 1979 in das BGB eingefügt worden sind, also deutlich jüngeren Datums sind als § 642 BGB.

1. Entschädigung nach Kündigung wegen Reisemangels

Nach § 651e Abs. 3 S. 2 BGB hat der Reiseveranstalter einen Anspruch auf eine Entschädigung für die bereits erbrachten oder noch zu erbringenden Leistungen, wenn der Reisende wegen eines Mangels den Reisevertrag gekündigt hat. Zwar bezeichnet das Gesetz das Recht des Reisenden als „Kündigung“, der Sache nach handelt es sich aber um ein Rücktrittsrecht, da der Reiseveranstalter seinen Vergütungsanspruch auch für die bereits erbrachten Reiseleistungen rückwirkend verliert.[609] Letztlich ist § 651e Abs. 1 S. 1 BGB eine Spezialregelung zu § 634 Nr. 3 BGB, so dass die in § 651e Abs. 3 BGB geregelten Rechtsfolgen eine Modifikation der allgemeinen Rücktrittsregelungen darstellen.[610] Die Höhe der Entschädigung entspricht dem Anteil am Gesamtreisepreis, der der tatsächlichen Reisedauer gegenübersteht, gekürzt um den Minderungsbetrag wegen des Mangels[611], wobei im Falle einer Reise mit unterschiedlichen Reiseveranstaltungen die verschieden hohen Vergütungen für die einzelnen Teile zu berücksichtigen sind.[612]

Damit ist § 651e BGB ein Ausfluss der besonderen Situation beim Reisevertrag, die durch die allgemeinen werkvertraglichen Regelungen über den Rücktritt wegen eines Mangels nur ungenügend erfasst werden würde. Eine mit § 642 BGB vergleichbare Situation ist nicht festzustellen, da diese Norm an Annahmeverzug anknüpft und § 651e BGB an einen Sachmangel. Erwähnenswert ist trotzdem, dass § 651e Abs. 3 BGB wegen der Anknüpfung an die Kriterien der Minderung gemäß § 638 BGB als (Teil-)Vergütungsanspruch des Reiseveranstalters

---

609 Seiler in: Erman, § 651e, Rn. 1; Teichmann in: Jauernig, § 651e, Rn. 1; Larenz, VersR 1980, S. 689, 691.

610 Eckert in: Staudinger, § 651e, Rn. 2.

611 LG Frankfurt, NJW-RR 1986, S. 55, 56; Geib in: Bamberger/Roth, § 651e, Rn. 10.

612 LG Frankfurt, NJW-RR 1986, S. 55, 56.

eingestuft wird.[613] Hierdurch ist immerhin belegt, dass auch der „moderne" Gesetzgeber bei der Schaffung der §§ 651a ff BGB den Begriff „Entschädigung" im Sinne von Vergütung verwendete. Bemerkenswert ist zudem die Berücksichtigung eines Gewinnanteils bei der Berechnung der Entschädigung, da man aufgrund der Ursache für die Kündigung, nämlich die Mangelhaftigkeit der Reiseleistung, durchaus die Nichteinbeziehung des Unternehmergewinnes hätte rechtfertigen können.

2. Entschädigung wegen nutzlos aufgewendeter Urlaubszeit

Als besondere Folge eines Mangels der Reise sieht § 651f Abs. 2 BGB eine angemessene Entschädigung wegen nutzlos aufgewendeter Urlaubszeit vor. Bei dieser Norm handelt es sich nach inzwischen wohl allgemeiner Meinung um eine Ausnahme zu § 253 BGB, ersetzt werden soll also ein immaterieller Schaden.[614] Da § 642 BGB jedenfalls kein Schadensersatzanspruch ist, führt eine Betrachtung von § 651f Abs. 2 BGB nicht weiter.

3. Entschädigung nach Rücktritt durch den Reisenden

Der Reisende ist gemäß § 651i Abs. 1 BGB bis zum Reisebeginn jederzeit berechtigt, vom Vertrag zurückzutreten. Es handelt sich insoweit um eine mit § 649 S. 1 BGB vergleichbare Regelung. Anders als nach § 649 S. 2 BGB verliert der Reiseveranstalter aber gemäß § 651i Abs. 2 S. 1 BGB den ursprünglichen Vergütungsanspruch und § 651i Abs. 2 S. 2 BGB gewährt stattdessen einen Anspruch auf angemessene Entschädigung.[615]

a. Rechtsnatur

Über die Rechtsnatur des Entschädigungsanspruches herrscht keine Einigkeit. Vereinzelt findet sich die Qualifikation als Vergütungsanspruch.[616] Dem steht

613 Eckert in: Staudinger, § 651e, Rn. 39; Tonner in: MüKo, BGB; § 651e, Rn. 19.

614 Seiler in: Erman, § 651f, Rn. 6; Eckert in: Staudinger, § 651f, Rn. 59; Lange/Schiemann, § 6 XIV 4. b); jeweils auch mit Nachweisen aus der vor der Normierung des Reiserechtes stammenden Rechtsprechung, die von einem Vermögensschaden ausging.

615 Außerdem muss sich der Reiseveranstalter bereits jeglichen möglichen anderweitigen Erwerb anrechnen lassen und der Reiseveranstalter trägt die diesbezügliche Darlegungs- und Beweislast, vgl. BT-Drs. 8/2343, S. 12.

616 Eberle, DB 1979, S. 341, 346.

allerdings § 651i Abs. 2 S. 1 BGB entgegen, der den Vergütungsanspruch gerade entfallen lässt.[617]

Vielfach findet sich die Bezeichnung als Schadensersatzanspruch[618], wobei zumeist eine nähere Begründung hierfür fehlt. Das OLG Hamburg hält diese Einordnung für gerechtfertig, weil auch die Schadensersatznorm § 651f Abs. 2 BGB den Begriff Entschädigung verwende.[619] Dem halten andere entgegen, dass dann angesichts des voraussetzungslosen Rücktrittsrechts des Reisenden eine Abkehr vom bei vertraglichen Schadensersatzansprüchen geltenden Verschuldensprinzip vorläge.[620] Zudem gebe § 651i Abs. 2 S. 3 BGB den Umfang der Rechtsfolge selbst vor und verweise nicht auf die §§ 249 ff BGB.[621] Der Reiseveranstalter erhielte auch nicht seinen gesamten Schaden ersetzt, da z.B. Schäden aufgrund des Scheiterns einer Gruppenreise wegen Unterschreitung der Mindestteilnehmerzahl für eine Reise nicht erfasst sind.[622] Aus den Schwierigkeiten bei der Einordnung des Entschädigungsanspruches in eine der herkömmlichen Anspruchstypen des BGB folgern einige Autoren, dass es sich letztlich nur um einen Anspruch sui generis handeln könne.[623]

Die praktische Bedeutung des Streites um die Rechtsnatur des Anspruches liegt weniger in Schwierigkeiten bei der Ermittlung der Rechtsfolge begründet, sondern es geht um die Inhaltskontrolle formularmäßig verwendeter Entschädigungspauschalen. Nur wenn man von einem Schadensersatzanspruch ausgeht, kann § 309 Nr. 5 BGB direkt Anwendung finden. Dies ist im Ergebnis von der Rechtsprechung gewünscht, weshalb diese ohne nähere Begründung eine Qualifizierung als Schadensersatzanspruch vornimmt. Dogmatisch überzeugend ist diese Vorgehensweise nicht. Die Ausübung eines freien Rücktrittsrechts stellt ein rechtmäßiges, vertragskonformes Verhalten dar. Ein solches kann aber nie einen Schadensersatzanspruch auslösen. Richtigerweise ist der Entschädigungsanspruch aus § 651i Abs. 2 S. 2 BGB ein Anspruch sui generis, den man aussagekräftiger auch als vergütungsgleichen Anspruch bezeichnen kann. Dieser Titulierung steht nicht das Entfallen des ursprünglichen Vergütungsanspruches kraft Gesetzes entgegen, denn die Bemessung der Entschädigung gemäß § 651i Abs. 2 S. 3 BGB knüpft ausdrücklich an den Reisepreis und damit an die Vergütung an.

---

617 Teichmann, JZ 1979, S. 737, 739; Eichinger, S. 78;

618 OLG Frankfurt, NJW 1982, S. 2198, 2199; Bartl, NJW 1979, S. 1384, 1389.

619 OLG Hamburg, NJW 1981, S. 2420.

620 Eckert in: Staudinger, § 651i, Rn. 22; Eichinger, S. 80; Hansen, S. 100.

621 Hansen, S. 99 mit dem zutreffenden Hinweis, dass sich aus der Begründung zum Regierungsentwurf kein Argument für einen Schadensersatzanspruch ableiten lässt.

622 Hasche, S. 67f.

623 Tonner in: MüKo, BGB, § 651i, Rn. 10; Teichmann, JZ 1979, S. 737, 739; Eichinger, S. 81f; Hansen, S. 102; Hasche, S. 69f.

b. Rechtsfolge

Als Entschädigung ist der Reisepreis abzüglich der ersparten Aufwendungen und dem auf der weiteren Verwendung der Reiseleistungen beruhenden Erwerb geschuldet, § 651i Abs. 2 S. 3 BGB. Damit ist eine § 649 S. 2 BGB annähernd gleichwertige Rechtsfolge angeordnet.[624] Aufgrund der Orientierung am Reisepreis enthält die Entschädigung nach allgemeiner Meinung stets den Gewinn- und Unkostenanteil des Reiseveranstalters.[625] Die Abgrenzung zu einem Schadensersatzanspruch ist u.a. dadurch sichergestellt, dass der Reiseveranstalter keinen Anspruch auf entgangenen Gewinn hat, wenn ein Ersatzreisender gefunden wird, der sonst mit dem selben Veranstalter einen Reisevertrag über eine andere Reise geschlossen hätte.[626] In diesem Fall entfällt also der Entschädigungsanspruch gegenüber dem zurückgetretenen Reisenden, sofern der Ersatzreisende nicht zu vergünstigten Konditionen gebucht hat. Außerdem hat der zurückgetretene Reisende nicht für eine Schaden zu haften, den der Veranstalter z.B. wegen Unterschreitens einer Mindestteilnehmerzahl einer Reise erleidet.

c. Rückschlüsse für die Rechtsfolge des § 642 BGB

Es ist nun zu klären, inwieweit diese Erkenntnisse für die Bestimmung der Rechtsfolge des § 642 BGB nutzbar gemacht werden können. Die Voraussetzungen dieser Norm und des § 651i BGB sind eindeutig unterschiedlicher Art. Letztere Vorschrift ist eine Parallelvorschrift zu § 649 BGB und regelt damit einen anderen Lebenssachverhalt als § 642 BGB. Im Hinblick auf die Rechtsfolgen der Ansprüche fällt indes auf, dass die gesetzlichen Anknüpfungspunkte für die Bestimmung der Entschädigung fast identisch sind. Bei beiden Normen ist von der ursprünglichen Vergütung auszugehen, von der dann die ersparten Aufwendungen und etwaiger möglicher anderweitiger Erwerb abzuziehen sind. Bei § 642 Abs. 2 BGB tritt – unter Zugrundelegung der anderen Voraussetzungen des Anspruches folgerichtig – noch die Verzugsdauer als Anknüpfungspunkt hinzu. Aufgrund der nahezu identischen Anknüpfungspunkte für die Entschädigungsberechnung ist es wenig verwunderlich, dass die Diskussion um die jeweilige Rechtsnatur Parallelen aufweist. Es ist daher nahe liegend, die angemessene Entschädigung in beiden Fällen gleich zu berechnen, sofern nicht aus den unterschiedlichen Regelungssituationen etwas anderes folgt. Die Berechnung der Ent-

---

624 Eckert in: Staudinger, § 651i, Rn. 19.

625 Geib in: Bamberger/Roth, § 651i, Rn. 8; Teichmann in: Jauernig, § 651i, Rn. 1; Eckert in: Staudinger, § 651i, Rn. 27; Eichinger, S. 79.

626 Tonner in: MüKo, BGB, § 651i, Rn. 13; Eckert in: Staudinger, § 651i, Rn. 34.

schädigung gemäß § 651i Abs. 2 S. 2 BGB hat demnach indiziellen Charakter für die Berechnung der Entschädigung gemäß § 642 BGB.

VI. Vorfälligkeitsentschädigung nach § 490 Abs. 2 S. 3 BGB

Im Rahmen der Schuldrechtsmodernisierung ist in § 490 Abs. 2 S. 1 BGB ein außerordentliches Kündigungsrecht des Darlehensnehmers eingeführt worden, das im Falle seiner Ausübung einen Anspruch des Darlehensgebers auf Vorfälligkeitsentschädigung nach sich zieht. Mit dieser Regelung wollte der Gesetzgeber die in zwei Grundsatzentscheidungen des BGH[627] aufgestellten Regeln kodifizieren.[628] Dabei hat er den Begriff „Vorfälligkeitsentschädigung" gesetzlich als denjenigen Schaden definiert, der dem Darlehensgeber durch die vorzeitige Kündigung entsteht. Infolgedessen ist ein Teil der Literatur der Auffassung, es handele sich um einen Schadensersatzanspruch.[629] Andere widersprechen dieser dogmatischen Einordnung, da die Ausübung eines Kündigungsrechtes keine rechtswidrige Pflichtverletzung sei, wie es aber ein Schadensersatzanspruch voraussetze.[630] Stattdessen handele es sich um den ursprünglichen Anspruch des Darlehensgebers auf Kapital zuzüglich Entgelt[631] oder um eine Aufopferungsentschädigung.[632] Unabhängig davon findet sich vielfach auch der Verweis auf die Ähnlichkeit zum Kündigungsrecht nach § 649 S. 1 BGB.[633]

Im Ergebnis soll nach allgemeiner Meinung die Berechnung der Vorfälligkeitsentschädigung auf Basis der früheren Rechtsprechung und damit anhand schadensersatzrechtlicher Kriterien erfolgen.[634] Der BGH hat die Ähnlichkeit zu einem Schadensersatzanspruch betont und als generelle Leitlinie ausgeführt, dass der Darlehensgeber durch die vorzeitige Beendigung des Darlehensvertrages keinen Nachteil erleiden soll.[635] Dabei nahm er auf die Berechnung des Nichterfül-

---

627 BGH, WM 1997, S. 1747; WM 1997, S. 1799.

628 Begründung zum Fraktionsentwurf, BT-Drs. 14/6040, S. 255.

629 Putzo in: Palandt, § 490, Rn. 16; Köndgen, WM 2001, S. 1637, 1644; Mankowski/Knöfel, ZBB 2001, S. 335, 344.

630 Berger in: MüKo, § 490, Rn. 40; Rösler/Wimmer/Lang, C., Rn. 11.

631 vHeymann/Rösler, ZIP 2001, S. 441, 444; Rösler/Wimmer/Lang, C., Rn. 11; vgl. auch OLG Hamburg, WM 2002, S. 2050: „Entgelt".

632 Berger in: MüKo, § 490, Rn. 40.

633 Köndgen, WM 2001, S. 1637, 1644; Mankowski/Knöfel, ZBB 2001, S. 335, 344; Rösler/Wimmer/Lang, B., Rn. 194.

634 Rohe in: Bamberger/Roth, § 490, Rn. 30; Berger in: MüKo, § 490, Rn. 40; Rösler/Wimmer/Lang, C., Rn. 14, unter Hinweis auf die Ambivalenz des Anspruches.

635 BGH, WM 1998, S. 70, 71; WM 1997, S. 1747, 1748 ; WM 1997, S. 1799, 1800.

lungsschadens bei Nichtabnahme des Kredites Bezug[636], also auf die Rechtsfolgen einer Pflichtverletzung.

Die widerstreitenden Meinungen zur dogmatischen Einordnung des Anspruches auf Vorfälligkeitsentschädigung belegen, dass dem Gesetzgeber die Kodifikation des ohnehin zweifelhaften und umstrittenen Rechtsprechungsinstituts wenig gelungen ist.[637] Eine dogmatisch saubere Einordnung auch der Rechtsfolge ist nicht erfolgt, vielmehr beschränkte sich der Gesetzgeber auf den Verweis auf die Rechtsprechung. Die Verwendung des Wortes Entschädigung ist vor diesem Hintergrund wohl kaum erfolgt, um Parallelen zu anderen Entschädigungsansprüchen aufzuzeigen. Es entsteht eher der Eindruck, dass der Gesetzgeber sich einer Einordnung des Anspruches entziehen wollte. Schon allein deshalb ist § 490 Abs. 2 S. 3 BGB wenig geeignet, Rückschlüsse auf die Rechtsfolge des § 642 BGB zu ermöglichen. Dies gilt umso mehr, als dass der geregelte Sachverhalt nicht vergleichbar ist. Bei § 490 Abs. 2 BGB geht es um ein außerordentliches Kündigungsrecht des Darlehensnehmers, das Ähnlichkeiten mit der freien Kündigung des Bestellers nach § 649 S. 1 BGB aufweist, wohingegen § 642 BGB die Rechtsfolgen der Leistungsstörung Annahmeverzug regelt.

VII. Entschädigung für Nachforschung gemäß § 676e Abs. 4 BGB

Zum Zwecke der Umsetzung der EG-Richtlinie 97/5/EG sind 1999 die §§ 676a ff BGB eingefügt worden. Nach § 676a Abs. 1 BGB besteht eine Pflicht des überweisenden Kreditinstitutes, die Gutschrift des Überweisungsbetrages beim Begünstigten innerhalb der Fristen nach § 676a Abs. 2 BGB durchzuführen. Die §§ 676b, 676c BGB regeln die Haftung hierfür. Häufig sind Kreditinstitute zwischen das überweisende Institut und das Institut des Begünstigten geschaltet. § 676d BGB regelt den Zahlungsvertrag zwischen dem zwischengeschalteten und einem anderen Kreditinstitut. Aus diesem ergibt sich insbesondere auch die Haftung des zwischengeschalteten Kreditinstituts gemäß § 676e Abs. 1 - 3 BGB. Greift eine solche nicht ein, verlangt § 676e Abs. 4 BGB die Nachforschung nach dem Überweisungsbetrag, wofür das zwischengeschaltete Kreditinstitut im Erfolgsfalle eine angemessene Entschädigung verlangen kann. Das zwischengeschaltete Institut haftet nicht, wenn eine Erstattung des Überweisungsbetrages nach § 676b Abs. 3 S. 5 BGB oder wegen höherer Gewalt ausgeschlossen ist, wenn der Begünstigte gemäß § 676g Abs. 3 BGB einen Anspruch gegen sein

---

636 BGH, WM 1997, S. 1747, 1749.

637 Kritisch auch Reiff in: AnwK, § 490, Rn. 9ff; Köndgen, WM 2001, S. 1637, 1643f, die beide u.a. darauf hinweisen, dass der BGH kein Kündigungsrecht sondern einen Anspruch auf vorzeitige Vertragsauflösung gewährt hatte.

Kreditinstitut hat oder wenn ein Fall des § 676e Abs. 3 S. 5 BGB vorliegt.[638] Diese Nachforschung ist als Nebenpflicht i.S.v. § 241 Abs. 2 BGB ausgestaltet und auf ein Bemühen und nicht auf den Erfolg ausgerichtet.[639]

Über die Höhe und die Art der angemessenen Entschädigung schweigen das Gesetz und der Gesetzgeber. In der Literatur finden sich wegen der geringen praktischen Bedeutung der Norm kaum Aussagen. Nach einer Meinung sollen Anhaltspunkte aus § 642 Abs. 2 BGB zu entnehmen sein.[640] Andere Autoren sprechen von Aufwendungsersatz.[641] Teilweise wird die Entschädigungspflicht generell für verfehlt gehalten, da das zwischengeschaltete Kreditinstitut einer gesetzlichen Pflicht nachkomme.[642] Dieses Argument ist jedoch wenig stichhaltig, da aus der Existenz einer gesetzlichen Pflicht nicht zwingend folgt, dass diese unentgeltlich zu erfüllen ist. Der Gesetzgeber sieht offensichtlich die angemessene Entschädigung als Vergütung der erfolgreichen Nachforschungsbemühungen an, wodurch ein weiteres Mal die Verwendung des Wortes „Entschädigung" im Sinne von Vergütung belegt wird. Weitere Rückschlüsse auf die Rechtsfolge des § 642 BGB lassen sich indes nicht ziehen. Die Regelungssituationen der Normen weisen keine Parallelen auf und darüber hinaus ist bei § 676e Abs. 4 BGB der Inhalt der Entschädigung genauso ungeklärt wie bei § 642 BGB.

VIII. Entschädigung wegen eines staatlichen Eigentumseingriffes

Außerhalb des BGB findet sich der Begriff der Entschädigung u.a. in Art. 14 Abs. 3 GG. Eine Betrachtung der Berechnung der Entschädigung wegen Enteignung liegt aufgrund der historischen Herkunft des Begriffes „Entschädigung" nahe[643], denn der Begriff ist bereits im Jahre 1844 in Zusammenhang mit der Aufopferung des Eigentums verwendet worden.[644] Schon 1794 findet sich in § 75 Einl. ALR[645] die Verpflichtung des Staates, denjenigen zu entschädigen, der seine Rechte zum Wohle der Allgemeinheit aufopfern muss. Nach § 164 der Verfassung des Deutschen Reiches aus dem Jahre 1849 (Pauluskirchenverfassung) ist eine Enteignung nur gegen gerechte Entschädigung möglich. Dasselbe sieht Art.

---

638 Gößmann/v. Look, WM 2000, Sonderbeilage 1, S. 43, 48f.

639 Graf von Westphalen in: Erman, § 676e, Rn. 7.

640 Gößmann/v. Look, WM 2000, Sonderbeilage 1, S. 43, 49.

641 Schmalenbach in: Bamberger/Roth, § 676e, Rn. 16; Casper in: MüKo, BGB, § 676e, Rn. 21.

642 Hadding, WM 2000, S. 2465, 2472.

643 Vgl hierzu oben Siebentes Kapitel, A. II.

644 Horlitz/Albrand in: Grimm, Deutsches Wörterbuch.

645 Die Bestimmung lautet wörtlich: „Dagegen ist der Staat denjenigen, welcher seine besonderen Rechte und Vorteile dem Wohle des gemeinen Wesens aufzuopfern genötigt wird, zu entschädigen gehalten."

9 der preußischen Verfassung aus dem Jahre 1850 und Art. 153 der Weimarer Reichsverfassung vom 11.8.1919 vor. Da der historische Gesetzgeber bei Schaffung des § 642 BGB das Wort „Entschädigung" entsprechend der seinerzeit geläufigen Verwendung verstanden haben wird, wozu gerade auch die Verwendung im Zusammenhang mit der Aufopferung gehört[646], soll im Folgenden die Entschädigung bei staatlichen Eingriffen in das Eigentum als der wichtigste Fall der Aufopferung untersucht werden. Hierbei ist allerdings vom heutigen Stand des Eigentumsschutzes und der Berechnung der Entschädigung auszugehen. Eine Betrachtung der Berechnung zum Zeitpunkt der Schaffung des BGB wäre angesichts der seitdem vollständig gewandelten Lebensumstände nicht geeignet, einen Rückschluss auf die in der heutigen Zeit zu gewährende angemessene Entschädigung gemäß § 642 BGB zu ermöglichen. Auch diese ist unter Berücksichtigung des heutigen modernen Wirtschaftslebens zu bestimmen, da andernfalls keine „angemessene" Entschädigung vorläge.

1. Ermittlung einer vergleichbaren Situation

Wegen der Vielgestaltigkeit möglicher Eigentumseingriffe bietet es sich an, zunächst eine Fallgestaltung herauszuarbeiten, die der Situation bei § 642 BGB möglichst nahe kommt.

a. Anspruchsgrundlagen und -voraussetzungen

Entschädigungsansprüche auslösende Eingriffe in das Eigentum können in drei Kategorien eingeteilt werden: die klassische Enteignung, der enteignungsgleiche Eingriff und der enteignende Eingriff. Nach der neueren Rechtsprechung des BVerfG liegt eine Enteignung nur bei einem zweckgerichteten staatlichen Zugriff vor, der auf die vollständige oder teilweise Entziehung konkreter von Art. 14 Abs. 1 S. 1 GG umfasster Rechtspositionen gerichtet ist.[647]

Daneben hält der BGH und ein großer Teil der Literatur auch nach dem Nassauskiesungsbeschluss des BVerfG[648] an den Kategorien des enteignenden und enteignungsgleichen Anspruches fest und sieht als Rechtsgrundlage nun ein auf dem allgemeinen Aufopferungsgedanken der §§ 74, 75 Einl. ALR fußendes

---

646 Zu anderen Wortbedeutungen s. oben Siebentes Kapitel, A. II.

647 BVerfGE 58, 300, 330f; 70, 191, 199f; 101, 239, 259; diese Definition hat sich allgemein durchgesetzt, vgl. nur Wendt in: Dreier, GG, Art. 14, Rn. 148; Rüfner in: Erichsen/Ehlers, VerwR AT, § 48, Rn. 16 u. 38.

648 BVerfGE 58, S. 300ff.

richterliches Gewohnheitsrecht an.[649] Ein enteignungsgleicher Eingriff liegt vor, wenn durch eine rechtswidrige hoheitliche Maßnahme in eine geschützte Rechtsposition unmittelbar eingegriffen wird.[650] Die Rechtswidrigkeit indiziert dabei das Sonderopfer des Betroffenen für die Allgemeinheit.[651] Die Unmittelbarkeit des Eingriffes erfordert, dass dessen negative Auswirkungen für die konkrete hoheitliche Betätigung typisch sind und aus deren Eigenart folgen.[652] In Betracht kommen vor allem die schuldlose rechtswidrige Anwendung eines verfassungsgemäßen, insbesondere mit Art. 14 GG konformem Gesetzes, durch Primärrechtsschutz unvermeidbare Verzögerungsschäden wegen rechtswidrigen Vorenthaltens einer Genehmigung oder Eigentumsbeeinträchtigungen aufgrund hoheitlicher Realakte.[653]

Hingegen setzt ein Anspruch wegen enteignendem Eingriff voraus, dass die im Einzelfall nachteilige Einwirkung auf die geschützte Rechtsposition die ungewollte, unmittelbare Nebenfolge eines rechtmäßigen hoheitlichen Handels ist und hierdurch dem Betroffenen ein Sonderopfer auferlegt wird.[654] Hauptanwendungsfälle sind hoheitliche Immissionen und andere hoheitliche Einwirkungen aufgrund baulicher Maßnahmen oder Anlagen, so dass eine Parallele zu § 906 Abs. 2 S. 2 BGB besteht.[655]

Die einzelnen Voraussetzungen der Entschädigungsansprüche sind relativ offen gehalten und werden von der Rechtsprechung nur im Einzelfall näher konkretisiert. Weitere generelle Ausführungen sind daher nur schwerlich möglich und überdies für diese Abhandlung nicht zielführend. Vielmehr ist von den Anspruchsgrundlagen diejenige zu ermitteln, deren Voraussetzungen am besten mit § 642 BGB vergleichbar sind.

---

649 BGHZ 90, 17, 29ff; 91,20, 27ff; Lorenz in: Erman, vor § 903, Rn. 10; Bassenge in: Palandt, Überbl. v. § 903, Rn. 13f; Wendt in: Dreier, GG, Art. 14, Rn. 173ff; Seiler in: Staudinger, Vorbem. §§ 903ff, Rn. 38 u. 41f; Ossenbühl, S. 226f u. 270; Schmitt-Kammler, FS Wolf, S. 595, 606 u. 614; Schwager/Krohn, WM 1991, S. 33, 40 u. 43; zur Rechtsprechung des BGH nun auch zustimmend BverfG, NJW 1992, S. 36, 37.

650 Lorenz in: Erman, vor § 903, Rn. 11; Bassenge in: Palandt, Überbl. v. § 903, Rn. 14; Nüßgens/Boujong, Rn. 431.

651 BGHZ 32, 208, 211f; Pasternak in: Aust/Jacobs/Pasternak, Rn. 212; Ossenbühl, S. 159.

652 Schwager/Krohn, WM 1991, S. 33, 45.

653 Nüßgens/Boujong, Rn. 433; Ossenbühl, S. 229f.

654 Rinne in: MüKo, BGB, vor § 903, Rn. 44; Seiler in: Staudinger, Vorbem. zu §§ 903ff, Rn. 39; Maurer, VerwR AT, § 27, Rn. 112; Schwager/Krohn, WM 1991, S. 33, 40.

655 Rinne in: MüKo, BGB, vor § 903, Rn. 45ff; Nüßgens/Boujong, Rn. 452; einschränkend Rüfner in: Erichsen/Ehlers, VerwR AT, § 48, Rn. 76f.

Eine mit einer Enteignung vergleichbare Situation liegt beim Annahmeverzug des Bestellers nicht vor, da der Unternehmer nur vorübergehend an der Weiterarbeit und damit an der Verwendung seiner personellen und sachlichen Ressourcen gehindert ist, diese ihm aber nicht dauerhaft ganz oder teilweise genommen werden. Eine Parallele zum enteignungsgleichen Anspruch läge vor, wenn das Verhalten des Bestellers rechtswidrig wäre. Hieran bestehen aber Zweifel, da die Nichterfüllung einer Obliegenheit jedenfalls nicht pflichtwidrig und erzwingbar ist. Das für einen enteignenden Eingriff notwendige Sonderopfer des Unternehmers könnte in der längeren Bindung der personellen und sachlichen Ressourcen aufgrund der unterlassenen Mitwirkung gesehen werden. Auf die Unterscheidung zwischen enteignungsgleichem oder enteignendem Anspruch und deren Abgrenzung kommt es aber letztlich nicht an, denn die Rechtsfolgen sämtlicher Entschädigungsansprüche sind identisch.[656] Darüber hinaus sind sie genauso wie § 642 BGB verschuldensunabhängig.

b. Eingerichteter und ausgeübter Gewerbebetrieb

Als durch Art. 14 Abs. 1 S. 1 GG geschützte Position kommt das Recht am eingerichteten und ausgeübten Gewerbebetrieb in Betracht, da im Falle des § 642 BGB der Unternehmer in aller Regel gewerblich tätig ist. Der Schutz des eingerichteten und ausgeübten Gewerbebetriebes ist vom BGH[657], dem BVerwG[658] und großen Teilen der Literatur[659] anerkannt, wohingegen das BVerfG[660] Zweifel hegt, ohne jedoch bisher eine eindeutige Entscheidung getroffen zu haben. Nach den Befürwortern des Eigentumsschutzes ist die Anerkennung gerechtfertigt, weil der Wert eines Gewerbebetriebs nicht nur durch die Summe aller zu ihm gehörenden Sachen und ihm zustehenden Forderungen bestimmt wird, sondern auch andere Aspekte wertbildend sind.[661] Als solche kommen vornehmlich der Kun-

656 Maurer, VerwR AT, § 27, Rn. 100 u. 113; Ossenbühl, S. 265 u. 283; Rüfner in: Erichsen/Ehlers, VerwR AT, § 48, Rn. 68 u. 82. Maßgebend sind die Grundsätze der Entschädigung für eine klassische Enteignung.

657 BGHZ 111, S. 349, 356; NJW 1960, S. 1995.

658 BVerwGE 81, 49, 54.

659 Wendt in: Sachs, GG, Art. 14, Rn. 49; Seiler in: Staudinger, Vorbem. zu §§ 903ff, Rn. 25; Nüßgens/Boujong, Rn. 76ff; Kreft, WM 1977, S. 382; Schmidt-Assmann, NJW 1974, S. 1265, 1267; Schwager/Krohn, WM 1991, S. 33, 35; ablehnend Wieland in: Dreier, GG, Art. 14, Rn. 52.

660 BVerfGE 51, 193, 221; 77, 84, 118; 105, 252, 278.

661 BGH, NJW 1960, S. 1995; Kimminich in: BK, GG, Art. 14, Rn. 79; Aust in: Aust/Jacobs/Pasternak, Rn. 368.

denstamm, geschäftliche Verbindungen und die Marktstellung des Unternehmens in Betracht.[662]

Unabhängig davon, dass die Schutzwürdigkeit des eingerichteten und ausgeübten Gewerbebetriebes heutzutage nicht mehr angezweifelt werden kann, da dem „good will" eines Unternehmens im geschäftlichen Verkehr eine stetig wachsende Bedeutung zu kommt, sind für die vorliegende Abhandlung die vom BGH entwickelten Grundsätze zu Eingriffen in den eingerichteten und ausgeübten Gewerbebetrieb bereits aufgrund der Vergleichbarkeit dieses Schutzobjektes zur Situation bei § 642 BGB zu betrachten.

c. Konkrete Fallgestaltungen

Im nächsten Schritt sollen zwei in der Praxis häufiger anzutreffende Fallgestaltungen betrachtet werden, in denen die Rechtsprechung regelmäßig Entschädigung wegen eines enteignungsgleichen oder enteignenden Eingriffs zuspricht.

aa. Straßenbauarbeiten

Einen breiten Raum in der Rechtsprechung des BGH nehmen Urteile zur Beeinträchtigungen von Gewerbetrieben durch Straßenbauarbeiten ein. Diese Fallgestaltung bietet sich im besonderem Maße für die vorliegende Untersuchung an, weil die Beeinträchtigungen nur vorübergehender Natur sind, so dass insoweit eine Parallele zur zeitweilig unterlassenen Mitwirkung besteht.

Bei Eingriffen durch Straßenbauarbeiten in den eingerichteten und ausgeübten Gewerbebetrieb kommt je nach Fallgestaltung sowohl ein Anspruch aus enteignungsgleichem Eingriff in Betracht, wenn nämlich die Vorbereitung und Ausführung der Arbeiten ohne ausreichende Vorkehrungen zum Schutz des Gewerbebetriebes erfolgten und daher rechtswidrig sind, als auch aus enteignendem Eingriff, wenn die Behörde insoweit rechtmäßig handelte.[663] Im letzteren Falle genügt aber nicht jede Beeinträchtigung des Betriebes für einen Entschädigungsanspruch: Die Anlieger müssen vielmehr Arbeiten zur Aufrechterhaltung des Gemeingebrauchs wie Ausbesserungen und Arbeiten an den Versorgungsleitungen grundsätzlich dulden.[664] Gewerbebetriebe müssen mit hieraus resultierenden Verlusten von vornherein rechnen und diese einkalkulieren.[665] Die Opfergrenze

---

662 BGH, NJW 1960, S. 1995; Wendt in: Sachs, GG, Art. 14, Rn. 49; Nüßgens/Boujong, Rn. 77; Schwager/Krohn, WM 1991, S. 33, 35.

663 Kreft, Rn. 294f; Ossenbühl, S. 238.

664 BGHZ 57, S. 359, 362; NJW 1970, S. 1817; Rüfner in: Erichsen/Ehlers, VerwR AT, § 48, Rn. 45; Kreft, WM 1977, S. 382, 385.

665 BGHZ 57, S. 359, 368; Aust in: Aust/Jacobs/Pasternak, Rn. 694.

ist jedoch überschritten, wenn eine fühlbare Beeinträchtigung vorliegt, weil z.B. besonders langwierige Arbeiten erfolgen.[666] Die Rechtsprechung und ihr folgend die Literatur bejahen dies vor allem bei U-Bahn-Baumaßnahmen, bei denen zudem keine Existenzgefährdung oder ungewöhnliche Schwere des Eingriffs notwendig ist, weil die Arbeiten nicht ausschließlich dem Gemeingebrauch der Anlieger dienen, sondern eine Verkehrsbedeutung weit über die einzelne Straße hinaus haben.[667]

bb. Vorenthaltung einer Genehmigung

Eine zweite, in der Praxis häufig anzutreffende Fallgestaltung betrifft Verzögerungsschäden durch das rechtswidrige Vorenthalten einer Genehmigung. Auch hierbei geht es um eine vorübergehende Störung, so dass erneut eine Parallele zu § 642 BGB besteht.

Die Nichterteilung einer Baugenehmigung[668], einer Teilungsgenehmigung[669] oder einer Genehmigung nach dem Grundstücksverkehrsgesetz[670] kann den jeweiligen Eigentümer an der von Art. 14 GG geschützten wirtschaftlichen Ausnutzung seines Eigentums hindern, weshalb ein Anspruch aus enteignungsgleichem Anspruch in Betracht kommt. Für den hier besonders interessierenden Fall der Beeinträchtigung eines Gewerbebetriebs hat der BGH einen solchen Anspruch im Falle der rechtswidrigen Verweigerung einer Genehmigung zur Aufstellung von Gewinnspiel-Automaten als Ersatz für veraltete Modelle bejaht.[671]

2. Umfang der Entschädigung

Enteignungsgleicher und enteignender Eingriff geben dem Betroffenen einen Anspruch auf angemessene Entschädigung.

---

666 BGH, NJW 1983, S. 1663.

667 BGHZ 57, S. 359, 365f; BGH, NJW 1977, S. 1817; NJW 1983, S. 1663; Kreft, Rn. 295; Kreft, WM 1977, S. 382, 385; Büchs, Rn. 1433; kritisch zur Senkung der Opfergrenze: Aust in: Aust/Jacobs/Pasternak, Rn. 695.

668 BGHZ 125, S. 258ff; BGH, NJW 1965, S. 1912f.

669 BGHZ 134, S. 316ff.

670 BGHZ 136, S. 182ff.

671 BGH, DVBl 1972, S. 827ff.

a. Allgemeine Grundsätze

Der Zweck der Entschädigung ist es, einen äquivalenten Ausgleich für das Sonderopfer des Betroffenen zu gewähren.[672] Es ist daher grundsätzlich – soweit nicht etwas anderes in verfassungsgemäßer Form bestimmt ist[673] – voller Ausgleich für den eingetretenen Substanzverlust zu gewähren, z.B. bei Grundstücken der Verkehrswert.[674] Nicht einzubeziehen sind hingegen erst in der Zukunft liegende Wertsteigerungen oder erhoffte Einnahmen, die sich noch nicht soweit konkretisiert haben, dass sie bereits wertbestimmend sind.[675] Der entscheidende Unterschied zum Schadensersatz ist, dass der Betroffene durch die Entschädigung nicht so gestellt werden soll, als wenn der Eingriff überhaupt nicht erfolgt wäre.[676] Entgangener Gewinn ist mithin regelmäßig nicht Gegenstand der Entschädigung.[677] Jedoch sind bestimmte Folgeschäden, die nicht Substanzschäden sind, zu ersetzten, sofern sie die unmittelbare Folge der Enteignung sind und deshalb zu dem abverlangten Sonderopfer hinzu gezählt werden können.[678] Hierzu findet sich z.B. in § 96 BauGB eine ausdrückliche gesetzliche Regelung.

Ausgehend von diesen allgemeinen Grundsätzen müsste bei der vorübergehenden Beeinträchtigung eines Gewerbebetriebes dessen Substanzverlust ermittelt und entschädigt werden, wobei entgangener Gewinn nicht einzubeziehen wäre.

b. Entschädigung bei Straßenbauarbeiten

Bei der bereits geschilderten Rechtsprechung zu Beeinträchtigungen durch Straßenbauarbeiten hat sich jedoch gerade bei vorübergehenden Eingriffen eine besondere Art der Berechnung der Entschädigung in Rechtsprechung und Literatur durchgesetzt. Ginge man von den allgemeinen Grundsätzen aus, müsste zunächst der Gesamtwert des Betriebes ermittelt, dann die entgangene Nutzung oder Verzinsung des Kapitals errechnet und hiervon für die Zeit der Beeinträchtigung ein

---

672 Wendt in: Sachs, GG, Art. 14, Rn. 169.

673 Zur Möglichkeit der Festsetzung einer Entschädigung unterhalb des Marktwertes vgl. BVerfGE 24, 367, 421; 46, 268, 285; BGHZ 59, 250, 254.

674 Lorenz in: Erman, vor § 903, Rn. 13; Nüßgens/Boujong, Rn. 386; Kreft, WM 1982, Beilage 7, S. 3, 7f.

675 BGH, WM 1972, S. 371, 372; Wendt in: Sachs, GG, Art. 14, Rn. 170; Schwager/Krohn, WM 1991, S. 33, 36.

676 Kreft, Rn. 309; Maurer, VerwR AT, § 27, Rn. 65; Schwager/Krohn, WM 1991, S. 33, 48.

677 BGH, WM 1964, S. 968, 970; Lorenz in: Erman, vor § 903, Rn. 13.

678 Maurer, VerwR AT, § 27, Rn. 70; Kreft, WM 1982, Beilage 7, S. 3, 21f.

entsprechender Teil zugesprochen werden.[679] Stattdessen gewährt die Rechtsprechung jedoch unter Zustimmung der Literatur dem Gewerbetreibenden den Ersatz des Gewinns, den der Gewerbebetrieb für den Eingriffszeitraum im Vergleich zum Zeitraum vor dem Eingriff weniger erwirtschaftet hat.[680] Dies ist letztlich nur eine vereinfachte Berechnung des Substanzverlustes.[681] Zudem bleibt die Abgrenzung zum vollen Schadensersatz dadurch gewährleistet, dass Zuwachswerte für eine hypothetische Weiterentwicklung des Betriebes keine Berücksichtigung finden.[682] Dasselbe gilt für einen dauerhaft verlorenen Marktanteil, z.B. in Form von Kundenabwanderung.[683] Andererseits hat der BGH in einem Fall sogar bei einem mit Verlust arbeitenden Betrieb die Zusprechung von entgangenem Gewinn für möglich erachtet, weil selbst bei negativem Betriebsergebnis die Substanz des Gewerbebetriebes nicht wertlos sein müsse.[684] Die Aussicht auf zukünftige Gewinne – etwa nach einer Anlaufphase nach Betriebsgründung – sei dann Teil der Substanz und müsse berücksichtigt werden, ohne dass dies ein Verstoß gegen das Verbot der Beachtung zukünftiger Wertentwicklungen sei.[685]

Diese Berechnungsart der Entschädigung belegt die hohe Bedeutung des mit einem Gewerbebetrieb zu erzielenden Gewinns. Dieser ist ein Teil der Substanz des Betriebes und repräsentiert den zusätzlichen Wert des Betriebes, der über dem Wert des Betriebsvermögens liegt. Die Entschädigung ist rechnerisch die Differenz zwischen dem tatsächlich erzielten Betriebsergebnis und dem ohne die Beeinträchtigung erzielbaren Gewinn. Aufgrund dieser Berechnung erhält der Eigentümer des Gewerbebetriebes zugleich einen Ausgleich für die Kosten von evtl. zeitweise unbeschäftigtem Personal und Gerät, denn diese Kosten schmälern das tatsächlich erzielte Betriebsergebnis. Letztlich bekommt der Eigentümer die Gegenleistung für den Einsatz seines im Gewerbebetrieb gebundenen Kapitals, die er zuvor ohne den Eingriff erwirtschaftet hatte. Trotzdem bleibt die Grenze zum Schadensersatz gewahrt[686], indem keine hypothetische Zukunftsbetrachtung

---

679 BGHZ 57, S. 359, 369.

680 BGHZ 57, S. 359, 368; BGH, NJW 1983, S. 1663; NJW 1977, S. 1817; Kreft, WM 1982, Beilage 7, S. 3, 10; Schmidt-Assmann, NJW 1974, S. 1265, 1267.

681 BGHZ 57, S. 359, 369; BGH, NJW 1983, S. 1663; NJW 1977, S. 1817; Büchs, Rn. 3202; Kreft, Rn. 334; Schwager/Krohn, WM 1991, S. 33, 49.

682 BGHZ 57, S. 359, 369; BGH, NJW 1977, S. 1817; Büchs, Rn. 3203; Aust in: Aust/Jacobs/Pasternak, Rn. 696.

683 BGH, NJW 1972, S. 1574, 1575; Büchs, Rn. 3203.

684 BGH, NJW 1975, S. 1967; Aust in: Aust/Jacobs/Pasternak, Rn. 697.

685 BGH, NJW 1975, S. 1967, 1968; Büchs, Rn. 3176.

686 Kritisch Schmidt-Assmann, NJW 1974, S. 1265, 1267, „im Grunde Schadensersatz für entgangenen Gewinn". Dabei übersieht er indes die Unterschiede z.B. im Hinblick auf dauerhafte Schäden durch Kundenabwanderung. Voigt, S. 39f spricht vom

vorgenommen wird. Da Betriebe Straßenbauarbeiten zudem grundsätzlich einkalkulieren müssen, besteht ein Entschädigungsanspruch selbst im Falle des Überschreitens der Opfergrenze nur für den Zeitraum, der über das übliche und damit hinzunehmende Maß hinausgeht.[687]

c. Entschädigung bei Vorenthalten einer Genehmigung

Die Berechnung der Entschädigung bei Vorenthalten einer Genehmigung erfolgt ebenfalls unter Berücksichtigung der vorübergehend unterbundenen wirtschaftlichen Verwertungsmöglichkeit. Im Falle der Versagung der Genehmigung zur Aufstellung von Gewinnspiel-Automaten hat der BGH die Entschädigung an der Differenz der potenziellen Veräußerungswerte des Betriebes mit und ohne die zusätzlichen Automaten orientiert, die letztlich identisch mit dem von den Automaten zu erwartenden Gewinn ist.[688] Bei der Versagung sonstiger Genehmigungen bezüglich Grundstücksgeschäften geht der BGH auch im Falle eines Privateigentümers regelmäßig von einer Entschädigung in Höhe der Bodenrente aus, die ein potenzieller Nutzer für den fraglichen Zeitraum als Miete, Pacht oder Erbbauzins entrichtet hätte.[689] Diese Bodenrente sei im Ergebnis gleichbedeutend mit einer angemessenen Verzinsung des Kapitalwertes, der der entzogenen Substanz des Grundstückes entspräche.[690] Im Falle der Vorenthaltung einer Baugenehmigung für die Anbringung einer Werbeanlage an einem Geschäftshaus, für die die entsprechende Dachfläche vermietet werden sollte, hat der BGH folgerichtig den Mietausfall als Entschädigung für angemessen erachtet.[691]

Bei diesen Entschädigungsberechnungen spielt erneut der entgangene Gewinn die entscheidende Rolle. Zwar hat der BGH diesen nur im Automaten-Fall ausdrücklich erwähnt, jedoch ist in der zu erzielenden Bodenrente oder Miete regelmäßig ein Gewinnanteil des Eigentümers enthalten. Da aber keine hypothetische Zukunftsbetrachtung vorgenommen wird, ist eine Abgrenzung zum Schadensersatz gewahrt. So werden z.B. keine Schäden durch das endgültige Scheitern eines besonders günstigen Kaufvertrages über einen Teil des aufgrund rechtswidriger Verweigerung der Teilungsgenehmigung ungeteilt gebliebenen Grundstückes ersetzt. Ein auch nach Erteilung der Genehmigung verbleibender

---

Ersatz für subjektive Schäden, sieht in der Rechtsprechung aber noch nicht den Schritt zum vollen Schadensersatz vollzogen.

687 BGHZ 57, S. 359, 366 u. 368.

688 BGH, DVBl 1972, S. 827, 828.

689 BGHZ 136, S. 182, 186; 134, S. 316, 324; 125, S. 258, 265; Kreft, Rn. 337.

690 BGHZ 136, S. 182, 186f; 134, S. 316, 324; 125, S. 258, 265.

691 BGH, NJW 1965, S. 1912, 1913.

wirtschaftlicher Schaden wegen eines geringeren Kaufpreises bleibt somit unberücksichtigt.

d. Folgerungen für die Rechtsfolge des § 642 BGB

Die Enteignungsentschädigung bemisst sich demnach in den betrachteten Fällen durch Fortschreibung des ohne die Beeinträchtigung zu erzielenden Gewinns. Dies bedeutet, dass zunächst sämtliche Geschäftsunkosten zu ersetzen sind, sofern ihre Erwirtschaftung während des Eingriffes nicht möglich war. Zuzüglich zu diesen Geschäftsunkosten ist dann ein Gewinnzuschlag zu gewähren. Diese Berechnungsmethode belegt, dass einerseits bei Berücksichtigung von entgangenem Gewinn bei Eingriffen in einen Gewerbebetrieb nicht zwingend voller Schadensersatz vorliegt, da keine hypothetische Zukunftsbetrachtung erfolgt. Andererseits wird die hohe Bedeutung des mit einem Gewerbebetrieb zu erwirtschaftenden Gewinns im heutigen modernen Wirtschaftsleben deutlich. Da im Falle der unterlassenen Mitwirkung ebenfalls ein Eingriff in den Betrieb des Unternehmers vorliegt, dessen Folgen angemessen auszugleichen sind, liegt es nahe, die Entschädigung gleich zu berechnen und die Abgrenzung zu einem Schadensersatzanspruch auch bei § 642 BGB durch die Nichtvornahme einer hypothetischen Zukunftsbetrachtung zu gewährleisten.

Dieser Argumentation kann nicht entgegen gehalten werden, dass bei der Enteignungsentschädigung das besondere Verhältnis zwischen Bürger und Staat eine Rolle spielt, das nicht mit dem Verhältnis zweier Unternehmen vergleichbar ist. Denn bei dem enteignungsgleichen Eingriff handelt es sich um einen Parallelanspruch zu § 906 Abs. 2 S. 2 BGB.[692] Letztere Norm spricht zwar von einem Ausgleich und nicht von einer Entschädigung. Diese Begriffe werden jedoch gleich ausgelegt, so dass die Berechnung des Ausgleiches gerade unter Anwendung der Regeln zur Enteignungsentschädigung erfolgt.[693] Folgerichtig ist der Ausgleich bei vorübergehender Beeinträchtigung eines Gewerbebetriebes unter Zugrunde-

692 BGHZ 91, S. 20, 27; Schwager/Krohn, WM 1991, S. 33, 41; allerdings muss nicht zwingend ein Anspruch aus § 906 Abs. 2 S. 2 BGB bestehen, wenn im Falle eines hoheitlichen Handelns ein Anspruch aus enteignungsgleichem Anspruch bestünde, da der Tatbestand des § 906 BGB zumindest nicht unmittelbar (ggf. aber analog) in allen diesen Fällen erfüllt ist, vgl. BGHZ 62, S. 362, 366.

693 BGHZ 144, S. 200, 209; 142, 66, 70; 62, S. 362, 371; BGH, NJW 2001, S. 1865, 1867; NJW-RR 1988, S. 1291, 1292; Roth in: Staudinger, § 906, Rn. 263; Elshorst, NJW 2001, S. 3222, 3223f; für vollen Schadensersatz plädieren: Säcker in: MüKo, BGB, § 906, Rn. 138; Bassenge in: Palandt, § 906, Rn. 33; Voigt, S. 91f u. 108.

legung von dessen Ertragsverlust zu berechnen.[694] Diese Grundsätze sind also auch im Verhältnis zwischen zwei Bürgern / Unternehmen anwendbar.

Nicht auf § 642 BGB übertragbar ist allerdings die Berechnungsmethode der Enteignungsentschädigung und bei § 906 Abs. 2 S. 2 BGB insoweit, als dass ein gewisser Zeitraum entschädigungslos hinzunehmen ist. Diese Einschränkung wäre nur gerechtfertigt, wenn der Unternehmer das Unterlassen einer Mitwirkungshandlung für einen gewissen Zeitraum genauso hinnehmen müsste wie z.B. der Anliegerbetrieb die Straßenbauarbeiten. Die erforderliche Mitwirkung des Bestellers ist indes ohne Toleranzmarge geschuldet, weshalb bereits mit dem Beginn des Unterlassens ein seitens des Unternehmers nicht mehr entschädigungslos hinzunehmender Zustand eintritt. Darüber hinaus fehlt beim Annahmeverzug der rechtfertigende Hintergrund für einen entschädigungslos zu tolerierenden Zeitraum. Straßenbauarbeiten haben einen Nutzen für den Gewerbebetrieb, da die Straße seiner Erschließung dient. Hingegen hat die unterlassene Bestellermitwirkung ausschließlich negative Folgen für den Unternehmer.

D. Gesamtergebnis

Die vorstehenden Ausführungen verdeutlichen die vielschichtige Verwendung des Wortes „Entschädigung“ sowie die Schwierigkeiten, die Rechtsfolge des § 642 BGB in das Gefüge ggf. parallel bestehender Ansprüche einzuordnen. Ein „typischer“ Entschädigungsanspruch existiert im BGB nicht. Vielmehr neigt der Gesetzgeber dazu, immer dann von einer Entschädigung zu sprechen, wenn die dogmatische Einordnung des Anspruches in Frage steht.

Dennoch konnten vorstehend einige Anspruchsgrundlagen ermittelt werden, die Rückschlüsse auf die Berechnung und die Rechtsnatur des Anspruches aus § 642 BGB ermöglichen. Besonders geeignet ist der Standgeldanspruch aus § 412 Abs. 3, 2. Alt, HGB, der ebenfalls an eine unverschuldete Obliegenheitsverletzung anknüpft und letztlich nur einen Spezialfall zu § 642 BGB darstellt. Diese Parallelen sprechen für eine vergütungsgleiche Berechnung des § 642 BGB, wie sie der allgemeinen Meinung zu § 412 Abs. 3, 2. Alt. HGB entspricht.

Herangezogen werden kann auch die Berechnung der Enteignungsentschädigung bei einem vorübergehenden Eingriff in einen Gewerbebetrieb. Aufgrund des Ersatzes der durch den Eingriff verursachten Gewinneinbuße erhält der betroffene Eigentümer für den Einsatz seines im Gewerbebetrieb gebundenen Kapitals die Gegenleistung, also Vergütung, die er zuvor bei ungestörtem Ge-

---

694 BGHZ 144, S. 200, 209; 62, S. 362, 371; BGH, NJW 2001, S. 1865, 1867; NJW-RR 1988, S. 12919, 1292; Elshorst, NJW 2001, S. 3222, 3224.

schäftsbetrieb erzielt hatte. Da der Unternehmer im Falle des Annahmeverzuges des Bestellers ebenfalls an der Nutzung seines im Gewerbebetrieb gebundenen Kapitals gehindert ist liegt die Übernahme der Berechnungsmethode nahe.

Unterstützt wird dieses Ergebnis durch die Erkenntnisse bezüglich der Berechnung und Rechtsnatur der Ansprüche aus § 546a Abs. 1 BGB und § 651i Abs. 2 S. 2 BGB, wenngleich deren Regelungssituationen nur eingeschränkt oder nicht mit der des § 642 BGB übereinstimmen.

Ein vergütungsgleicher Anspruch wird zudem nicht auf Basis der schadensersatztypischen Differenzhypothese berechnet. Darüber hinaus fügt er sich in das Anspruchssystem bei Abwicklung eines gemäß § 643 BGB beendeten Vertrags ein und berücksichtigt über § 304 BGB hinausgehende Positionen.

Nach alledem richtet sich § 642 BGB auf die Gewährung einer zusätzlichen Vergütung. Der Anspruch ist daher vergütungsgleich, wird also methodisch wie eine Vergütung berechnet und stellt einen Erfüllungsanspruch dar.

Achtes Kapitel: Berechnung einzelner Positionen des Anspruches

Aufbauend auf dieser Einordnung des Anspruches können nun die einzelnen Positionen untersucht werden, die Bestandteil der angemessenen Entschädigung sein können. Dabei kommt der Einordnung als vergütungsgleicher Anspruch nicht die Wirkung zu, dass sämtliche üblicherweise in die Bemessung der Vergütung einfließenden Positionen in der angemessenen Entschädigung zwingend enthalten sind. Vielmehr können sich aus der Regelungssituation des § 642 BGB Abweichungen ergeben. Bei der Untersuchung der einzelnen Positionen kann jeweils auf die bisher gewonnenen Erkenntnisse zu Ansprüchen bei einer Obliegenheitsverletzung und zu anderen Entschädigungsansprüchen zurückgegriffen werden.

A. Vereinbarte Vergütung als Berechnungsgrundlage

Vor Untersuchung der einzelnen Positionen ist noch die Basis zu ermitteln, auf der die vergütungsgleiche Berechnung zu erfolgen hat. Ausweislich der in § 642 Abs. 2 BGB vorgegebenen Kriterien sollen die Höhe der vereinbarten Vergütung und die Dauer des Annahmeverzuges die Grundlagen für die Berechnung sein. Die Verzugsdauer betrifft dabei nur die zeitliche Komponente, die ohne Probleme zu bestimmen ist. Wesentlich schwieriger ist die Bestimmung, was als Vergütung vereinbart ist und ob ein Abweichen von der vereinbarten Vergütung in Betracht kommt.

I. Auftragskalkulation als Ausgangspunkt

Nach einhelliger Ansicht sollen wegen des Anknüpfungspunktes „vereinbarte Vergütung" grundsätzlich nicht die tatsächlichen Mehrkosten, sondern die auf Basis der Auftragskalkulation[695] zu ermittelnden Soll-Kosten ausschlaggebend sein.[696] Dabei sind etwaige Skonti zu berücksichtigen.[697] Für den Fall eines Einheitspreisvertrags bedeutet dies, dass z.B. für einen während eines 60 Werktage dauernden Annahmeverzuges ungenutzt herumstehenden Turmdrehkrans mit Laufkatzausleger, für den in der Auftragskalkulation Kosten von 56 € pro Tag vorgesehen waren, insgesamt 3360 € abzüglich ersparter Aufwendungen für den Nicht-Betrieb als Entschädigung zu zahlen sind.

Schwieriger ist die Ermittlung der vereinbarten Vergütung beim Pauschalpreisvertrag, bei dem dem Auftraggeber u.U. überhaupt keine Angebotskalkulation vorliegt und der Auftragnehmer weniger im Hinblick auf einzelne Posten kalkuliert, sondern vielmehr vorrangig die Erzielung einer insgesamt seine Kosten zzgl. Gewinn abdeckenden Pauschale anvisiert. Infolgedessen ist nicht ohne weiteres feststellbar, wie hoch z.B. der auf den Einsatz bestimmter Geräte entfallende Vergütungsanteil ist. Dieselbe Problematik existiert auch im Falle einer Kündigung gemäß § 649 BGB oder gemäß §§ 643, 645 Abs. 1 S. 2 BGB, da dann ebenfalls die jeweils für den bereits geleisteten Teil der Arbeit vereinbarte anteilige Vergütung zu ermitteln ist. Da § 642 BGB den Zeitraum des Stillstands vor einer Kündigung gemäß § 643 BGB umfasst und damit an die Vergütung für die bereits erbrachte Teilleistung anknüpft, können die entsprechenden Grundsätze zur Aufteilung der Pauschale auch bei § 642 BGB angewendet werden.

Oberstes Gebot bei der Abrechnung nach einer Kündigung ist, dass der Unternehmer durch sie weder Vor- noch Nachteile erleiden soll.[698] Er kann deshalb keinen mehr oder weniger beliebigen Betrag für den Teil der erbrachten Leistung ansetzen, und auch die Höhe der vereinbarten Raten gibt weder den Baufort-

---

695 Diese kann mit der Angebotskalkulation, die auf Basis der auftraggeberseitigen Anfrageunterlagen und sonstigen beschaffbaren Informationen erstellt wird, identisch sein, wenn die Auftragsverhandlungen nicht zu Änderungen geführt haben, vgl. zu den Begriffen: Kapellmann/Schiffers, Bd. 1, Rn. 27.

696 Döring in: Ingenstau/Korbion, § 6 Nr. 6 VOB/B, Rn. 4; Vygen in: Ingenstau/Korbion, § 9 Nr. 3 VOB/B, Rn. 11; Kapellmann in: Kapellmann/Messerschmidt, § 6 VOB/B, Rn. 91; Kapellmann/Schiffers, Bd. 1, Rn. 1649; Kniffka in: Kniffka/Koeble, 8. Teil, Rn. 31; Langen/Schiffers, Rn. 2533; Mai/Merl in: Kleine-Möller/Merl, § 13, Rn. 347; Vygen/Schubert/Lang, Rn. 323.

697 Kapellmann in: Kapellmann/Messerschmidt, § 6 VOB/B, Rn. 92.

698 Werner in: Werner/Pastor, Rn. 1293.

schritt noch die anteilige Vergütung hinreichend wieder.[699] Vielmehr muss der Unternehmer darlegen, wie die erbrachten Leistungen von den nicht erbrachten abzugrenzen und unter Beibehaltung des Preisniveaus der Pauschale zu bewerten sind.[700] Ausschlaggebend ist also der Wert der erbrachten Teilleistungen im Verhältnis zum Wert der Gesamtleistung.[701] Im Ergebnis müssen deshalb Leistungspositionen gebildet werden, die allerdings nicht den Detailierungsgrad eines Einheitspreisvertrags erreichen müssen.[702]

Übertragen auf § 642 BGB bedeutet dies, dass der Unternehmer seine Mehrkosten wegen des Stillstands durch Aufteilung der Pauschale ermitteln muss. Er hat also darzulegen, welche Kosten er für die Bauleistung, die sich verzögert hat, kalkuliert hatte, indem er entsprechende Leistungs- und Vergütungspositionen bildet, die sich in das Preisniveau der Pauschale einfügen. Es ist demnach der Wert des verzögerten Leistungsteils im Verhältnis zur Gesamtpauschale zu ermitteln und auf die einzelnen Kostenträger aufzuteilen, wobei dann natürlich noch die ersparten Aufwendungen abzuziehen sind, § 642 Abs. 2 BGB.

II. Berücksichtigung der tatsächlichen Kosten

Die entsprechend der vorstehenden Ausführungen ermittelte vereinbarte Vergütung soll nach teilweiser Ansicht jedoch nicht das alleinige Kriterium sein. Vielmehr könne der Unternehmer genauso wie bei der Nachtragsberechnung nach § 2 Nr. 5 VOB/B seine tatsächlichen Kosten geltend machen, wenn diese höher als die kalkulierten seien.[703]

Die Unangemessenheit des alleinigen Abstellens auf die kalkulierten Mehrkosten ist nicht ohne weiteres von der Hand zu weisen. Wenn der Unternehmer aufgrund einer schwierigen Marktlage bei einzelnen Positionen unter seinen eigenen Kosten kalkuliert hat, im Extremfall z.B. überhaupt keine Kosten für die Baucontainer angesetzt hat, könnte er folglich bei Zugrundelegung der Auftragskalkulation auch für die Zeit des Annahmeverzuges für diese keine Entschädigung beanspruchen. In aller Regel hat der Unternehmer zudem in solchen Fällen

---

699 Vygen in: Ingenstau/Korbion, § 8 Nr. 1 VOB/B, Rn. 37; Schirmer in: Leinemann, § 8, Rn. 47; Ausführlich zu den Abrechnungsgrundsätzen und den in der Praxis häufig anzutreffenden Fehlern bei der Abrechnung: Kniffka, Jahrbuch Baurecht 2000, S. 1, 5ff.

700 BGH, BauR 1996, S. 846, 848.

701 BGH, BauR 1995, S. 691, 692; BauR 1997, S. 643, 644; Riedl in: Heiermann/Riedl/Rusam, § 8 VOB/B, Rn. 8.

702 Schirmer in: Leinemann, § 2, Rn. 47; Kniffka, Jahrbuch Baurecht 2000, S. 1, 7.

703 Kapellmann in: Kapellmann/Messerschmidt, § 6 VOB/B, Rn.92; Kapellmann/Schiffers, Bd. 1, Rn. 1650; auch Glanzmann in: RGRK, § 642, Rn. 8, will der vereinbarten Vergütung nur mittelbare Bedeutung zumessen.

nicht nur bei einer Position sondern bei mehreren Abschläge von den eigentlichen Kosten vorgenommen. Gerade bei einer durch den Annahmeverzug verursachten Verlängerung der ursprünglich geplanten Bauzeit erscheint ein Festhalten an einer Unterkalkulation wenig sachgerecht bzw. „angemessen". Der Unternehmer wäre dann aufgrund der unterlassenen Mitwirkungshandlung gezwungen, nicht nur z.B. die Baustellencontainer für 6 Monate umsonst zur Verfügung zu stellen, sondern für 9 Monate, obwohl sich vielleicht zwischenzeitlich die Baukonjunktur verbessert hat und er bei Abschluss eines neuen Vertrags die Kosten verdienen könnte. Hat der Unternehmer bei mehreren Positionen Abschläge von den tatsächlichen Kosten vorgenommen, so wäre die allein auf Basis der Auftragskalkulation vorgenommene Berechnung der Entschädigung im Ergebnis gerade keine „angemessene" Entschädigung mehr.

Andersherum kann natürlich die alleinige Hinzuziehung der Auftragskalkulation auch zum Vorteil des Unternehmers und damit zum Nachteil des Bestellers führen, wenn der Unternehmer Vorhaltekosten spekulativ überpreist hat. Dann ist u.U. ebenfalls eine Abweichung interessengerecht und „angemessen".

Allein auf Basis des Hinweises auf § 2 Nr. 5 VOB/B kann indes nicht abschließend beurteilt werden, ob diese Argumentation dogmatisch haltbar ist. Zum Zwecke der Fundierung sollen deshalb Fallgestaltungen, bei denen ähnliche Erwägungen angestellt werden, und Parallelen bei der Berechnung anderer Entschädigungsansprüche aufgezeigt werden.

1. Abweichen von der Auftragskalkulation in anderen Fallgestaltungen

Ähnliche Überlegungen sind in anderen Bereichen des Baurechts ebenfalls anzutreffen und haben im Geltungsbereich der VOB/B zur Schaffung von Spezialregelungen geführt. Daneben wenden Rechtsprechung und Literatur allgemeine rechtliche Grundsätze an und haben hiefür baurechtsspezifische Kriterien entwickelt.

Hierbei ist insbesondere auf § 2 Nr. 5 und Nr. 6 VOB/B zu verweisen, die die Vergütung für geänderte oder zusätzliche Leistungen regeln und damit an das Leistungsbestimmungsrecht des Auftraggebers gemäß § 1 Nr. 3, Nr. 4 S. 1 VOB/B anknüpfen. Die zusätzliche Vergütung ist grundsätzlich auf Basis der ursprünglichen Kalkulation zu berechnen.[704] Eine Ausnahme wird allerdings in Betracht gezogen, wenn eine unsorgfältige Planung des Auftraggebers vor-

704 OLG Naumburg, NZBau 2001, S. 144, 145; Kapellmann in: Kapellmann/Messerschmidt, § 2 VOB/B, Rn. 213.

liegt.[705] Außerdem sollen nach einem Teil der Literatur zwischenzeitliche Lohn- oder Materialpreissteigerungen beachtet werden, wobei als zusätzliche Voraussetzungen dafür u.a. die Verlagerung der Arbeiten in eine spätere Phase als die eigentliche Vertragsleistung oder die Erhöhung der Mengen gegenüber der Vertragsleistung gefordert werden.[706]

Im BGB-Vertrag ist bei geänderten und zusätzlichen Leistungen auf §§ 631, 632 BGB zurückzugreifen[707]; ein einseitiges Leistungsbestimmungsrecht des Bestellers besteht nicht. Die Leistungen sind nicht von der ursprünglichen Vergütungsvereinbarung umfasst und daher ist – vorbehaltlich einer anderweitigen Parteivereinbarung – gemäß § 632 Abs. 2 BGB die übliche Vergütung geschuldet, die anhand der aktuellen Marktlage auszurichten ist, also regelmäßig auch Lohn- oder Materialkostensteigerungen gegenüber der Ursprungskalkulation umfasst.[708] Im Bereich der VOB/B gilt ebenfalls im Zweifel die übliche Vergütung als vereinbart, wenn eine andere Leistung i.S.v. § 1 Nr. 4 S. 1 VOB/B vorliegt[709], bezüglich derer der Auftraggeber kein einseitiges Leistungsbestimmungsrecht hat.

Bei Kostensteigerungen kann bei einem Pauschalpreisvertrag entsprechend der klarstellenden Regelung des § 2 Nr. 7 S. 2 VOB/B eine Anpassung der Vergütung nach den Grundsätzen über den Wegfall der Geschäftsgrundlage in Betracht kommen. Als schwerwiegende Änderung der Geschäftsgrundlage des Vertrages kommen z.B. erhebliche Lohn- und Materialkostensteigerungen in Betracht.[710] Das Festhalten an dem Pauschalpreis muss unzumutbar sein, wofür es keine festen Grenzen gibt; dennoch ist eine Erhöhung der Kosten um mehr als

---

705 Kapellmann in: Kapellmann/Messerschmidt, § 2 VOB/B, Rn. 216; Roquette/Paul, BauR 2003, S. 1097, 1103; OLG Naumburg, NZBau 2001, S. 144, 145, erwägt dies zumindest für den Fall, dass der Auftragnehmer seine Ursprungskalkulation wegen Irrtums anfechten könnte.

706 Kapellmann in: Kapellmann/Messerschmidt, § 2 VOB/B, Rn. 215; Kleine-Möller in: Kleine-Möller/Merl, § 10, Rn. 471 u. 481; Roquette/Paul, BauR 2003, S. 1097, 1104; eingehend Kapellmann/Schiffers, Bd. 1, Rn. 1034ff; ablehnend Keldungs in: Ingenstau/Korbion, § 2 Nr. 5 VOB/B, Rn. 31.

707 Keldungs in: Ingenstau/Korbion, § 2 Nr. 3 VOB/B, Rn. 4.

708 Busche in: MüKo, BGB; § 631, Rn. 123; Werner in: Werner/Pastor, Rn. 1153; Peters in: Staudinger, § 632, Rn. 66 u. 76, will allerdings offenbar den neuen Preis genauso wie bei § 2 Nr. 5, 6 VOB/B berechnen, also nicht die übliche Vergütung gewähren; so für geänderte Leistungen auch Kleine-Möller in: Kleine-Möller/Merl, § 10, Rn. 501, anders aber für zusätzliche Leistungen, § 10, Rn. 499.

709 OLG Düsseldorf, BauR 1996, S. 875, 876; Fanke/Zanner/Grünhagen, § 1, Rn. 74; Werner in: Werner/Pastor, Rn. 1159; Roquette/Paul, BauR 2003, S. 1097, 1098.

710 Keldungs in: Ingenstau/Korbion, § 2 Nr. 7 VOB/B, Rn. 24; Kapellmann/Schiffers, Bd. 2, Rn. 1512.

20 %, eher sogar 25 – 30 % der Gesamtauftragssumme als Grund für eine Preisanpassung anerkannt.[711]

Ein weiterer Anwendungsfall ist die Erhöhung der auszuführenden Massen[712], insbesondere wenn die Ursache Fehler des Auftraggebers bei der Erstellung des Leistungsverzeichnisses waren und der Auftragnehmer diese nicht erkennen konnte.[713] Eine fester Prozentsatz als Grenze zur Unzumutbarkeit existiert wiederum nicht[714], jedoch werden Änderungen in Höhe von mehr als 20 % der Gesamtauftragssumme regelmäßig ausreichend sein.[715] Gleiches gilt bei einer wesentlich anderen Ausführung des Vorhabens gegenüber der ursprünglichen Planung, da ein auf Basis eines Einheitspreisangebots vereinbarter Pauschalpreis nicht jede Leistung umfasst, die der ursprünglich vorgesehenen nur wertmäßig gleich kommt.[716]

Die vorstehenden Grundsätze sind auch anwendbar, wenn ein Doppelirrtum über die auszuführenden Mengen vorliegt, eine Partei den Irrtum der anderen treuwidrig ausnutzt oder sich die Kalkulation der anderen zu Eigen macht.[717] In Einzelfällen kann auch bei einem Irrtum bezüglich eines Einzelpostens eines Pauschalvertrags eine Anpassung des Preises aufgrund eines Wegfalls der Geschäftsgrundlage in Betracht kommen.[718]

2. Andere Entschädigungsansprüche

Bei anderen Entschädigungsansprüchen finden sich ebenfalls Regelungen oder Überlegungen, die den gleichen Hintergrund haben wie die hier angestellten Überlegungen zum möglichen Abweichen von der vereinbarten Vergütung bei der Entschädigungsberechnung.

Bei § 546a BGB hat der Gesetzgeber durch die alternative Gewährung der ortsüblichen Miete statt der vereinbarten ausdrücklich ein Abweichen von der ursprünglichen vertraglichen Vergütung vorgesehen. Dies rechtfertigt sich aus der

---

711 Pastor in: Werner/Pastor, Rn. 2499; Kapellmann/Schiffers, Bd. 2, Rn. 1512.

712 Kapellmann in: Kapellmann/Messerschmidt, § 2 VOB/B, Rn. 284; Weick in: Nicklisch/Weick, § 2, Rn. 80; Pastor in: Werner/Pastor, Rn. 2487ff.

713 OLG Düsseldorf, OLG-Report 1995, S. 52, 54; Kapellmann/Schiffers, Bd. 2, Rn. 1518.

714 BGH, BauR 1996, S. 250, 251.

715 OLG Düsseldorf, OLG-Report 1995, S. 52, 53: 20 %; OLG München, NJW-RR 1987, S. 598, 599: 20 %; Keldungs in: Ingenstau/Korbion, § 2 Nr. 7 VOB/B, Rn. 25; Weick in: Nicklisch/Weick, § 2, Rn. 80.

716 BGH, BauR 1972, S. 118, 119: 25 %.

717 BGH, NJW-RR 1995, S. 1360.

718 BGH, VersR 1965, S. 803; OLG Düsseldorf, BauR 1976, S. 363; Pastor in: Werner/Pastor, Rn. 2492; Kapellmann/Schiffers, Bd. 2, Rn. 1518 u. 1532.

Überlegung, dass durch den Abschluss des Mietvertrags keine Bindung an die vereinbarte Miete auch für die Zeit nach Vertragsende eingetreten ist. Im Übrigen könnte der Vermieter die ortsübliche Miete auch über §§ 812, 818 Abs. 2 BGB erhalten, da diese den Wertersatz für den Nutzungsentzug darstellt.

Für den Bereich der Enteignungsentschädigung hat der BGH in einer Entscheidung selbst bei einem mit Verlust arbeitenden Gewerbebetrieb den Ersatz des entgangen Gewinns wegen der Aussicht auf zukünftige Gewinne für zulässig erachtet.[719] Dieses Urteil macht also eine Ausnahme von der ansonsten vorgenommenen Anknüpfung der Entschädigungsberechnung an die Höhe des bisherigen Gewinns vor dem Eingriff.[720] Dieser Ausnahme liegt die Erwägung zugrunde, dass es unbillig wäre einen Gewerbebetrieb für die Dauer des Eingriffs an einem negativen Ertrag festzuhalten, wenn ohne den Eingriff eine Gewinnphase zumindest früher hätte erreicht werden können.

Bei der Berechnung des Standgeldes gemäß § 412 Abs. 3, 2. Alt. HGB finden sich ebenfalls Erwägungen zur Loslösung der Berechnung von der ursprünglichen Auftragskalkulation. So soll das durchschnittliche zu erzielende Entgelt oder das bei Vertragsschluss für die zusätzliche Standzeit potenziell vereinbarte Entgelt, ausschlaggebend sein.[721] Da § 412 Abs. 3, 2. Alt. HGB keinen Anknüpfungspunkt für die Berechnung des Standgeldes vorgibt, ist ein Abweichen von der ursprünglich vereinbarten Vergütung ohne weiteres möglich. Infolgedessen werden von den Befürwortern eines Abweichens keine Voraussetzungen hierfür aufgestellt.

3. Ergebnis

Die vorstehenden Ausführungen zu der im Bereich des Baurechts teilweise vorgenommen Abweichung von der Auftragskalkulation belegen, dass deren unbedingte Beibehaltung bei Leistungsänderungen nicht immer interessengerecht ist. Bei § 2 Nr. 5 und Nr. 6 VOB/B handelt es sich zwar um die Vergütung für infolge eines vertraglichen Leistungsbestimmungsrecht des Auftraggebers zu erbringende abweichende oder zusätzliche Leistungen, wohingegen bei § 642 BGB der Auftraggeber keine Anordnung getroffen, sondern nur eine – u.U. schuldlose – Obliegenheitsverletzung begangen hat. Aber auch in letzterem Fall ist die zusätzliche Leistung in Form der Vorhaltung von Personal und Gerät nicht Gegenstand der ursprünglichen Vereinbarung und damit der Auftragskalkulation gewesen.

719 BGH, NJW 1975, S. 1967, 1968; zustimmend: Aust in: Aust/Jacobs/Pasternak, Rn. 697; Büchs, Rn. 3176.

720 S. oben Siebentes Kapitel, C. VIII. 2. b.

721 Koller, Transportrecht, § 412 HGB, Rn. 58; Müller in: Praxishandbuch Transportrecht, B. I., Rn. 136; s. bereits oben Siebentes Kapitel, B. VI. 4.

Bei der Ausführung von zusätzlichen oder geänderten Leistungen ohne gesonderte Vergütungsvereinbarung ist aber im Bereich des BGB-Werkvertrags gemäß § 632 Abs. 2 BGB die übliche Vergütung geschuldet und nicht eine aus der Auftragskalkulation fortentwickelte. Folgerichtig müsste auch für die Vorhaltung von Personal und Gerät während des Annahmeverzuges die übliche Vergütung geschuldet sein. Im VOB-Vertrag ist zwar im Falle von § 2 Nr. 5 oder Nr. 6 VOB/B grundsätzlich die vereinbarte Vergütung Berechnungsgrundlage, jedoch belegen die diskutierten Ausnahmen das Bedürfnis im Einzelfall hiervon abzuweichen, wenn ansonsten eine unbillige Belastung einer Vertragspartei einträte. Dies kommt insbesondere bei einer Erhöhung der ausgeführten Mengen in Betracht. Um nichts anderes geht es aber auch bei § 642 BGB. Für die Zeit des Annahmeverzuges müssen Gerät und Personal länger vorgehalten werden, die Menge der Vorhaltestunden erhöhen sich also, und dies war nicht Gegenstand der ursprünglichen vertraglichen Vereinbarung. Vergleicht man den Annahmeverzug also mit einer zusätzlichen, nicht von der ursprünglichen Vereinbarung umfassten Leistung, so müsste für diesen Zeitraum gemäß § 632 Abs. 2 BGB sowohl im BGB- als auch VOB-Vertrag die ortsübliche Vergütung gezahlt werden.

Bestätigt wird die Interessengerechtheit des Abweichens von einer vorherigen Kalkulation des Weiteren durch die Berechnung bei anderen Entschädigungsansprüchen. Bei diesen werden ebenfalls in Form der ortsüblichen Miete und des zu erzielenden Gewinns nach einer Verlustphase Abweichungen von der eigentlich zu gewährenden Entschädigung gewährt. In die gleiche Richtung zielen die Erwägungen zur Berechnung des Standgeldes, die letztlich auf die Ermittlung des üblichen Entgelts abzielen.

Aufgrund des gesetzlichen Anknüpfungspunktes in Form der vereinbarten Vergütung kann indes nicht jegliches Auseinanderklaffen der tatsächlichen und kalkulierten Kosten zum Abweichen von der Auftragskalkulation führen. Dies wäre auch nicht gerechtfertigt, weil Verzögerungen von Werkleistungen, insbesondere bei Bauleistungen alltäglich und daher bis zu einem bestimmten Maß einzukalkulieren sind. Vielmehr ist die Grenze zu bestimmen, ab der das tolerierbare Maß der Verzögerung überschritten wird. Bei der Bestimmung dieser prozentualen Grenze sollte man sich an den Grundsätzen zum Wegfall der Geschäftsgrundlage orientieren und eine Schwelle von ca. 20 % ansetzen. Diese ist dann allerdings nicht auf den Gesamtauftragswert zu beziehen, da andernfalls ohnehin § 313 BGB eingreifen würde und es gerade um die Festlegung einer darunter liegenden Schwelle des tolerierbaren Risikos geht, ab der nicht mehr von einer angemessenen Entschädigung gesprochen werden könnte, wenn nur die vereinbarte Vergütung als Berechnungsgrundlage ausschlaggebend wäre. Es soll also nicht festgelegt werden, wann ein Wegfall der Geschäftsgrundlage für den Gesamtvertrag in Betracht kommt, sondern wann die ursprüngliche Kalkulationsgrundlage für die Zeit des Annahmeverzuges nicht mehr zu einer angemessenen Entschädigung führt. Aufgrund dieser Zielrichtung muss die Höhe der Gesamtentschädigung für die Dauer des Annahmeverzuges der Bezugspunkt sein. Es ist also festzustellen, ob die auf Basis der Auftragskalkulation errechnete Entschädigung 20 % niedriger ist als die auf Basis der tatsächlichen entstandenen Kosten. Die 20 % - Grenze ist dabei nicht als Fixum, sondern als Regelfall zu begreifen. Letztlich muss in jedem Einzelfall ermittelt werden, wann ohne ein Abstellen auf die tatsächlichen Kosten keine angemessene Entschädigung mehr vorliegt. Hierbei ist auch das Verhältnis der Gesamtauftragssumme zur Entschädigung im Auge zu behalten. Sofern die tatsächlichen Kosten zwar nicht 20 % höher sind als die kalkulierten kann trotzdem ein Abweichen von der Auftragskalkulation gerechtfertigt sein, wenn andernfalls der Gewinn aus dem Gesamtauftrag aufgezehrt würde.

Nach alledem ist davon auszugehen, dass bei § 642 BGB keine zwingende Bindung an die vereinbarte Vergütung zur Ermittlung der angemessenen Entschädigung vorliegt. Die vereinbarte Vergütung als Anknüpfungspunkt für die Berechnung der angemessenen Entschädigung ist nur der Normfall, von dem das Gesetz grundsätzlich auszugehen hat. Im Regelfall ist die vereinbarte Vergütung die angemessene Gegenleistung für die Werkleistung und damit auch für den Verzögerungszeitraum. Diese Äquivalenzvermutung kann der Unternehmer aber erschüttern, indem er darlegt, dass er tatsächlich um ca. 20 % höhere Kosten hat. Aufgrund dieser prozentualen Grenze ist auch die Abgrenzung zum Schadensersatzanspruch gewährleistet, bei dem aufgrund der Differenzhypothese einzig und allein die tatsächlichen Kosten entscheidend sind.

Gilt die Abweichung von der Auftragskalkulation zu Gunsten des Unternehmers, muss dies aber auch zu Gunsten des Bestellers gelten. Dieser kann also ebenfalls darlegen, dass die tatsächlichen entstandenen Kosten um mindestens ca. 20 % unter den kalkulierten liegen. Dies entspricht zwar nicht § 2 Nr. 5 und Nr. 6 VOB/B. Bei den dort zugrunde liegenden Fallgestaltungen hat der Auftraggeber aber die Wahl, statt der Anordnung an den bereits beauftragten, teuren Unternehmer einen anderen, billigeren zu beauftragen. Diese Wahlmöglichkeit hat der Besteller im Falle seines Annahmeverzuges nicht, der noch dazu unverschuldet sein kann. Aufgrund ähnlicher Erwägungen wirken die Grundsätze über den Wegfall der Geschäftsgrundlage und die vorgeschlagenen Berechnungen des Standgeldes jeweils auch zu Gunsten des Auftraggebers. Hierbei hat der Auftraggeber bzw. Absender ebenfalls keinen Einfluss auf die maßgeblichen Umstände bzw. ihm fällt nur eine Obliegenheitsverletzung zur Last. Die u.U. unverschuldete Obliegenheitsverletzung bei § 642 BGB rechtfertigt es daher nicht, den Besteller ohne Ausnahme an eine zu hohe Kalkulation des Unternehmers zu binden.

B. Direkte Kosten

Die unterlassene Mitwirkung führt beim Unternehmer regelmäßig zu erhöhten Direkten Kosten. Bei diesen handelt es sich um Kosten, die direkt einer bestimmten Bauleistung zuzuordnen sind, wie z.B. die Kosten für das Material, die Löhne und das Gerät.[722]

I. Kosten für unbeschäftigtes Personal und Gerät

Eine wesentliche Position sind die Kosten für das während der Dauer der unterlassenen Mitwirkungshandlung unbeschäftigte Personal und das auf der Baustelle nutzlos herumstehende Gerät. Die Ersatzfähigkeit der entsprechenden zeitabhängigen Vorhaltekosten ist allgemein anerkannt.[723] Zudem entspricht dies auch der Berechnung des Standgeldes gemäß § 412 Abs. 3, 2. Alt. HGB, in das insbesondere die Kosten für das ungenutzte Fahrzeug und den unbeschäftigten Fahrer einzubeziehen sind. Das Gleiche gilt bei der Enteignungsentschädigung, in deren Berechnung auf Grundlage des üblicherweise zu erwarten gewesenen Gewinns ebenfalls indirekt die Kosten für unbeschäftigtes Personal und Gerät einbezogen sind. Der üblicherweise zu erwartende Gewinn wird nämlich nur dann erreicht, wenn zunächst diese Kosten abgedeckt sind. Schließlich fließen die Direkten Kosten auch in die Entschädigung gemäß § 651i BGB ein. Denn der Reiseveranstalter erhält als Bestandteil des Reisepreises auch die Kosten für die nicht in Anspruch genommenen Leistungen, sofern sie nicht durch anderweitige Verwendung der Reiseleistungen erspart werden. In die Entschädigung einzubeziehen sind daher z.B. die anteiligen Kosten für das ungenutzte Hotelzimmer.

Die Personalkosten sind dabei grundsätzlich entsprechend dem kalkulierten Lohn für das für die verzögerte Bauleistung eingeplante Personal zu berechnen. Der Unternehmer muss also darlegen, welches Personal wegen des Stillstands nicht beschäftig werden konnte, obwohl es für die entsprechende Bauleistung vorgesehen war. Hierzu ist in erster Linie die ursprüngliche Auftragskalkulation heranzuziehen. Hätte der Rohbauunternehmer während der Dauer des Annahmeverzuges z.B. 1000 m^3 Fundamentbeton verbauen können und hat er mit einem Personaleinsatz von 0,70 Mannstunden pro m^3 kalkuliert, so erhält er die Lohnkosten für 700h als Entschädigung für nicht anderweitig eingesetztes Personal.

---

722 Swoboda, BB 1991, Beilage 15, S. 6, 8.

723 OLG Celle, BauR 2000, S. 416, 419; OLG Köln, IBR 2004, S. 411; Motzke in: Beck'scher VOB-Kommentar, § 9 Nr. 3, Rn. 16; Leinemann in: Leinemann, § 6 VOB/B, Rn. 166; Peters in: Staudinger, § 642, Rn. 25; Sibert/Kleine-Möller in: Kleine-Möller/Merl, § 15, Rn. 152; Vygen/Schubert/Lang, Rn. 323.

Die Gerätekosten sind ebenfalls grundsätzlich auf Basis der kalkulierten Ansätze zu berechnen, wobei z.B. auf firmeninterne Gerätekostenblätter zurückgegriffen werden kann.[724] Sind die Geräte gemietet, ist die Miete anzusetzen.

Sofern zum Zeitpunkt des Eintritts des Stillstands mehr Personal oder Gerät im Einsatz war als ursprünglich vorgesehen, kann der Unternehmer hierfür grundsätzlich keine Entschädigung verlangen.[725] Andernfalls könnte er anderweitig unbeschäftigtes Personal oder ungenutztes Gerät intern der verzögerten Bauleistung zuschlagen und so sein allgemeines Unternehmerrisiko dem Besteller aufbürden.

II. Mehraufwendungen wegen späterer Leistungserbringung

Häufig entstehen dem Unternehmer in Folge der Verlagerung seiner Leistungserbringung auf einen späteren Zeitraum Mehrkosten infolge von Lohnsteigerungen oder höheren Materialkosten gegenüber dem ursprünglich vorgesehenen Ausführungszeitraum oder wegen der Verlagerung der Arbeiten in eine ungünstigere Jahreszeit. Hierbei handelt es sich nicht um Mehraufwendungen während der Zeit des Annahmeverzuges, sondern zur Erbringung der aufgrund des Annahmeverzuges verspäteten Werkleistung. Inwieweit solche Mehraufwendungen zu ersetzen sind, ist umstritten.

1. Meinungsstand

Das OLG Düsseldorf hat ohne nähere Begründung in einem Urteile aus dem Jahre 1981 Mehrkosten wegen erhöhter Material- bzw. Personalkosten zugesprochen.[726] Auch in der Literatur findet sich die Auffassung, dass Mehrkosten zur Entschädigung gehören.[727] *Peters* befürwortet eine analoge Anwendung des § 642 BGB wegen ihres Grundgedanken, nach dem der Werklohn wegen des Annahmeverzuges nicht geschmälert werden soll.[728] *Kniffka* weist darauf hin, dass der Anknüpfungspunkt „Dauer des Verzuges" in § 642 Abs. 2 BGB nicht in dem Sinne zu verstehen sei, dass die Entschädigung nur für die Verzugsdauer zu gewähren sei.[729] Dies wäre bei gleich bleibender Ausführungszeit ohne Sinn, da dann gar keine finanziellen Nachteile in der Zeit des Annahmeverzuges einträ-

---

724 Kumlehn, BuB 2004, S. 28, 30.
725 Kumlehn, BuB 2004, S. 28, 30.
726 OLG Düsseldorf, BauR 1983, S. 473, 475.
727 Voit in: Bamberger/Roth, § 642, Rn. 14; Nicklisch in: Nicklisch/Weick, Einl. §§ 4-13, Rn. 54; Glanzmann in: RGRK, § 642, Rn. 5; Langen/Schiffers, Rn. 2533.
728 Peters in: Staudinger, § 642, Rn. 28.
729 Kniffka, § 642, Rn. 53.

ten.[730] Vielmehr läge häufig die Äquivalenzstörung gerade in den durch die verspätete Ausführung verursachten Mehrkosten, die der Unternehmer nicht einkalkuliert hat und auch nicht einkalkulieren musste.[731]

Koller hingegen verweist darauf, dass § 642 BGB einzig und allein die längere Vorhaltung der Leistungskapazität ausgleichen will, bei einer Verteuerung der Werkleistung bliebe dem Unternehmer nur die Kündigung nach § 643 BGB.[732]

2. Stellungnahme

Dem Gesetzeswortlaut ist nicht zu entnehmen, dass die Entschädigung nur für die Dauer des Verzugs zu gewähren sein soll, also mit diesem Kriterium eine zeitliche Beschränkung einhergehen soll. Vielmehr hat die Verzugsdauer bei der Bemessung der angemessenen Entschädigung lediglich Berücksichtigung zu finden. Die Mehrkosten haben ihre Ursache aber gerade in der Dauer des Verzugs, knüpfen also an dieses Kriterium an. Ohne die Verschiebung der Werkleistung in einen späteren Zeitraum hätten die Kostensteigerungen keine Rolle gespielt. Regelmäßig steigern sich Löhne und Materialkosten zudem umso mehr, je länger der Verzug dauert. Wollte man diese Kosten nicht bei der Entschädigung berücksichtigen, wäre der zu gewährende Gewinnzuschlag auf die Kosten des Stillstands in aller Regel durch die späteren Mehrkosten nicht nur aufgebraucht, sondern überschritten, mit der Folge, dass der Unternehmer trotz der Entschädigung für die Dauer des Annahmeverzuges Verlust machen würde. Die Kündigung gemäß § 643 BGB ist kein für den Unternehmer zumutbarer Ausweg, denn hierdurch würde er bezüglich der nicht ausgeführten Arbeiten gemäß § 645 Abs. 1 BGB nur einen Auslagenersatz erhalten[733], müsste folglich auf seinen Unternehmergewinn insoweit verzichten. Des Weiteren erleidet der Besteller durch die Berücksichtigung der Mehrkosten keinen unangemessenen Nachteil. Bei einer von vornherein für einen späteren Zeitpunkt geplanten Bauausführung hätte er entweder erst später den Bauvertrag abgeschlossen und dabei wären in den Werklohn die dann aktuellen höheren Kosten eingeflossen, oder der Unternehmer hätte mögliche Kostensteigerungen kalkulatorisch berücksichtigt oder auf eine Preisgleitklausel gedrungen. Schließlich ist auch die Abgrenzung zu einem Schadensersatzanspruch gewahrt. Es werden nur die Mehrkosten entschädigt, die im jeweiligen Vertragsverhältnis entstehen. Unberücksichtig bleiben mithin die Mehrkosten bei Folgeaufträgen, wenn diese verspätet ausgeführt werden. Drohen

---

730 Kniffka, § 642, Rn. 53.
731 Kniffka, § 642, Rn. 53f.
732 Koller, Risikozurechnung, S. 245.
733 Es sei denn, es liegt ein schuldhafter Boykott des Bestellers vor, vgl. hierzu oben Sechstes Kapitel, C. II.

diese zu hoch zu werden, muss der Unternehmer bei wirtschaftlicher Betrachtung gemäß § 643 BGB kündigen.

III. Beschleunigungskosten

Es können auch erhöhte Kosten für die nach Beendigung des Annahmeverzuges beschleunigte Ausführung der Arbeiten zum Zwecke der Einhaltung des Terminplans entstehen. Das OLG Köln hat in einer Entscheidung aus dem Jahre 2003 einen Anspruch aus § 642 BGB bezüglich der Kosten für Überstundenableistung zur schnelleren Fertigstellung der Werkleistung verneint, da diese Kosten erst nach Beendigung des Annahmverzugs entstanden und daher von der Systematik des § 642 BGB nicht erfasst seien.[734]

Dagegen ist nach *Kniffka* der Unternehmer wegen des Rechtsgedankens des § 254 BGB gehalten, die Folgen des Annahmeverzuges im Rahmen des ihm Zumutbaren gering zu halten, weshalb hierfür auch eine Entschädigung vorzusehen sei.[735] Allerdings dürften die Beschleunigungskosten nicht höher ausfallen als die im Falle des Überschreitens des Terminplans für die Zeit des Annahmeverzuges zu zahlende Entschädigung.[736]

Beschleunigungsmaßnahmen zur Einhaltung des vorgesehenen Fertigstellungszeitpunkts können sicherlich im Interesse des Bestellers sein, da er andernfalls Nachteile wegen der verspäteten Nutzbarkeit des Objekts, z.B. in Form von Mietausfällen, erleiden kann. Zwingend ist dies allerdings nicht, insbesondere bei zur eigenen Nutzung durch den Besteller bestimmten Objekten entstehen nicht auf jeden Fall finanzielle Nachteile durch die spätere Fertigstellung. Selbst wenn man § 254 BGB auf § 642 BGB anwenden wollte[737], kann hieraus zudem nicht ohne weiteres eine Pflicht des Unternehmers zur Geringhaltung seiner eigenen Entschädigung gemäß § 642 BGB gefolgert werden, indem er durch Beschleunigungsmaßnahmen den Terminplan noch einhält. Vielmehr ist es zuvörderst die Entscheidung des Bestellers, wie nach Beendigung seiner Obliegenheitsverletzung weiter verfahren wird. Ordnet er Beschleunigungsmaßnahmen an, werden diese im VOB-Vertrag gemäß § 2 Nr. 5 VOB/B vergütet. Im BGB-Vertrag ist mangels eines einseitigen Anordnungsrechts eine gegenseitige Vereinbarung notwendig, der sich der Unternehmer im Rahmen des ihm Zumutbaren allerdings kaum verweigern wird. Liegt eine Anordnung oder Vereinbarung vor, stellt sich die Frage nach der Ersatzfähigkeit der Kosten im Rahmen des § 642 BGB über-

---

734 OLG Köln, IBR 2004, S. 411; zustimmend: Raab in: AnwK, § 642, Rn. 13.
735 Kniffka, § 642, Rn. 57.
736 Kniffka, § 642, Rn. 57.
737 S. hierzu unten, Achtes Kapitel, H.

haupt nicht. Bei eigenmächtig durchgeführten Beschleunigungsmaßnahmen scheitert ein Ersatz der Kosten gemäß § 642 BGB schon an der fehlenden Kausalität zwischen diesen und dem Annahmeverzug, denn sie haben ihre Ursache in einer eigenen Willensentscheidung des Unternehmers. Infolgedessen ist der Ersatz von Beschleunigungskosten gemäß § 642 BGB[738] dogmatisch nicht zu rechtfertigen.

IV. Forderungen von Nachunternehmern

Wenn der Unternehmer seinerseits Nachunternehmer beauftragt hat, ist er diesen gegenüber selbst in der Rolle eines Bestellers. Der Hauptunternehmer sieht sich dann ebenfalls Ansprüchen aus § 642 BGB oder §§ 280, 286 BGB, 6 Nr. 6 VOB/B ausgesetzt und möchte diese Forderungen an seinen Besteller weitergeben. Sofern es sich um auf § 642 BGB gestützte Forderungen handelt, bestehen hiergegen keine Bedenken. Es macht keinen Unterschied, ob die entsprechenden Direkten Kosten direkt beim Hauptunternehmer entstehen oder bei dessen Nachunternehmer. Die Weiterreichung des Auftrages kann sich nicht zugunsten des eigentlichen Verursachers auswirken.

Wenn aber aufgrund einer entsprechenden vertraglichen Gestaltung zwischen dem Hauptunternehmer und dem Nachunternehmer eine Pflichtverletzung des Hauptunternehmers vorliegt und damit ein Schadensersatzanspruch des Nachunternehmers eingreift, so kann dies nicht zum Nachteil des Bestellers gehen. Der Hauptunternehmer kann also nicht den Schadensersatzbetrag als Entschädigung verlangen, sondern nur eine dann gesondert zu berechnende potenzielle Entschädigung des Subunternehmers nach § 642 BGB. Eine solche Fallgestaltung dürfte aber praktisch kaum existieren. Da nach der Rechtsprechung des BGH allein die Vereinbarung von Ausführungsterminen nicht zur Qualifizierung der bis zum Termin vorzunehmenden Mitwirkungshandlung als Pflicht führt[739], kommt der Hauptunternehmer regelmäßig selbst nur in Annahmeverzug. Ein gut beratender Hauptunternehmer wird zudem keine Pflicht zur Erbringung von Mitwirkungshandlungen vereinbaren, wenn er selbst auf diese keinen Einfluss hat und der Besteller ihm nicht seinerseits zur Erbringung verpflichtet ist.

738 In Betracht kommen allerdings z.B. Ansprüche aus GoA, wobei die Voraussetzungen kaum vorliegen dürften.

739 BGH, BauR 2000, S. 722, 724; Kniffka, Jahrbuch Baurecht 2001, S. 1, 16.

C. Gemeinkosten

Neben den Direkten Kosten laufen während des Annahmeverzuges auch die Gemeinkosten des Unternehmers weiter. Bei diesen geht es um Positionen, die nicht unmittelbar einem Kostenträger, also einer Teilbauleistung, zuzuordnen sind, sondern für mehrere Bauleistungen bzw. den Geschäftsbetrieb als solchen gemeinsam anfallen.[740]

I. Baustellengemeinkosten

Es entspricht allgemeiner Meinung, dass die Entschädigung gemäß § 642 BGB grundsätzlich auch Baustellengemeinkosten umfassen kann.[741] Diese sind teilweise im Leistungsverzeichnis gesondert aufgeführt oder werden ansonsten durch Zuschläge auf die anderen Kostenträger umgelegt.[742] Zu beachten ist hierbei allerdings, dass Teile der Baustellengemeinkosten, wie z.B. die Kosten der einmaligen Baustelleneinrichtung, nicht zeitabhängig sind und daher trotz Verzugs nicht erhöht anfallen. Bei der Entschädigung sind nur die tatsächlich erhöhten Kosten zu berücksichtigen.[743] Letztlich sind Baustellgemeinkosten daher bei der Entschädigung genauso wie die Direkten Kosten zu behandeln.[744] Damit sind z.B. die Kosten für die Vorhaltung des Baustellcontainers und der Bauleitung grundsätzlich aus der Auftragskalkulation zu entnehmen.

II. Allgemeine Geschäftskosten

Allgemeine Geschäftskosten entstehen durch den Betrieb als Ganzes, wie z.B. Verwaltungskosten und Versicherungsprämien, und werden den einzelnen Bauleistungen durch entsprechende prozentuale Zuschläge auf die Direkten Kosten (Verhältnis erwarteter Allgemeine Geschäftskosten zu kalkulierter Jahresbauleistung) zugeordnet.[745] Nach allgemeiner Meinung sind sie Bestandteil der Entschädigung.[746] Es entspricht dabei gängiger Auffassung, dass der prozentuale Zu-

740 Swoboda, BB 1991, Beilage 15, S. 6, 8.

741 Vygen in: Ingenstau/Korbion, § 9 Nr. 3 VOB/B, Rn. 13; Döring, FS Jagenburg, S. 111, 116; Kapellmann /Schiffers, Bd. 1, Rn. 1650; Vygen/Schubert/Lang, Rn. 324.

742 Langen/Schiffers, Rn. 107 und 1450ff zur Methodik der Zuordnung.

743 Kapellmann in: Kapellmann/Messerschmidt, § 6 VOB/B, Rn. 92; Mai/Merl in: Kleine-Möller/Merl, § 14, Rn. 11.

744 Kapellmann in: Kapellmann/Messerschmidt, § 6 VOB/B, Rn. 92.

745 Kapellmann/Schiffers, Bd. 1, Rn. 10; Swoboda, BB 1991, Beilage 15, S. 6, 9.

746 OLG Celle, BauR 2000, S. 416, 419; Schwenker in: Erman, § 642, Rn. 5; Döring in: Ingenstau/Korbion, § 6 Nr. 6 VOB/B, Rn. 49.

schlag aus der Auftragskalkulation zu übernehmen und auf die Direkten Kosten der Entschädigung aufzuschlagen ist.[747] Nach anderer Auffassung muss jedoch eine Aufspaltung der Allgemeinen Geschäftskosten erfolgen, da diese nur teilweise zeitabhängig seien und deshalb nicht vollständig erhöht anfallen würden.[748] Wiederum eine andere Meinung will aus der Ursprungskalkulation einen konkreten auf den jeweiligen Auftrag bezogenen Monatsbetrag errechnen und diesen dann mit der Zeit des Annahmeverzuges multiplizieren.[749]

Ausgangspunkt muss die Berechnung der Entschädigung nach Vergütungsmaßstäben sein. Bei der Erstellung der Auftragskalkulation werden die Allgemeinen Geschäftskosten auf die anderen Kostenträger prozentual aufgeschlagen. Dann muss dies grundsätzlich auch für die Berechnung der Entschädigung gelten. Die Errechnung eines konkreten Monatsbetrags ist deshalb abzulehnen, denn dies entspricht nicht der ursprünglich Kalkulation und wäre allenfalls auf Basis der schadensersatztypischen Differenzhypothese zu rechtfertigen.

Die weiteren Erwägungen zur Aufspaltung der Allgemeinen Geschäftskosten in zeitabhängige und –unabhängige sind letztlich eine Frage nach der Anrechnung ersparter Aufwendungen gemäß § 642 Abs. 2, 2. HS BGB. Bei den zeitabhängigen Allgemeinen Geschäftskosten kommt eine Anrechnung bereits deshalb nicht in Betracht, weil sie auch während des Annahmeverzuges aufgrund ihrer Zeitabhängigkeit anfallen. Bei den nicht zeitabhängigen Allgemeinen Geschäftskosten droht durch den Stillstand ebenfalls eine Unterdeckung, weil in Folge der Verlängerung der Bauzeit der Unternehmer für das Geschäftsjahr weniger Werkverträge erfüllen und damit ein geringes Bauvolumen als geplant realisieren kann. Folglich sind auch sie nicht erspart.[750] Sollte ausnahmsweise wegen eines anderweitig unerwartet erfolgreichen Geschäftsjahres bereits eine Deckung der zeit-

747 OLG Celle, BauR 2000, S. 416, 419; Kapellmann in: Kapellmann/Messerschmidt, § 6 VOB/B, Rn. 92; Leinemann in: Leinemann, § 6 VOB/B, Rn. 166; der BGH, Schäfer/Finnern Z 2.511, Bl. 8, hat hierüber zwar nicht entschieden, aber die Vorinstanz hat ausweislich der Urteilsgründe so gerechnet.

748 Kniffka, § 642, Rn. 54; Kumlehn, BuB 2004, S. 28, 32.

749 Vygen/Schubert/Lang, Rn. 509, die im Falle eines Schadensersatzanspruches nur 75 % dieses Betrages ansetzen wollen, Rn. 505ff. Dies hätte zur Folge, dass die Entschädigung höher als der Schadensersatz ausfiele – ein schwer nachvollziehbares Ergebnis. Für einen Schadensersatzanspruch schlägt auch Drittler, BauR 1999, S. 825, 829, diese Methode vor.

750 Im Ergebnis entspricht dies der Rechtsprechung zu § 649 S. 2, 2. HS BGB, nach der Allgemeine Geschäftskosten nie erspart sind, vgl. BGH, BauR 2000, S. 430, 432; BauR 2000, S. 126, 128; BauR 1999, S. 642, 644. Die Begründung, dass die Allgemeinen Geschäftskosten für die geplante Bauzeit endgültig dem gekündigten Auftrag zugeordnet waren, ist allerdings nicht übertragbar, da es bei § 642 BGB nicht um die Deckung für die ursprüngliche geplante Bauzeit geht, sondern für die Bauzeitverlängerung.

unabhängigen Allgemeinen Geschäftskosten vorliegen, so führt dies dennoch nicht zur Anrechnung nach § 642 Abs. 2, 2. HS BGB. Es liegen nämlich keine ersparten Aufwendungen vor, sondern anderweitig erlangte Einnahmen. Diese fallen mangels Kausalität auch nicht unter anderweitigen Erwerb i.S.v. § 642 Abs. 2, 2. HS BGB, soweit sie bereits vor dem Annahmeverzug realisiert und somit nicht durch diesen ermöglicht wurden. Das Gleiche gilt für nachfolgende Aufträge, sofern diese auch ohne den Annahmeverzug hätten angenommen werden können. Weitere Überlegungen zu einer hierdurch evtl. eintretenden Überdeckung der Allgemeinen Geschäftskosten bezogen auf das gesamte Geschäftsjahr oder einer Unterdeckung, weil mangels Materialverbrauchs während des Annahmeverzuges die Direkten Kosten geringer sind als bei einem ungestörten Vertrag, sind Ausfluss der schadensersatztypischen Differenzhypothese[751] und daher für § 642 BGB nicht anzustellen.

D. Gewinn

Im Zentrum der einschlägigen Diskussion um die Höhe der angemessenen Entschädigung steht die Frage, ob bei der Bemessung der Entschädigung ein Unternehmergewinn zu berücksichtigen ist.

I. Gesetzesmaterialien

Eine klare Aussage hinsichtlich des Gewinns als Entschädigungsbestandteil findet sich in den Materialien zum BGB nicht. Zwar verweisen die Motive im Zusammenhang mit der Schaffung des § 642 BGB auf Normen in neueren Gesetzen, die als Rechtsfolge einer dauerhaften Verhinderung des Bestellers wegen eines in seiner Person eingetretenen Zufalls einen Ersatz auch des entgangenen Gewinns vorsehen.[752] Jedoch ist den Gesetzesmaterialien nicht zu entnehmen, dass diese Rechtsfolge auf § 642 BGB übertragen werden sollte, denn dessen Regelungssituation war vor Schaffung des BGB gerade nirgendwo erfasst.[753] An der Übertragbarkeit bestehen schon deshalb Bedenken, weil der Unternehmer im Falle eines vorübergehenden Annahmeverzuges den Gewinn aus dem Werkvertrag noch erhält.

---

751 Vgl. zu dieser beim Schadensersatzanspruch nach §§ 280, 286 BGB, 6 Nr. 6 VOB/B streitig diskutierten Frage: Vygen/Schubert/Lang, Rn. 433; Drittler, BauR 1999, S. 825, 828f, einerseits und Kapellmann/Schiffers, Bd. 1, Rn. 1435, andererseits.

752 Motive, S. 496.

753 Motive, S. 496.

II. Meinungsstand

Die Meinungen zur Einbeziehung eines Gewinnzuschlages in die angemessene Entschädigung divergieren.

1. Baurecht

Die umfangreichsten Ausführungen zu dieser Frage finden sich in der baurechtlichen Rechtsprechung und Literatur.

a. Rechtsprechung

In einer Entscheidung aus dem Jahre 1966 ist der VII. Senat des BGH der Entschädigungsberechnung des Berufungsgerichts, das einen Zuschlag von 6 % für allgemeine Geschäftsunkosten und von 4 % für entgangenen Gewinn auf die um Baustellen- und Gerätevorhaltungskosten gekürzte Auftragssumme akzeptiert hatte, nicht entgegen getreten.[754] Offensichtlich hatte der Kläger jedoch diese Berechnung mit der Revision nicht angefochten, sondern sich nur gegen den Abzug eines Fünftels von der Gesamtentschädigung aus anderen Gründen gewendet.[755]

Auch das OLG München hat im Jahre 1978 eine Entschädigung für entgangenen Gewinn auch bezüglich der infolge einer Kündigung nach § 9 Nr. 1 a) VOB/B nicht mehr ausgeführten Vertragsleistungen zugesprochen.[756] Der BGH nahm die Revision nicht an.

Das OLG Celle hat im Jahre 1999 nach einer Auftragnehmerkündigung gemäß § 9 Nr. 1 b) VOB/B aus § 642 BGB einen Ausgleich für die Vorhaltung von Arbeitskraft und –gerät, für Allgemeine Geschäftskosten und entgangenen Gewinn zugesprochen.[757] Dabei hat das Gericht diese Positionen und einen Betrag für nutzlose Aufwendungen sogar auch bezüglich der nicht mehr ausgeführten Arbeiten gewährt.[758]

Kurze Zeit später hat der BGH in der Entscheidung „Vorunternehmer II" den Ersatz von Gewinn abgelehnt.[759] Zur Begründung verweist das Gericht auf den notwendigen Unterschied zu § 286 BGB a.F. (§ 280 BGB), da § 642 BGB an Gläubiger- und nicht an Schuldnerverzug anknüpfe.

---

754 BGH, Schäfer-Finnern, Z 2.511, Bl.8.

755 Hierauf weist Kniffka, Jahrbuch Baurecht 2001, S. 1, 18, als heutiges Mitglied des VII. Senats des BGH ausdrücklich hin.

756 OLG München, BauR 1980, S. 274, 275.

757 OLG Celle, BauR 2000, S. 416, 419.

758 OLG Celle, BauR 2000, S. 416, 419.

759 BGH, BauR 2000, S. 722, 725.

Das OLG Braunschweig hat sich der Rechtsaufassung des BGH aus der Entscheidung „Vorunternehmer II" zunächst ohne eigene Begründung angeschlossen.[760] In einer weiteren Entscheidung aus dem Jahre 2004 begründet es dieses Ergebnis mit der Verschuldensunabhängigkeit des § 642 BGB.[761] Die Erwartung des Unternehmers, während der Zeit eines von niemandem zu vertretenen Leistungshindernisses Gewinn erzielen zu können, sei nicht schützenswert.[762]

Zunächst hat also die baurechtliche Rechtsprechung einen Gewinnzuschlag gewährt, davon jedoch seit der Entscheidung „Vorunternehmer II" des BGH im Jahre 1999 Abstand genommen.

b. Literatur

Die baurechtliche Literatur ist genauso gespalten wie die Rechtsprechung. Einige Autoren gehen im Einklang mit der Entscheidung „Vorunternehmer II" des BGH davon aus, dass Gewinn nicht von § 642 BGB umfasst ist. Diese Position sei eine typische Schadensersatzposition und könnte daher nicht Inhalt eines Entschädigungsanspruches sein.[763] Dies beruht laut *Kniffka* auf dem fehlenden Verschuldenserfordernis bei § 642 BGB[764], andere wiederum sehen hierin die Abgrenzung zu Ansprüchen wegen Verletzung von Schuldnerpflichten.[765]

Nach anderer Auffassung ist ein Gewinnaufschlag auf die Entschädigungspositionen unter Zugrundelegung des Vergütungscharakters des Anspruches aus § 642 BGB zu berücksichtigen. Die in § 642 Abs. 2 BGB erwähnte vereinbarte Vergütung als Maßstab für die angemessene Entschädigung enthalte gerade auch einen kalkulierten Gewinnanteil.[766] *Döring* meint, andernfalls enthielte § 642 BGB keine über § 304 BGB hinausgehende Rechtsfolge.[767] *Kapellmann/Schiffers* weisen darauf hin, dass ein Unterschied zu einem Schadensersatzanspruch bereits durch den Ausschluss des entgangenen Gewinns aus anderen Bauvorhaben hergestellt sei.[768] Gewährte man keinen Gewinnzuschlag in Höhe des beim

760 OLG Braunschweig, BauR 2001, S. 1739, 1740.

761 OLG Braunschweig, BauR 2004, S. 1621, 1623.

762 OLG Braunschweig, BauR 2004, S. 1621, 1623.

763 Scheube, S. 93; Maxem, BauR 2003, S. 952, 954, der zudem auf den seiner Meinung nach häufig gegebenen Anspruch aus § 326 Abs. 2 BGB verweist, der auch Gewinn und Wagnis umfasse. Dadurch wird indes eine Bestimmung der Rechtsfolge des § 642 BGB nicht entbehrlich.

764 Kniffka, Jahrbuch Baurecht 2001, S. 1, 18.

765 Leinemann in: Leinemann, § 9 VOB/B, Rn. 20.

766 Peters in: Staudinger, § 642, Rn. 25; Döring in: Ingenstau/Korbion, § 6 Nr. 6 VOB/B, Rn. 49; Langen/Schiffers, Rn. 2533.

767 Döring, FS Jagenburg, S. 111, 117.

768 Kapellmann/Schiffers, Bd. 1, Rn. 1650; nun auch Vygen/Schubert/Lang, Rn. 324.

verzögerten Bauvorhaben kalkulierten Gewinnanteils, läge alles andere als eine „angemessene“ Entschädigung vor.[769] Ein entsprechender Aufschlag ist nach *Kleine-Möller* gerechtfertigt, weil der Unternehmer durch die Bauzeitverlängerung daran gehindert werde, seine Ressourcen anderweitig gewinnbringend einzusetzen, so dass im Endeffekt der Gewinn aus dem konkreten Bauvorhaben geschmälert werde.[770] Interessanterweise will neuerdings auch *Kniffka* als Mitglied des VII. Senats des BGH einen Gewinnzuschlag gewähren.[771] Er argumentiert nun genauso wie zuvor bereits *Kapellmann/Schiffers* und sieht keinen Widerspruch zu § 6 Nr. 6 VOB/B, da man diese Regelung auch dahingehend auslegen könnte, dass sie nur den Gewinn aus anderen Bauverträgen ausschließen soll.[772] Einen Sonderweg beschreitet *Wahl*, der zwar grundsätzlich den entgangenen Gewinn aus dem verzögerten Bauvorhaben berücksichtigen will, diese Position aber regelmäßig durch die anderen Entschädigungspositionen und den Vergütungsanspruch abgedeckt sieht.[773] Nach sämtlichen Befürwortern eines Gewinnzuschlags als Entschädigungsbestandteil ist aber auf keinen Fall der entgangene Gewinn aus Folgeaufträgen ersatzfähig.[774]

2. Sonstiges Werkvertragsrecht

Für Werkverträge außerhalb des Baurechts existiert vor allem Rechtsprechung aus dem Gebiet des Frachtrechts. Ein Anspruch aus § 642 BGB spielte in diesem Gebiet vor der Transportrechtsreform im Jahre 1998 eine Rolle, wenn der Absender dem Frachtführer die Ladung nicht rechtzeitig zur Beladung bereitstellte.[775]

Das OLG Düsseldorf hat im Jahre 1995 eine auf § 642 BGB gestützte Klage auf Standgeld abgewiesen, weil die zur Berechnung notwendigen Angaben fehlten.[776] Das Gericht wollte ausweislich der Urteilsgründe aus dem Verhältnis des vereinbarten Preises zu kalkulierter Einsatzzeit des Fahrzeuges für den Auftrag den Verdienst ermitteln, der im Falle einer anderweitigen Verwendung des Fahrzeuges in der Zeit des Stillstandes wegen mangelnder Beladung hätte erwirt-

769 Kapellmann/Schiffers, Bd. 1, Rn. 1650.
770 Kleine-Möller, NZBau 2000, S. 401, 404.
771 Kniffka in: Kniffka/Koeble, 8. Teil, Rn. 31.
772 Kniffka in: Kniffka/Koeble, 8. Teil, Rn. 31; Kniffka, § 642, Rn. 56.
773 Wahl, S. 68.
774 v.Rintelen in: Kapellmann/Messerschmidt, § 9 VOB/B, Rn. 89; Kapellmann/Schiffers, Bd. 1, Rn. 1650.
775 Vgl. hierzu und nun zum § 412 Abs. 3 HGB oben Siebentes Kapitel, B. VI.
776 OLG Düsseldorf, NJW-RR 1996, S. 1507.

schaftet werden können.[777] Angaben zur Einbeziehung des entgangenen Gewinns fehlen zwar, jedoch deutet die Berechnungsart darauf hin, dass das OLG Düsseldorf einen Gewinnzuschlag zusprechen wollte.

Die geschilderte Berechnungsart stimmt mit einem Urteil des LG Stuttgart aus dem Jahre 1991 überein.[778] Das Gericht hat aus dem Verhältnis von vereinbartem Preis zur kalkulierten Transportzeit einen Stundenpreis pro Fahrzeug ermittelt und von diesem lediglich einen Abschlag für ersparte Aufwendungen wie z.B. Benzin und Abnutzung der Reifen gemacht.[779]

Offenbar ist die Rechtsprechung in diesem Spezialbereich der Auffassung, dass ein Gewinnaufschlag ohne weiteres zur Entschädigung gehört. Eine Auseinandersetzung mit dieser Thematik fehlt aber.

Die nicht baurechtlich geprägte Literatur beschränkt sich zumeist auf die Bejahung[780] oder Verneinung[781] der Berücksichtigung eines Gewinnzuschlags, ohne eine nähere Begründung anzuführen.

III. Stellungnahme

Zur Lösung der Problematik bietet sich ein auf die Position Gewinn fokussierter Blick auf die bereits im Rahmen der Erörterung der Berechnung der Rechtsfolge des § 642 BGB untersuchten anderen Entschädigungsansprüche und Ansprüche im Falle unterlassener Mitwirkung an. Betrachtet man diejenigen Normen, die geeignet sind, Rückschlüsse auf die Rechtsfolge des § 642 BGB zu ermöglichen, so sprechen sämtliche Erkenntnisse für die Berücksichtigung eines Gewinnzuschlags bei § 642 BGB.

Die größte Bedeutung hat hierbei wegen der vergleichbaren Regelungssituation die Berechnung des Standgeldes nach § 412 Abs. 3, 2. Alt. HGB. Dies gilt umso mehr im Angesicht der früheren Rechtsprechung zur Berechnung eines Standgeldes aus § 642 BGB, nach der ebenfalls ein Gewinnzuschlag Bestandteil der angemessenen Entschädigung ist.[782]

Des Weiteren verdeutlicht die Berechnung der Entschädigung bei Eingriffen in das Eigentum und aus § 906 Abs. 2 S. 2 BGB, dass der Gewinn wesentlicher Teil des Wertes eines Gewerbebetriebes und letztlich bei einer vorübergehenden

---

777 OLG Düsseldorf, NJW-RR 1996, S. 1507, 1508.

778 LG Stuttgart, TranspR 1991, S. 142, 143.

779 LG Stuttgart, TranspR 1991, S. 142. 143.

780 Schwenker in: Erman, § 642, Rn. 5.

781 Raab in: AnwK, § 642, Rn. 13; Voit in: Bamberger/Roth, § 642, Rn. 14; Busche in: MüKo, § 642, Rn. 17; Sprau in: Palandt, § 642, Rn. 5.

782 OLG Düsseldorf, NJW-RR 1996, S. 1507, 1508; LG Stuttgart, TranspR 1991, S. 142, 143.

Beeinträchtigung des Betriebs der maßgebende Faktor zur Bemessung der Entschädigung ist. Warum dies bei der Beeinträchtigung des Unternehmers durch den Besteller anders ein sollte, ist nicht ersichtlich. Im Falle der unterlassenen Mitwirkung liegt ebenfalls ein Eingriff in den Betrieb des Unternehmers vor, dessen Folgen auszugleichen sind. Dabei entsteht dem Unternehmer aber eben nicht nur ein Verlust mangels Einsatzmöglichkeiten von Gerät und Personal, sondern der Wert des Betriebes wird letztlich gemindert, da er der Möglichkeit der Gewinnerzielung für die Zeit des Annahmeverzuges beraubt ist.

Die Berücksichtigung des Gewinns des Reiseveranstalters aus dem gekündigten Reisevertrag bei § 651i Abs. 2 S. 2 BGB ist ebenfalls ein Indiz für die Gewährung eines Gewinnzuschlags bei § 642 BGB, da die gesetzlich vorgegebenen Anknüpfungspunkte für die Berechnung der Entschädigung nahezu identisch sind. Indiziellen Charakter hat auch die Berechnung der Nutzungsentschädigung gemäß § 546a Abs. 1 BGB, in der ebenfalls ein Gewinnzuschlag enthalten ist.

Zudem ist durch die Verschuldensunabhängigkeit des Anspruches aus § 546a Abs. 1 BGB und der Enteignungsentschädigung das Argument entkräftet, wonach § 642 BGB bereits mangels eines Verschuldenserfordernisses keinen Gewinn umfassen könne.

Schließlich bleibt die Abgrenzung zum Schadensersatz entgegen der Auffassung des BGH selbst bei Berücksichtigung eines Gewinnzuschlags gewahrt, da anders als bei der schadensersatztypischen Differenzhypothese der entgangene Gewinn aus anderen Verträgen nicht zu ersetzen ist. Verliert der Unternehmer also einen Folgeauftrag wegen der Verzögerung aufgrund des Annahmeverzuges, kann er den hierdurch entgangenen Gewinn nicht gemäß § 642 BGB verlangen.

Auf die gleiche Art und Weise erfolgt die Abgrenzung auch bei anderen der hier untersuchten Ansprüche. So hat der Vermieter gemäß § 546a Abs. 1 BGB keinen Anspruch auf Ersatz der entgangenen Miete, wenn wegen der Nicht-Rückgabe der Mietsache der Nachmieter seinen Vertrag gemäß § 543 Abs. 2 Nr. 1 BGB kündigt und die Mietsache deshalb nach erfolgter Rückgabe zunächst unvermietet bleibt. Genauso wenig ist bei der Berechnung der Enteignungsentschädigung die hypothetische Weiterentwicklung des Betriebes zu beachten, sondern maßgebend ist allein der vor dem Eingriff erwirtschaftete Gewinn. Der Betriebsinhaber kann also nicht geltend machen, dass z.B. während der U-Bahnbauarbeiten tatsächlich ein weitaus höherer Gewinn zu erzielen gewesen wäre als in der Zeit vorher. Ferner enthält die Entschädigung gemäß § 651i Abs. 2 S. 2 BGB nicht den entgangenen Gewinn des Reiseveranstalters, wenn aufgrund der Kündigung eine Gruppenreise wegen Unterschreitung der Mindestteilnehmerzahl nicht zustande kommt.

Keinesfalls zu ersetzen ist entgegen mancher Stellungnahme der aufgrund einer Kündigung gemäß § 643 BGB bzw. § 9 Nr. 1 a) VOB/B entgangene Gewinn aus dem jeweiligen Vertrag, da § 642 BGB nur die Nachteile des Annahmeverzuges selbst ausgleichen soll. [783] Dieser Gewinnverlust im Falle einer Kündigung durch den Unternehmer beruht im Übrigen auf dessen eigenem Willensentschluss und nicht allein auf dem Annahmverzug. Wenn der Unternehmer in die Kündigung durch den Besteller getrieben wird, bieten sich andere Lösungsmöglichkeiten zur interessengerechten Abwicklung des Vertrages an.[784]

Die Höhe des nach alledem zu berücksichtigenden Gewinnzuschlags ist entsprechend der allgemeinen Grundsätze zur Berechnung einzelner Entschädigungspositionen aus der Auftragskalkulation zu entnehmen.

E. Wagnis

Die kalkulatorische Position Wagnis dient der Absicherung des allgemeinen oder auftragsbezogenen unternehmerischen Risikos, z.B. in Form großer Gewährleistungsaufwendungen und höherer Ist-Kosten als Selbstkosten.[785] Sofern das Wagnis das allgemeine unternehmerische Risiko abdecken soll, handelt es sich letztlich nur um einen Unterfall des Gewinns, denn diese Art Wagnis manifestiert sich regelmäßig im Unternehmergewinn oder –verlust.[786] Überwiegend erfolgt daher eine Gleichbehandlung dieser Positionen im Rahmen der Rechtsfolge des § 642 BGB.[787] Nur *Kleine-Möller* differenziert zwischen Gewinn und Wagnis und will letzteres nicht berücksichtigen, weil im Falle eines Arbeitsstillstandes kein Wagnis verwirklicht werde.[788] Ähnlich hat der BGH für den Fall einer Kündigung nach § 8 Nr. 1 Abs. 2 VOB/B bzw. § 649 BGB entschieden. Hinsichtlich der noch nicht erbrachten Leistungen könne sich das Wagnis nicht verwirklicht

783 Unrichtig daher OLG Celle, BauR 2000, S. 416, 419; OLG München, BauR 1980, S. 274, 275; Kemper in: Franke/Kemper/Zanner/Grünhagen, § 9 VOB/B, Rn. 25, die Gewinn für nicht ausgeführte Leistungen zugesprochen haben bzw. berücksichtigen wollen.

784 S. oben Siebentes Kapitel, B. II. 3.

785 Kapellmann/Schiffers, Bd. 1, Rn. 16.

786 Kapellmann/Schiffers, Bd. 1, Rn. 16 u. 537; Langen/Schiffers, Rn. 1452, die zu Recht darauf verweisen, dass besondere Wagnisse des konkreten Auftrags unmittelbare Herstellkosten der Baumaßnahme und deshalb bei den Einzelkosten zu kalkulieren sind.

787 BGH, BauR 2000, S. 722, 725; Leinemann in: Leinemann, § 6 VOB/B, Rn. 165; Kniffka in: Kniffka/Koeble, 8. Teil, Rn. 31; Kapellmann/Schiffers, Bd. 1, Rn. 1650; Vygen/Schubert/Lang, Rn. 324; Döring, FS Jagenburg, S. 111, 117.

788 Kleine-Möller, NZBau 2000, S. 401, 404; diese Differenzierung findet sich bei Siebert/Kleine-Möller in: Kleine-Möller/Merl, § 15, Rn. 152, nicht wieder.

haben und sei daher eine von dem Werklohn abzuziehende ersparte Aufwendung.[789]

Die Ansicht *Kleine-Möllers* kann nicht überzeugen. Eine Differenzierung zwischen Gewinn und Wagnis ist nicht gerechtfertigt, weil beide Positionen einheitlicher Ausdruck des unternehmerischen Risikos bzw. Erfolgs sind. Seine Argumentation zielt letztlich auf eine Anrechnung des Wagnisses als ersparte Aufwendung, wovon der BGH ebenfalls ausgeht. Der Position stehen aber keine Kosten gegenüber, es kann also gar nichts erspart werden.[790] Im Gegenteil, § 642 BGB soll gerade für die Einbußen entschädigen, die durch den Stillstand eintreten. Zu diesen gehört auch die fehlende Möglichkeit, Gewinn und Wagnis anderweitig zu erwirtschaften. Infolgedessen ist Wagnis genauso wie Gewinn durch einen prozentualen Aufschlag auf die weiteren Entschädigungspositionen zu berücksichtigen.

F. Beschädigung des Werks während des Verzugs

Eine weitere in der Literatur diskutierte Entschädigungsposition sind die Kosten für eine Reparatur der Werkleistung, wenn diese durch Dritte oder Witterungseinflüsse während der Zeit des Annahmeverzuges beschädigt wird, ohne dass hierdurch die Unmöglichkeit der Herstellung eintritt. Ob diese Konstellation durch § 644 Abs. 1 S. 2 BGB erfasst wird, oder ob die Reparaturkosten Teil der Entschädigung gemäß § 642 BGB sind, ist umstritten.

I. Meinungsstand

Voit und *Raab* wollen § 644 Abs. 1 S. 2 BGB auf den Annahmeverzug mit Mitwirkungsobliegenheiten nicht anwenden, damit kein Übergang der Leistungsgefahr eintritt.[791] So könne verhindert werden, dass der Unternehmer die Beschädigung des Werks nur aufgrund einer neuen vertraglichen Vereinbarung ausbessern

789 BGH, NJW-RR 1998, S. 451; diese Entscheidung ist der Literatur nicht auf Zustimmung gestoßen, vgl. Lederer in: Kapellmann/Messerschmidt, § 8 VOB/B, Rn. 36; Siebert/Kleine-Möller in: Kleine-Möller/Merl, § 15, Rn. 48.

790 Hierauf weisen Langen/Schiffers, Rn. 1453, und Lederer in: Kapellmann/Messerschmidt, § 8 VOB/B, Rn. 36, zutreffend hin.

791 Voit in: Bamberger/Roth, § 642, Rn. 14 u. § 644, Rn. 15; Raab in: AnwK, § 642, Rn. 14 u. § 644, Rn. 16.

müsse.[792] Die durch die Reparatur verursachten Mehraufwendungen sollen dann über § 642 BGB ersetzt werden.[793]

Nach überwiegender Auffassung ist diese Fallkonstellation hingegen über § 644 Abs. 1 S. 2 BGB, der durch die VOB/B nicht modifiziert wird, zu lösen. Die Vorschrift umfasse auch die Fälle des Annahmverzugs mit einer Mitwirkungshandlung.[794] Zwar regele § 644 BGB grundsätzlich nur die Vergütungsgefahr, im Falle des § 644 Abs. 1 S. 2 BGB sei diese aber untrennbar mit der Leistungsgefahr verbunden.[795] Infolgedessen sei die Pflicht des Unternehmers zur (Neu-)Herstellung des Werks mit Eintritt und für die Dauer des Annahmeverzuges suspendiert.[796] Dem Besteller stünden dann wegen etwaiger während des Annahmeverzuges entstandener Mängel keine Gewährleistungsrechte zu.[797] Damit der Unternehmer dennoch die Mängel ausbessert, bedarf es nach einer Ansicht der Beauftragung einer zusätzlichen Leistung[798], nach anderer Meinung ist der Unternehmer hierzu bereits aus dem ursprünglichen Vertrag verpflichtet, wobei der Besteller im Gegenzug die Vergütungspflicht trägt.[799] In der Praxis dürfte diese Differenzierung kaum eine Rolle spielen. Es ist schwer vorstellbar, dass der Besteller dem Unternehmer nicht zumindest konkludent den Auftrag zur Ausbesserung etwaiger Beschädigungen gibt.

II. Stellungnahme

Die Vergütung der Reparatur über § 642 BGB ist systemwidrig. Die Vorschrift soll nur eine Entschädigung für die Zeit des Stillstands gewähren, nicht aber für jegliche Nachteile infolge des Annahmverzugs des Bestellers. Allein die Notwendigkeit einer neuen Beauftragung des Unternehmers mit der Beseitigung der Mängel vermag kein Argument für die Anwendung des § 642 BGB sein. Im Übrigen ist dem Wortlaut von § 644 Abs. 1 S. 2 BGB keine Einschränkung auf den Annahmeverzug mit der Abnahme zu entnehmen. Die Problematik ist daher über diese Vorschrift zu lösen.

---

792 Voit in: Bamberger/Roth, § 642, Rn. 14 u. § 644, Rn. 15.
793 Voit in: Bamberger/Roth, § 642, Rn. 14; Raab in: AnwK, § 642, Rn. 14.
794 Kleine-Möller in: Kleine-Möller/Merl, § 10, Rn. 298.
795 Lederer in: Kapellmann/Messerschmidt, § 7 VOB/B, Rn. 42; Esser/Weyers, SchR BT, Bd. 1, § 34 II.
796 Lederer in: Kapellmann/Messerschmidt, § 7 VOB/B, Rn. 42; Busche in: MüKo, BGB, § 644, Rn. 10; Peters in: Staudinger, § 644, Rn. 12.
797 Glanzmann in: RGRK, § 642, Rn. 9; Esser/Weyers, SchR BT, Bd. 1, § 34 II u. III. 4.
798 Lederer in: Kapellmann/Messerschmidt, § 7 VOB/B, Rn. 42.
799 Kleine-Möller in: Kleine-Möller/Merl, § 10, Rn. 299.

G. Anrechnungsklausel

Nach § 642 Abs. 2, 2. HS BGB muss sich der Unternehmer dasjenige auf die Entschädigung anrechnen lassen, was er an Aufwendungen erspart hat oder durch anderweitige Verwendung seiner Arbeitskraft erwerben kann. Ähnliche Anrechnungsklauseln finden sich z.B. in §§ 649 S. 2, 2. HS, 326 Abs. 2 S. 2 BGB. Die Darlegungslast für die ersparten Aufwendungen und den anderweitigen Erwerb liegt zunächst beim Unternehmer, weil es dem Besteller mangels Kenntnis regelmäßig unmöglich sein wird, hierzu substantiiert vorzutragen.[800]

I. Ersparte Aufwendungen

Ersparte Aufwendungen sind z.B. die während des Annahmeverzuges nicht angefallenen Energiekosten für den Betrieb der Geräte oder die nicht zeitabhängigen Baustellengemeinkosten. Auch diesbezüglich stellt sich die Frage nach der Berechnungsgrundlage. Nach teilweiser Auffassung soll es auf die aus der Ursprungskalkulation abzuleitende Ersparnis ankommen[801], wohingegen andere auf die tatsächliche Ersparnis abstellen wollen.[802]

Diese Frage wird auch bei § 649 S. 2, 2. HS BGB streitig diskutiert. Der BGH und ein Teil der Literatur gehen bei § 649 S. 2 BGB davon aus, dass grundsätzlich die tatsächlich ersparten Aufwendungen abzuziehen sind und nicht die ursprünglich kalkulierte Ersparnis.[803] Letztere könne nur so lange Beachtung finden, wie keine Anhaltspunkte für eine andere Entwicklung vorlägen.[804] Nach der Gegenmeinung soll der Unternehmer lediglich das Recht, aber nicht die Pflicht haben, nach den tatsächlichen Kosten abzurechnen.[805]

Bei § 642 BGB könnte man aufgrund der Berechnung der Entschädigung auf Basis der Auftragskalkulation der Auffassung sein, auch die ersparten Aufwendungen müssten auf dieser Grundlage berechnet werden. Dem Wortlaut des § 642 Abs. 2 BGB ist dies indes nicht zu entnehmen, denn die angemessene Entschädigung soll sich einerseits nach der Höhe der vereinbarten Vergütung be-

800 BGH, BauR 1996, S. 382, 383; Kniffka in: Kniffka/Koeble, 8. Teil, Rn. 32.

801 Döring in: Ingenstau/Korbion, § 6 Nr. 6 VOB/B, Rn. 49; unklar Vygen/Schubert/Lang, Rn. 323, weil in Rn. 322 die Gegenmeinung angeführt wird.

802 Vygen in: Ingenstau/Korbion, § 9 Nr. 3 VOB/B, Rn. 10.

803 BGH, BauR 1999, S. 1294, 1297; Vygen in: Ingenstau/Korbion, § 8 Nr. 1 VOB/B, Rn. 45; Kniffka, Jahrbuch Baurecht 2000, S. 1, 10; anders wohl noch BGH, BauR 1996, S. 382, 383.

804 BGH, BauR 1999, S. 1292, 1293.

805 Ausführlich Lederer in: Kapellmann/Messerschmidt, § 8 VOB/B, Rn. 30f; Kapellmann/Schiffers, Bd. 2, Rn. 1363f.

stimmen und andererseits nach den ersparten Aufwendungen. Es sollen also nur die positiven Positionen an der vereinbarten Vergütung orientiert werden, nicht aber auch die Abzüge wegen ersparter Aufwendungen. Auch das Kausalitätserfordernis zwischen dem Annahmeverzug und den ersparten Aufwendungen spricht dafür, dass es nur auf die tatsächlichen Ersparnisse ankommt. Denn auf Basis der Auftragskalkulation ermittelte hypothetische Ersparnisse wären nicht notwendig und nicht in gleicher Höhe durch den Annahmeverzug verursacht. Infolgedessen kann im Einklang mit der Rechtsprechung des BGH zu § 649 S. 2 BGB die ursprüngliche Kalkulation nur dann zur Bestimmung der ersparten Aufwendungen dienen, wenn keine Anhaltspunkte für eine andere Entwicklung der Kosten vorliegen.

II. Anderweitiger Erwerb

Anzurechnen ist weiter tatsächlich erzielter anderweitiger Erwerb. Hierbei handelt es sich um den Werklohn aus Verträgen, die ohne den Annahmeverzug nicht abgeschlossen und erfüllt hätten werden können. Daneben ist jeglicher möglicher anderweitiger Erwerb während des Annahmeverzuges zu berücksichtigen, ein böswilliges Unterlassen wie bei § 649 S. 2 BGB ist hierfür nicht notwendig. Kann dem Unternehmer also nachgewiesen werden, dass er einen Füllauftrag nicht angenommen hat, obwohl er hierzu in der Lage war, muss er sich den entgangenen Werklohn auf die Entschädigung anrechnen lassen. Dies wirft die Frage auf, ob der Unternehmer auch verpflichtet ist, Aufträge anzunehmen, die noch nicht einmal seine Selbstkosten decken, letztlich also nur im Interesse des im Annahmeverzug befindlichen Bestellers durchzuführen wären. Ein Teil der Literatur bejaht dies, weil der Unternehmer die Differenz zu seinen Selbstkosten vom Besteller ersetzt bekommt und so keinen Nachteil erleidet.[806] Die Gegenmeinung hält solche Aufträge für nicht zumutbar.[807]

Es ist kein Grund ersichtlich, warum die Anrechnungsklausel nur greifen soll, wenn der anderweitig zu erzielende Werklohn oberhalb der Selbstkosten liegt. Eine solche Einschränkung ist weder dem Wortlaut zu entnehmen noch gerechtfertigt. Es entspricht bereits dem allgemeinen Grundsatz von Treu und Glauben, dass eine Vertragspartei kein Verhalten an den Tag legen darf, dass der anderen Schaden zufügt. Schützenswerte Interessen des Unternehmers stehen dem nicht entgegen. Vielmehr ist jeder Unternehmer darauf bedacht, in schwierigen Marktsituationen lieber einen nicht kostendeckenden Auftrag anzunehmen, als über-

806 Voit in: Bamberger/Roth, § 642, Rn. 15; Peters in: Staudinger, § 642, Rn. 26; v.Rintelen in: Kapellmann/Messerschmidt, § 9 VOB/B, Rn. 90.
807 Busche in: MüKo, BGB, § 642, Rn. 18.

haupt keinen Auftrag zu haben. Dann muss er auf diese Art und Weise aber auch im Falle des Annahmeverzuges vorgehen.

H. Mitverschulden gemäß § 254 BGB

Schließlich ist zu prüfen, ob eine Anspruchskürzung nach § 254 BGB zu erfolgen hat, wenn der Unternehmer z.B. das Unterlassen der Mitwirkungshandlung mitverschuldet hat. Dabei ist zu berücksichtigen, dass der Anspruch aus § 642 BGB vergütungsgleich, also ein Erfüllungsanspruch ist. Es entspricht einem allgemeinen Grundsatz, dass § 254 BGB auf vertragliche Erfüllungsansprüche nicht anwendbar ist.[808]

I. Meinungsstand

Dennoch bejaht die überwiegende Literatur die Anwendbarkeit des § 254 BGB auf § 642 BGB, selbst sofern sie die Norm als vergütungsgleichen Anspruch tituliert.[809] Da eine „angemessene" Entschädigung geschuldet sei, könne auch eine Mitverursachung Berücksichtigung finden.[810] Außerdem stelle § 254 BGB sicher, dass der Anspruch nur insoweit besteht, als dass die Verzögerung auf die unterlassene Mitwirkung zurückzuführen ist.[811] Letztlich läge § 254 BGB ein verallgemeinerungsfähiger Rechtsgedanke zu Grunde, weshalb der Entschädigungsanspruch z.B. zu kürzen sei, wenn der Unternehmer sich nicht rechtzeitig um andere Aufträge bemühe.[812]

---

808 BGHZ 25, 300, 310f; BGH, NJW 1986, S. 2104, 2106; Grüneberg in: Bamberger/Roth, § 254, Rn. 7; Kuckuk in: Erman, § 254, Rn. 19; Schiemann in: Staudinger, § 254, Rn. 24; aA Peters, JZ 1995, S. 754, 756f, der für eine analoge Anwendung plädiert, da allein Gegenansprüche des Schuldners nicht immer ausreichend seien, insbesondere wenn dem Gläubiger nur ein Obliegenheitsverstoß zur Last falle. Dies liegt jedoch an der minderen Intensität einer Obliegenheit, deren Verletzung keine Schadensersatzansprüche nach sich ziehen kann. Diese Wertung für den Regelfall durch eine Analogie zu § 254 BGB zu umgehen, erscheint nicht gerechtfertigt. Unbillige Ergebnisse können bei widersprüchlichem Verhalten des Mitverursachers über § 242 BGB gelöst werden.

809 Motzke in: Beck'scher VOB-Kommentar, Teil B, § 9 Nr. 3, Rn. 16; Peters in: Staudinger, § 642, Rn. 24; Kniffka, § 642, Rn. 57, bezüglich Beschleunigungsmaßnahmen, s. hierzu oben Achtes Kapitel, B. III.

810 Glanzmann in: RGRK, § 642, Rn. 6.

811 Nicklisch in: Nicklisch/Weick, § 9 VOB/B, Rn. 31.

812 Vygen in: Ingenstau/Korbion, § 9 Nr. 3 VOB/B, Rn. 16; Riedl in: Heiermann/Riedl/Rusam, § 9 VOB/B, Rn. 23, sieht hierin den einzigen Anwendungsfall.

Der BGH hat die Anwendung des § 254 BGB in einer Entscheidung als zweifelhaft bezeichnet, musste aber hierüber nicht endgültig entscheiden.[813]

II. Stellungnahme

Zur Lösung der Problematik bietet es sich an, die Anwendbarkeit des § 254 BGB auf andere Entschädigungsansprüche und die Berücksichtigung eines Mitverschuldens des Schuldners am Eintritt des Annahmeverzuges zu untersuchen.

1. Vergleichbare Ansprüche

Zunächst soll die Anwendbarkeit des § 254 BGB auf die Entschädigungsansprüche betrachtet werden, die bereits als mit § 642 BGB vergleichbar eingestuft worden sind.

Bei der Nutzungsentschädigung gemäß § 546a BGB verneint die einhellige Auffassung wegen der Qualifizierung des Anspruches als vertraglichen Anspruch eigener Art die Anwendung des § 254 BGB.[814]

Auf Ansprüche aus Enteignungsentschädigung findet § 254 BGB demgegenüber Anwendung.[815] Erfasst werden insbesondere die Fälle, in denen der Geschädigte es im Falle eines rechtswidrigen Eingriffs verabsäumt hat, primären Rechtsschutz in Anspruch zu nehmen.[816] In anderen Fallgestaltungen bedarf es der Anwendung des § 254 BGB häufig nicht mehr, weil dessen Aspekte bereits im Rahmen der Entschädigungsgrundsätze berücksichtigt werden.[817] In einer Entscheidung zur Entschädigung bei einem vorübergehenden Eingriff in den Gewerbebetrieb hat der BGH den Eigentümer als verpflichtet angesehen, ohnehin geplante, den Betrieb beeinträchtigende Renovierungsarbeiten in der Zeit der hoheitlichen Störung durchzuführen, um die Folgen des Eigentumseingriffs zu mindern und so die öffentliche Hand zu entlasten.[818]

Eine Kürzung des Standgeldanspruches aus § 412 Abs. 3, 2. HS HGB bei einer Mitverursachung gemäß § 254 BGB wird von der Literatur erwogen.[819] In

---

813 BGH Schäfer-Finnern, Z 2.511, Bl. 8.

814 BGHZ 104, S. 285, 290; OLG Hamm, ZMR 1996, S. 372, 374; Kuckuk in: Erman, § 254, Rn. 19; Gather in: Schmidt-Futterer, § 546a, Rn. 8; Rolfs in: Staudinger, § 546a, Rn. 32.

815 BGHZ 56, S. 57, 65f zu § 254 Abs. 2 BGB; Rüfner in: Erichsen/Ehlers, VerwR AT, § 48, Rn. 73f; Ossenbühl, S. 266f.

816 BGH, MDR 1984, S. 382, 383; Ossenbühl, S. 266; Maurer, VerwR AT, § 26, Rn. 99.

817 Büchs, Rn. 2608f.

818 BGH, NJW 1983, S. 1663, 1664f.

819 Koller, Transportrecht, § 412, Rn. 56.

Betracht käme dies insbesondere, sofern der Frachtführer nicht alles Zumutbare getan hat, um die Einbußen der Wartezeit gering zu halten.[820]

Eine einheitliche Linie lässt sich nach dem Vorstehenden nur schwer ausmachen. Zum einen könnte man wegen der vergütungsgleichen Rechtsnatur des Anspruches aus § 642 BGB im Einklang mit der allgemeinen Auffassung zu Erfüllungsansprüchen und zu § 546a Abs. 1 BGB die Anwendung des § 254 BGB verneinen. Andererseits belegt die Rechtsprechung zur Eigentumsentschädigung und die Literaturauffassung zu § 412 Abs. 3, 2. HS BGB, dass bei der Gewährung einer Entschädigung diese gemäß § 254 BGB zu kürzen sein kann. Die Betrachtung vergleichbarer Ansprüche führt daher zu keinem klaren Ergebnis.

2. Mitverursachung des Annahmeverzuges durch den Schuldner

Deshalb sind die Möglichkeiten einer Berücksichtigung der Mitverursachung des Annahmeverzuges durch den Schuldner zu untersuchen, zumal § 642 BGB an die §§ 293ff BGB anknüpft. Der Eintritt des Annahmeverzuges ist grundsätzlich unabhängig von einer (Mit-)Verursachung der Nichtannahme durch den Schuldner.[821] Es sind aber Fallgestaltungen denkbar, in denen dies als unbillig erscheint. Wenn z.B. der Unternehmer den Besteller an der Übergabe der Ausführungspläne hindert, indem er diese in der Nacht vorher entwendet oder zerstört, kommt der Besteller dennoch am nächsten Tag grundsätzlich in Annahmeverzug. Das Gleiche gilt auch bei rein fahrlässiger Zerstörung der Pläne durch den Unternehmer. Zur Abmilderung der damit verbundenen Unbilligkeiten finden sich in der Literatur verschiedene Ansätze. *Wertheimer* entnimmt § 297 BGB den allgemeinen Rechtsgedanken, dass Annahmeverzug nicht eintritt, wenn das Leistungshindernis aus der Sphäre des Schuldners stammt.[822] Sofern die Mitverursachung im Zusammenhang mit den vertraglichen (Neben-)Pflichten stehe, also nicht nur wie durch einen beliebigen Dritten erfolge, trete Annahmeverzug nicht ein.[823] *Larenz* erwägt die Anwendung von § 242 BGB zum Zwecke des Ausschlusses des Annahmeverzuges.[824] *Löwisch* hingegen bevorzugt statt eines Alles-oder-Nichts-Prinzips die Bejahung eines Schadensersatzanspruches wegen einer Nebenpflichtverletzung gemäß §§ 280 Abs. 1, 241 Abs. 2 BGB oder im Falle einer be-

---

820 Braun, S. 253 in Fn. 113. Eine Anwendung im Falle der Mitverursachung des Annahmeverzuges soll dagegen nach seiner Meinung ausscheiden, S. 210 (unter Hinweis auf § 297 BGB).

821 Löwisch in: Staudinger, § 293, Rn. 18.

822 Wertheimer, JuS 1993, S. 646, 650.

823 Wertheimer, JuS 1993, S. 646, 650f.

824 Larenz, SchR AT, § 25 I. d).

wussten Verhinderung der Annahme die Anwendung des Rechtsgedankens des § 162 BGB.[825]

Die Fälle einer zu vertretenen Mitverursachung des Annahmeverzuges durch den Schuldner lassen sich regelmäßig über einen Schadensersatzanspruch aus §§ 280 Abs. 1, 241 Abs. 2 BGB sachgerecht lösen, bei dem zudem die Bildung einer Haftungsquote möglich ist. Hingegen ist die teilweise vorgeschlagene Anwendung des Rechtsgedankens des § 297 BGB oder des § 242 BGB aufgrund der klar geregelten Voraussetzungen des Annahmeverzuges nicht möglich. Das Gesetz schließt gemäß § 297 BGB den Annahmeverzug nur bei Unvermögen des Schuldners aus und trifft darüber hinaus in § 299 BGB zum Schutz des Gläubigers eine Regelung bei einer vorübergehenden Annahmeverhinderung. Aus diesen dezidierten Regelungen lässt sich im Umkehrschluss die Irrelevanz anderer Umstände für den Eintritt des Annahmeverzuges folgern. Eine Lücke im Schutz des Gläubigers entsteht hierdurch aufgrund des Bestehens eines Schadensersatzanspruches nicht.

3. Ergebnis

Eine Anwendung des § 254 BGB auf § 642 BGB kommt im Wesentlichen in vier Fallgestaltungen in Betracht, die sich letztlich alle ohne einen Rückgriff auf § 254 BGB lösen lassen, so dass eine systemwidrige Anwendung desselbigen auf den Erfüllungsanspruch aus § 642 BGB nicht notwendig ist.

Das nicht rechtzeitige Bemühen um andere Aufträge, das in der Literatur als einziges Beispiel genannt wird, ist in Wirklichkeit ein Fall der Anrechnungsklausel gemäß § 642 Abs. 2, 2. HS BGB. Für diese kommt es nur auf die Möglichkeit eines anderweitigen Erwerbs an, weshalb fehlendes Bemühen um Ersatzaufträge zu Lasten des Unternehmers geht.

Eine Verpflichtung des Unternehmers wegen § 254 BGB Beschleunigungsmaßnahmen vorzunehmen besteht nicht.[826]

Zu denken wäre daran, aus § 254 BGB die Erforderlichkeit eines Hinweises an den Besteller, wenn der Unternehmer mangels Mitwirkungshandlung des Bestellers nicht mehr weiter arbeiten kann bzw. sich dieses abzeichnet, abzuleiten. Die Erörterung dieser Problematik findet aber allgemein im Zusammenhang mit der Notwendigkeit einer Behinderungsanzeige im VOB/B-Vertrag gemäß § 6 Nr. 1 VOB/B oder gemäß § 242 BGB statt[827] und erweist sich somit ebenfalls nicht als Fall von § 254 BGB.

---

825 Löwisch in: Staudinger, § 293, Rn. 18; Wertheimer, JuS 1993, S. 646, 651, hält den Weg über einen Schadensersatzanspruch ebenfalls für gangbar.

826 S. oben Achtes Kapitel, B. III.

827 S. hierzu unten Neuntes Kapitel, B. IV.

Die Mitverursachung des Annahmeverzuges selbst lässt sich auch im Bereich des § 642 BGB sachgerecht durch die Gewährung von Gegenansprüchen, insbesondere auf Schadensersatz, behandeln. Die Möglichkeit der Geltendmachung von Gegenansprüchen ist zugleich der entscheidende Unterschied zur Rechtslage bei Ansprüchen auf Enteignungsentschädigung. Bei diesen besteht keine schuldrechtliche Beziehung zwischen dem Betroffenen und dem Staat, weshalb letzterem keine schuldrechtlichen Schadensersatzansprüche zustehen können. Von den deliktischen Ansprüchen käme regelmäßig nur § 826 BGB in Betracht, dessen Voraussetzungen freilich so gut wie nie erfüllt sein werden. Es bleibt im Bereich der Enteignungsentschädigung demzufolge keine andere Möglichkeit, als den Rechtsgedanken des § 254 BGB heranzuziehen. Dies gilt für § 642 BGB nicht, vielmehr ist die Geltendmachung von und die Aufrechnung mit Gegenansprüchen ein ausreichender Schutz für den Besteller.[828] Eine Anwendung des § 254 BGB findet demnach nicht statt.

I. Umsatzsteuer

Der Anspruch aus § 642 BGB könnte der Umsatzsteuer gemäß § 1 Abs. 1 Nr. 1 S. 1 UStG unterliegen. In der baurechtlichen Literatur wird diese Frage wegen des vergütungsgleichen Charakters des Anspruches überwiegend bejaht.[829] *Motzke* hingen verweist auf den Anspruch aus § 8 Nr. 1 Abs. 2 VOB/B, der ebenfalls nicht der Umsatzsteuer unterliege.[830] In der Tat verneint der BGH die Mehrwertsteuerpflicht des Anspruches auf die vereinbarte Vergütung nach freier Kündigung durch den Besteller[831], hält aber eine klärende Entscheidung des EuGH wegen der notwendigen Auslegung der 6. Umsatzsteuer-Richtlinie für erforderlich und hält bis dahin eine Feststellungsklage für zulässig.[832]

Ausgangspunkt für die Klärung der Umsatzsteuerpflicht des Anspruches aus § 642 BGB muss die Frage sein, ob ein steuerbarer Leistungsaustausch vorliegt, der Unternehmer also eine Leistung gegen Entgelt i.S.v. § 1 Abs. 1 Nr. 1 S. 1

828 Kapellmann/Schiffers, Bd. 1, Rn. 1651, halten diesen Weg auch für gangbar.

829 Döring in: Ingenstau/Korbion, § 6 Nr. 6 VOB/B, Rn. 46; v.Rintelen in: Kapellmann/Messerschmidt, § 9 VOB/B, Rn. 93; Leinemann in: Leinemann, § 6 VOB/B, Rn. 166; Vygen/Schubert/Lang, Rn. 325; aA Kemper in: Franke/Kemper/Zanner/Grünhagen, § 9 VOB/B, Rn. 27.

830 Motzke in: Beck´scher VOB-Kommentar, Teil B, § 9 Nr. 3 VOB/B, Rn. 16; ebenfalls die Umsatzsteuerpflicht verneint Kemper in: Franke/Kemper/Zanner/Grünhagen, § 9 VOB/B, Rn. 27.

831 BGH, BauR 1986, S. 577, 578.

832 BGH, BauR 1999, S. 1294, 1297f.

UStG während des Annahmeverzuges durch die Vorhaltung von Personal und Gerät erbringt. Hierin muss zunächst eine wirtschaftliche Leistung zu sehen sein. Dies ist bei jedem willentlichen Verhalten einem anderen gegenüber, das zum Gegenstand des Wirtschaftsverkehrs gemacht werden kann und sich nicht auf die Entrichtung eines Entgelts oder Rückgängigmachung einer Leistung beschränkt, der Fall.[833] Darüber hinaus ist eine Wechselbeziehung zwischen Leistung und Entgelt erforderlich. Dies bedeutet, dass grundsätzlich die Leistung auf Erlangung der Gegenleistung gerichtet sein muss, wofür aber nicht zwingend eine entsprechende Vereinbarung notwendig ist, sondern es genügt bereits ein wirtschaftlicher Zusammenhang.[834]

Im Falle eines reinen Schadensersatzanspruches fehlt es an diesen Voraussetzungen, da der Schädiger gerade keine Leistung des Geschädigten erhält, sondern für den diesem zugefügten Schaden einzustehen hat.[835] Hingegen unterliegt der Anspruch auf Enteignungsentschädigung der Umsatzsteuer, da die Entschädigung das Entgelt für den enteigneten Gegenstand darstellt und hierzu in einem inneren Zusammenhang steht.[836] Das gleiche gilt für den Anspruch aus § 546a Abs. 1 BGB, sofern es sich um einen gewerblichen Mietvertrag handelt.[837] Des Weiteren ist auch der Anspruch aus § 304 BGB steuerbar, da er die Gegenleistung des Gläubigers lediglich erweitert.[838] Im Falle des § 615 BGB findet ebenfalls ein steuerbarer Leistungsaustausch statt, weil dem Dienstleistungsverpflichteten ein Entgelt für seine Leistungsbereitschaft gezahlt wird.[839]

Die Überlegungen zur Umsatzsteuerpflicht des Anspruches aus § 615 BGB lassen sich ohne weiteres auf § 642 BGB übertragen. Bei letzterer Norm dient die angemessene Entschädigung genauso zur Abgeltung der Leistungsbereitschaft wie die gemäß § 615 BGB zu zahlende Vergütung. Der Unternehmer muss im Falle des Vorliegens der Voraussetzungen des § 642 BGB seine personellen und sachlichen Ressourcen leistungsbereit halten, um nach Beendigung des Annahmeverzuges weiterarbeiten zu können. Bestätigt wird die Umsatzsteuerpflicht der angemessenen Entschädigung auch durch ihre vergütungsgleiche Rechtsnatur. Da

---

833 BFH, BStBl 1980, II, S. 535, 536f; Stöcker in: Peter/Burhoff/Stöcker, UStG, § 1, Rn. 20.

834 Zeuner in: Bunjes/Geist, UStG, § 1, Rn. 14.

835 Zeuner in: Bunjes/Geist, UStG, § 1, Rn. 28; Klenk in: Sölch/Ringleb, Umsatzsteuer, § 1, Rn. 60.

836 BFHE 105, S. 75, 78; BGHZ 65, S. 253, 263; Stöcker in: Stöcker/Burhoff/Stöcker, UStG, § 1, Rn. 394; Klenk in: Sölch/Ringleb, Umsatzsteuer, § 1, Rn. 61 u. 249.

837 BGHZ 104, S. 285, 291; Gather in: Schmidt-Futterer, § 546a, Rn. 6; Wolf/Eckert/Ball, Rn. 1040.

838 Stöcker in: Peter/Burhoff/Stöcker, UStG, § 1, Rn. 408.

839 BFH, BStBl 1971, II, S. 6, 8; Stöcker in: Peter/Burhoff/Stöcker, UStG, § 1, Rn. 409.

auch die ursprüngliche Vergütung der Umsatzsteuer unterliegt, muss dies auch für die zusätzliche Vergütung während des Annahmeverzuges gelten. Wie bei § 304 BGB, zu dem § 642 BGB eine Spezialvorschrift ist, erhöht sich lediglich die ursprüngliche Vergütung um die Entschädigung. Die notwendige wirtschaftliche Leistung ist daher in der willentlichen Vorhaltung von Gerät und Personal zu sehen, deren Einsatz Gegenstand des Wirtschaftsverkehrs sein kann. Die angemessene Entschädigung stellt hierfür die Gegenleistung dar, die zudem im unmittelbaren wirtschaftlichen Zusammenhang mit der Vorhaltung steht. Es liegt also keine mit einem Schadensersatzanspruch vergleichbare Situation vor und auch eine Parallele zu § 649 S. 2 BGB ist nicht gegeben, weil es im Falle einer freien Kündigung zumindest teilweise um den Ausgleich von nicht mehr erbrachten Leistungen geht, weshalb ein Leistungsaustausch gerade nicht stattfindet. Nach alledem unterliegt der Anspruch aus § 642 BGB der Umsatzsteuer.

Dritter Teil: Verhältnis zu anderen Ansprüchen und Verjährung

Neuntes Kapitel: Verhältnis zu anderen Ansprüchen

Nunmehr ist das Verhältnis des Anspruches aus § 642 BGB zu anderen Anspruchsgrundlagen zu ermitteln, wobei zwischen der Situation bei Vertragskündigung und bei Fortsetzung des Vertrags zu unterscheiden ist.

A. Im Falle der Vertragskündigung

Die unterlassene Mitwirkung des Bestellers stellt sowohl nach § 643 BGB als auch gemäß § 9 Nr. 1 a) VOB/B einen Kündigungsgrund für den Unternehmer dar. Übt er dieses Recht aus, so erfolgt die Vertragsabwicklung gemäß § 645 Abs. 1 S. 2 BGB bzw. nach § 9 Nr. 3 S. 1 VOB/B.[840] Daneben kann natürlich der Besteller seinerseits von seinem Kündigungsrecht gemäß § 649 S. 1 BGB oder § 8 Nr. 1 Abs. 1 VOB/B Gebrauch machen, was z.B. zur Kostenersparnis zweckmäßig ist, wenn eine Beendigung seines Annahmverzugs nicht absehbar ist.

In allen diesen Fallgestaltungen hat der Unternehmer in der Zeit vom Beginn der unterlassenen Mitwirkung bis zum Wirksamwerden der Kündigung seine Ressourcen bereitgehalten. Für diesen Zeitraum steht ihm als Kompensation der Anspruch gemäß § 642 BGB zu, der nach allgemeiner Auffassung durch die Vertragskündigung nicht entfällt[841], wobei sich dies für den VOB/B-Vertrag ausdrücklich aus § 9 Nr. 3 S. 2 VOB/B ergibt. Die Kündigung führt also nur zu Beendigung des Annahmeverzuges und damit zur zeitlichen Begrenzung des Anspruches aus § 642 BGB.

B. Im Falle der Fortführung des Vertrages

Schwieriger ist die Rechtslage im Falle der Fortführung des Vertrages zu beurteilen. Zunächst besteht Einigkeit, dass der Anspruch aus § 642 BGB neben den

---

840 S. oben Siebentes Kapitel, B. IV. 2.

841 BGH, BauR 2004, S. 1285, 1288; BauR 2000, S. 722, 725; Kemper in: Franke/Kemper/Zanner/Grünhagen, § 9 VOB/B, Rn. 25; v.Rintelen in: Kapellmann/Messerschmidt, § 9 VOB/B, Rn. 85; Ebert in: HK-BGB, §§ 642, 643, Rn. 6; Sprau in: Palandt, § 643, Rn. 2.

Werklohnanspruch tritt.[842] Dies ist angesichts des Zwecks des § 642 BGB, nämlich der Gewährung eines Ausgleichs für die fruchtlose Bereithaltung von Personal und Gerät während des Annahmeverzuges, unmittelbar einleuchtend. Im BGB-Vertrag schließen sich zudem die Ansprüche aus § 642 BGB und §§ 280, 286 BGB nicht gegenseitig aus.[843] Nicht abschließend geklärt ist indessen im VOB-Vertrag, ob § 642 BGB durch § 6 Nr. 6 VOB/B verdrängt wird.

I. Meinungsstand

Sowohl in der Rechtsprechung als auch in der Literatur existieren diesbezüglich widerstreitende Äußerungen.

1. Literatur

In der Literatur findet eine intensive Auseinandersetzung mit dem Verhältnis zwischen § 6 Nr. 6 VOB/B und § 642 BGB statt.

a. Ausschluss durch § 6 Nr. 6 VOB/B

Ein Teil der Literatur sieht in § 6 Nr. 6 VOB/B die speziellere Bestimmung, die eine abschließende Regelung aller Leistungsstörungen enthalten soll.[844] Die VOB/B mache einen Anspruch wegen verzögerter Mitwirkung anders als das BGB von einem Vertretenmüssen abhängig, weshalb im Umkehrschluss § 642 BGB abbedungen sei.[845] Andernfalls wäre das in sich abgestimmte Regelungssystem der VOB/B hinfällig.[846] Eine verschuldensunabhängige Haftung sei in der VOB/B bewusst nicht geregelt.[847] Der Sinn und Zweck des § 6 Nr. 6 VOB/B, die Haftung von Auftraggeber und Auftragnehmer nur im Falle von grober Fahrlässigkeit oder Vorsatz auf entgangenen Gewinn zu erstrecken, würde zugunsten des Auftragnehmers durch die Anwendung des Gewinn umfassenden § 642 BGB

842 Schwenker in: Erman, § 642, Rn. 9; Mansel in: Jauernig, §§ 642, 643, Rn. 4.

843 Raab in: AnwK, § 642, Rn. 18; Kapellmann in: Kapellmann/Messerschmidt, § 6 VOB/B, Rn. 47; Sprau in: Palandt, § 642, Rn. 3 u. 5. So schon die Motive, Bd. 2, S. 496f; vgl. auch Canaris, Schuldrechtsreform, S. 332, zu § 643 Abs. 3 DiskE der eine entsprechende Klarstellung vorsah.

844 Teichmann in: Soergel, § 642, Rn. 12; Kapellmann/Schiffers, Bd. 1, Rn. 1400; Clemm, DB 1985, S. 2597, 2597f.

845 Teichmann in: Soergel, § 642, Rn. 12.

846 Kapellmann in: Kapellmann/Messerschmidt, § 6 VOB/B, Rn. 47; Kapellmann/Schiffers, Bd. 1, Rn. 1400; Mai/Merl in: Kleine-Möller/Merl, § 14, Rn. 66; Fuchs, S. 364.

847 Döring, FS Jagenburg, S. 111, 115.

unterwandert.[848] Aus der Erwähnung des § 642 BGB in § 9 Nr. 3 S. 2 VOB/B einerseits und des Fehlens eines Hinweises auf die Norm in § 6 Nr. 6 VOB/B andererseits ergäbe sich der eindeutige Wille der die VOB/B vereinbarenden Vertragsparteien zum Ausschluss des § 642 BGB.[849] Dessen Anwendung nur im Falle der Kündigung sei sachgerecht, da der Grund der Haftungsprivilegierung des § 6 Nr. 6 VOB/B in Form des bestehenden Bauvertrages dann weggefallen sei.[850] Schließlich könne die in § 6 Nr. 1 VOB/B geregelte zusätzliche Voraussetzung für Behinderungsansprüche durch die Anwendung des § 642 BGB umgangen werden, denn bei diesem sei keine Behinderungsanzeige nötig.[851]

b. Kein Ausschluss durch § 6 Nr. 6 VOB/B

Viele Stimmen in der Literatur bejahen demgegenüber die Anwendung des § 642 BGB auch im aufrechterhaltenen VOB/B-Vertrag. Dies ergebe sich bereits aus den unterschiedlichen Anspruchsvoraussetzungen und Rechtsfolgen von § 642 BGB und § 6 Nr. 6 VOB/B.[852] Da die als AGB einzustufende VOB/B die Leistungsstörungen nicht abschließend regele, könnten deren Bestimmungen das dispositive Gesetzesrecht nur insoweit verdrängen, als dass es aus der VOB/B deutlich wird.[853] Ein Umkehrschluss aufgrund der Nichterwähnung des § 642 BGB in § 6 Nr. 6 VOB/B im Gegensatz zu § 9 Nr. 3 S. 2 VOB/B sei deshalb gerade nicht möglich.[854] Die Erwähnung in § 9 Nr. 3 S. 2 VOB/B sei vielmehr notwendig gewesen, weil diese Regelung gegenüber § 643 BGB spezieller ist, so dass man ohne die ausdrückliche Erwähnung auch § 642 BGB als ausgeschlossen hätte ansehen müssen oder zumindest können.[855] Die Nichterwähnung des § 642 BGB in § 6 Nr. 6 VOB/B soll sogar gegen das Transparenzgebot verstoßen und damit zur Unwirksamkeit der Regelung führen.[856] Die von der Gegenmeinung vertretene unterschiedliche Haftung des Auftraggebers im Falle der Vertragskündigung bzw. –fortführung sei nicht gerechtfertigt und fände in der VOB/B keine

---

848 Kapellmann in: Kapellmann/Messerschmidt, § 6 VOB/B, Rn. 47.
849 Döring in: Ingenstau/Korbion, § 6 Nr. 6 VOB/B, Rn. 2.
850 Kapellmann/Schiffers, Bd. 1, Rn. 1400.
851 Döring in: Ingenstau/Korbion, § 6 Nr. 6 VOB/B, Rn. 3; Kapellmann/Schiffers, Bd. 1, Rn. 1400; Kapellmann, BauR 1992, S. 433, 434.
852 Nicklisch in: Nicklisch/Weick, Einl. §§ 4 – 13, Rn. 54; Gehlen, ZfBR 2000, S. 291, 293.
853 Motzke in: Beck'scher VOB-Kommentar, Teil B, § 6 Nr. 6, Rn. 27; Wahl, S. 102; Kraus, BauR 1986, S. 17, 24.
854 Glanzmann in: RGRK, § 642, Rn. 17; v.Craushaar, BauR 1987, S. 14, 21.
855 Hofmann in: Beck'scher VOB-Kommentar, Teil B, vor § 3, Rn. 79 u. 83.
856 Tempel, NZBau 2002, S. 532, 535.

Stütze.[857] Andernfalls müsse man dem Auftragnehmer zu einer Kündigung gemäß § 9 Nr. 1 a) VOB/B raten, damit er bei fehlendem Verschulden des Auftraggebers an der Verzögerung eine Entschädigung erhalte.[858] Eine Auslegung des § 6 Nr. 6 VOB/B dahingehend, dass dem Auftragnehmer nur im Falle eines Verschuldens Ansprüche zuständen, verstieße zumindest bei der Verwendung der VOB/B durch den Auftraggeber gegen §§ 307 Abs. 2 Nr. 1, 293 BGB.[859] Der befürchteten Umgehung von § 6 Nr. 1 VOB/B könne durch die Anwendung der Vorschrift auf § 642 BGB entgangen werden.[860] Selbst wenn man § 6 Nr. 1 VOB/B auf § 642 BGB nicht anwende, sei dies unerheblich, weil im Angebot gemäß § 295 BGB regelmäßig eine Behinderungsanzeige läge, die fehlende Schriftform im Falle einer eindringlichen und umfassenden mündlichen Anzeige unschädlich sei und der Auftragnehmer schon im eigenen Interesse eine Anzeige abgeben würde.[861]

2. Rechtsprechung

Das OLG Düsseldorf und das OLG Celle haben in Entscheidungen aus den Jahren 1991 und 1994 § 6 Nr. 6 VOB/B als abschließende vertragliche Regelung angesehen, die sämtliche Fälle einer Leistungsverzögerung erfasse.[862]

Der BGH hat hingegen 1999 in der Entscheidung „Vorunternehmer II" die Anwendbarkeit des § 642 BGB im fortgesetzten VOB/B-Vertrag bejaht. § 6 Nr. 6 VOB/B regele die Leistungsstörungen im VOB/B-Vertrag nicht abschließend.[863] Im Unterschied zu diesem an eine verschuldete Pflichtverletzung anknüpfenden Behinderungsschadensersatzanspruch regele § 642 BGB die Folgen einer verschuldensunabhängigen Obliegenheitsverletzung.[864] Zudem umfasse § 642 BGB weder entgangenen Gewinn noch Wagnis.[865] Darüber hinaus müsse in einem VOB-Vertrag eine Behinderungsanzeige gemäß § 6 Nr. 1 VOB/B als zusätzliche Voraussetzung des Anspruches aus § 642 BGB vorliegen.[866] Dieser Argumentation ist das OLG Braunschweig gefolgt.[867]

---

857 Motzke in: Beck'scher VOB-Kommentar, Teil B, § 6 Nr. 6, Rn. 30; v.Craushaar, BauR 1987, S. 14, 21; Scheube, S. 90.
858 Raab, JZ 2001, S. 251, 254.
859 Peters in: Staudinger, § 642, Rn. 85.
860 Motzke in: Beck'scher VOB-Kommentar, Teil B, § 6 Nr. 6, Rn. 29.
861 Wahl, S. 98ff.
862 OLG Celle, BauR 1995, S. 552, 554; OLG Düsseldorf, BauR 1991, S. 774, 776.
863 BGH, BauR 2000, S. 722, 725.
864 BGH, BauR 2000, S. 722, 725.
865 BGH, BauR 2000, S. 722, 725.
866 BGH, BauR 2000, S. 722, 725.
867 OLG Braunschweig, BauR 2001, S. 1739, 1740.

II. Stellungnahme

Um das Konkurrenzverhältnis zwischen § 6 Nr. 6 VOB/B und § 642 BGB zu klären, ist ein Rückgriff auf die allgemeingültigen Kriterien zur Gesetzeskonkurrenz unter besonderer Berücksichtigung AGB-rechtlicher Besonderheiten erforderlich.

1. Lex specialis

Ein Vorrang des Schadensersatzanspruches gemäß §§ 280, 286 BGB, 6 Nr. 6 VOB/B läge vor, wenn er als lex specialis gegenüber § 642 BGB anzusehen wäre. Enthält eine Norm sämtliche Tatbestandsmerkmale einer anderen Norm und darüber hinausgehende, zusätzliche Voraussetzungen, so ist grundsätzlich in ihrem Bereich nur die speziellere Norm anwendbar.[868] Die allgemeinere Norm bleibt dabei naturgemäß auf die Konstellationen anwendbar, die von der spezielleren nicht erfasst werden.[869] Logisch zwingend ist die Annahme einer Spezialität freilich nur dann, wenn sich die Rechtsfolgen der beiden Normen gegenseitig ausschließen, weil sie gegensätzliche Anordnungen treffen und deshalb die speziellere Norm bei Bejahung der zusätzlichen Anwendbarkeit der allgemeineren Regelung keinen Anwendungsfall hätte.[870] Wenn hingegen zwar unterschiedliche Rechtsfolgen angeordnet werden, die zwar nicht nebeneinander geltend gemacht werden können, sich aber auch nicht von vornherein logisch ausschließen, liegt eine alternative Konkurrenz vor und der Anspruchsinhaber hat ein Wahlrecht zwischen den konkurrierenden Anspruchsgrundlagen.[871]

Beim Unterlassen von Mitwirkungshandlungen sind vier Konstellationen denkbar: das schuldhafte oder unverschuldete Unterlassen einer pflichtigen Mitwirkungshandlung und das schuldhafte oder unverschuldete Unterlassen einer Obliegenheit. Von diesen Fällen erfasst der Schadensersatzanspruch nach §§ 280, 286 BGB, 6 Nr. 6 VOB/B nur den einer verschuldeten Pflichtverletzung. Hingegen greift § 642 BGB bei sämtlichen vier Konstellationen ein. Dennoch liegt keine Spezialität vor, denn nicht alle Fälle eines Behinderungsschadensersatzes gemäß §§ 280, 286 BGB, 6 Nr. 6 VOB/B sind von § 642 BGB erfasst, da unter den Begriff „Behinderung“ nicht nur eine unterlassene Mitwirkung subsumierbar ist, sondern auch andere Pflichtverletzungen des Auftraggebers, sofern keine Un-

868 Larenz/Wolf, AT, § 18, Rn. 20.
869 Schmalz, Methodenlehre, Rn. 78.
870 Larenz/Canaris, Methodenlehre, S. 87f.
871 Larenz/Wolf, AT, § 18, Rn. 22; Larenz/Canaris, Methodenlehre, S. 89.

möglichkeit vorliegt.[872] Die Anwendungsbereiche der konkurrierenden Regelungen überschneiden sich also nur teilweise, so dass auch bei Verneinung der Spezialität §§ 280, 286 BGB, 6 Nr. 6 VOB/B nicht leer liefe. Die Rechtsfolgen schließen sich zudem nicht von vornherein aus. Zwar ist die Berechnungsmethode der beiden Ansprüche unterschiedlich und der Auftragnehmer kann nicht sowohl Schadensersatz als auch eine angemessene Entschädigung nebeneinander geltend machen, da er sonst doppelten Ersatz erhielte. Jedoch ist es nicht widersprüchlich, dem Auftragnehmer die Wahl zwischen den Anspruchsgrundlagen zu lassen, weil beide den Ersatz der Vermögenseinbußen infolge der unterlassenen Mitwirkung bezwecken und somit in die gleiche Richtung zielen. Es liegt deshalb eine alternative Anspruchskonkurrenz vor. Die Bejahung einer solchen entspricht auch dem Grundsatz, dass Annahme- und Schuldnerverzug nebeneinander bestehen können, wenn der Gläubiger ausnahmsweise zur Annahme verpflichtet ist.[873] Hieran kann allein die Haftungsbeschränkung des § 6 Nr. 6 VOB/B nichts ändern. Der Schadensersatzanspruch gemäß §§ 280, 286 BGB, 6 Nr. 6 VOB/B ist demnach nicht lex specialis gegenüber § 642 BGB.

2. Systematische Spezialität

Allerdings erschöpfen sich die Fälle der Spezialität nicht in der vorstehenden Konstellation. Daneben kann sich im Wege der teleologischen oder systematischen Auslegung ergeben, dass eine Norm die inhaltsreichere oder abschließende Regelung darstellt.[874] Geprüft werden muss also, ob der VOB/B im Wege der Auslegung zu entnehmen ist, dass ihr Haftungssystem bezüglich unterlassener Auftraggebermitwirkung abschließend ist und daher § 642 BGB aus systematischen oder teleologischen Gründen verdrängt.

a. Auslegung und Inhaltskontrolle der VOB/B

Ausgangspunkt muss hierbei die Rechtsnatur der VOB/B als AGB sein.[875] Bei AGB findet grundsätzlich eine objektive Auslegung statt, wobei im Zweifel die Bedeutung der Klausel gilt, die ihr ein typischerweise an Geschäften der fragli-

---

872 Riedl in: Heiermann/Riedl/Rusam, § 6 VOB/B, Rn. 2; Teichmann in: Soergel, § 642, Rn. 12; Peters in: Staudinger, § 642, Rn. 44; Kapellmann/Schiffers, Bd. 1, Rn. 1202.

873 Hager in: Erman, vor § 293, Rn. 7; Ernst in: MüKo, BGB, § 293, Rn. 1; Löwisch in: Staudinger, Vorbem. §§ 293 – 304, Rn. 12.

874 Kramer in: MüKo, BGB, § 241, Rn. 22; Schmalz, Methodenlehre, Rn. 81f.

875 BGHZ 86, S. 135, 139; Horn in: Wolf/Horn/Lindacher, AGBG, § 23, Rn. 240; Markus in: Markus/Kaiser/Kapellmann, Rn. 45.

chen Art Beteiligter beimisst.[876] Anders als bei der Gesetzesauslegung kommt der Entstehungsgeschichte und damit dem Willen des AGB-Erschaffers keine Bedeutung zu, da dieser Wille dem Anwender in aller Regel unbekannt ist.[877]

Inwieweit darüber hinaus bei der Auslegung die Unklarheitsregel des § 305c Abs. 2 BGB zu beachten ist und ob die VOB/B einer Inhaltskontrolle zu unterziehen ist, ist Gegenstand einer intensiven Diskussion. Zur Zeit der Geltung des AGBG entsprach es nahezu allgemeiner Meinung, dass die VOB/B nicht nur in Bezug auf die ausdrücklichen Ausnahmen in § 23 Abs. 2 Nr. 5 AGBG privilegiert war. Hintergrund hierfür war die Annahme, dass die VOB/B ein in sich geschlossenes, einigermaßen ausgewogenes Regelungssystem enthält und daher grundsätzlich den Interessen beider Vertragsparteien hinreichend Rechnung trägt.[878] Sofern die VOB/B als Ganzes einbezogen wird, würde daher durch eine Inhaltskontrolle einzelner Klauseln ihr ausgewogenes Regelungsgefüge zerstört.[879]

Mit der Integration des AGBG in das BGB ist allerdings eine Änderung des Privilegierungstatbestandes verbunden gewesen. Eine Privilegierung findet sich nur noch in §§ 308 Nr. 5, 309 Nr. 8 b) ff) BGB, es fehlt an einer vor die Klammer gezogenen Regelung wie § 23 Abs. 2 Nr. 5 AGBG. Ob hiermit der Wegfall der Gesamtprivilegierung im Falle der Einbeziehung der VOB/B als Ganzes verbunden ist, ist seitdem Gegenstand einer regen Diskussion.[880] Diese hat durch eine neuere Entscheidung des BGH indessen deutlich an praktischer Bedeutung verloren. Entgegen seiner früheren Rechtsprechung, nach der die VOB/B nur dann nicht als Ganzes einbezogen sein sollte, wenn die vorgenommene Abweichung einen Eingriff in den Kernbereich der VOB/B darstellte, bejaht der BGH nunmehr bereits bei jeglicher Änderung der VOB/B den Wegfall einer potenziellen Privilegierung und damit die Eröffnung der Inhaltskontrolle, da andernfalls das Transparenzgebot des § 307 Abs. 1 S. 2 BGB nicht gewahrt sei.[881] Da

---

876 BGH NJW 1993, 1381, 1382; Schlosser in: Staudinger, AGBG, § 5, Rn. 18; Ulmer in: Ulmer/Brandner/Hensen, AGBG, § 5, Rn. 13f; Eichberger/Kleine-Möller in: Kleine-Möller/Merl, § 4, Rn. 87; Denzinger, BB 1981, S. 1123, 1125.

877 BGH, NJW 2003, S. 139; VersR 2000, S. 1090, 1091.

878 BGHZ 86, S. 135, 141; Riedl in: Heiermann/Riedl/Rusam, § 1 VOB/B, Rn. 10; Nicklisch/Weick in: Nicklisch/Weick, Einl., Rn. 54; Schlosser in: Staudinger, AGBG, § 23, Rn. 30.

879 BGHZ 86, S. 135, 142. Ganten in: Beck'scher VOB-Kommentar, Teil B, Einleitung II, Rn. 41ff; Nicklisch/Weick in: Nicklisch/Weick, Einl., Rn. 54.

880 v.Rintelen in: Kapellmann/Messerschmidt, Einleitung VOB/B, Rn. 48ff; Markus in: Markus/Kaiser/Kapellmann, Rn. 61ff; Tempel, NZBau 2002, S. 465, 468ff.

881 BGH, NZBau 2004, S. 267, wobei sich die Entscheidung aber ausdrücklich auf die Rechtslage vor der Schuldrechtsreform bezieht; für die Zeit danach kann aber nichts anderes gelten.

die VOB/B in der Praxis letztlich nie ohne Abänderung durch Allgemeine, Besondere oder Zusätzliche Vertragsbedingungen Verwendung findet, ist damit regelmäßig die Inhaltskontrolle der einzelnen Klauseln eröffnet.

Daneben besteht weitestgehend Einigkeit über die Anwendbarkeit der Auslegungsregel des § 305c Abs. 2 BGB.[882] Bedenken sind allerdings erhoben worden, weil häufig der Verwender schwierig festzustellen und eine unterschiedliche Auslegung der VOB/B je nachdem, wer Verwender ist, nicht sinnvoll sei.[883] Dem ist jedoch entgegen zu halten, dass der Verwender fast immer sicher bestimmt werden kann.[884] Zunächst reicht nicht das bloße Einverständnis mit der Geltung der VOB/B, um die Stellung dieser und damit die Verwendereigenschaft zu bejahen.[885] Außerdem ist der Auftraggeber selbst dann Veranlasser der Einbeziehung und somit Verwender, wenn zwar der Auftragnehmer seinem Angebot die VOB/B zugrunde legt, dies aber seinen Ursprung in der Vertragspraxis des Auftraggebers, immer die VOB/B einzubeziehen, hat.[886] Sofern die VOB/B nur nachrangig nach Allgemeinen, Besonderen oder Zusätzlichen Vertragsbedingungen gelten sollen, so ist der Verwender dieser weiteren Bedingungen zugleich der Verwender der VOB/B.[887] Diese Konstellation ist in der Praxis der Regelfall, weshalb sich der Verwender bereits deshalb nahezu immer eindeutig bestimmen lässt. Sofern man darüber hinaus bei unveränderter VOB/B deren Gesamtprivilegierung bejaht, stellt sich dann die Frage nach dem Verwender mangels Eröffnung der Inhaltskontrolle erst gar nicht und es verbleiben keine Zweifelsfälle bei der Bestimmung des Verwenders. Ein möglicherweise unterschiedliches Ergebnis der Inhaltskontrolle oder der Auslegungsregel des § 305c Abs. 2 BGB, je nachdem wer Verwender ist, muss letztlich hingenommen werden[888], auch wenn dies mit der Bedeutung und Verbreitung der VOB/B kaum vereinbar ist.[889]

Bevor die Unklarheitsregel des § 305c Abs. 2 BGB allerdings eingreift, ist zunächst die fragliche AGB-Regelung anhand der allgemeinen Auslegungskriterien für AGB einer Untersuchung zu unterziehen.[890] Nur wenn dann sowohl die

---

882 BGH, BauR 1997, S. 1027, 1028; Lindacher in: Wolf/Horn/Lindacher, AGBG, § 5, Rn. 25; Denzinger, BB 1981, S. 1123, 1124; Tempel, NZBau 2002, S. 465, 470.

883 Nicklisch/Weick in: Nicklisch/Weick, Einl., Rn. 57.

884 So auch Oberhauser, S. 32.

885 Horn in: Wolf/Horn/Lindacher, AGBG, § 23, Rn. 241.

886 BGH, NJW 1997, S. 2043, 2044; v.Rintelen in: Kapellmann/Messerschmidt, Einleitung VOB/B, Rn. 105. Dies ist z.B. bei öffentlichen Auftraggebern der Fall.

887 Hensen in: Ulmer/Brandner/Hensen, AGBG, Anh. §§ 9 – 11, Rn. 902; so auch Nicklisch/Weick in: Nicklisch/Weick, Einl., Rn. 55.

888 BGHZ 99, S. 160, 161; Horn in: Wolf/Horn/Lindacher, AGBG, § 23, Rn. 241.

889 v.Rintelen in: Kapellmann/Messerschmidt, Einleitung VOB/B, Rn. 113.

890 Eichberger/Kleine-Möller in: Kleine-Möller/Merl, § 4, Rn. 89; Denzinger, BB 1981, S. 1123, 1124.

eine als auch die andere Auslegungsmöglichkeit gleich wahrscheinlich erscheint, kommt § 305c Abs. 2 BGB zur Anwendung.[891]

b. Folgerungen

Wendet man diese Grundsätze an, so ist zunächst zu eruieren, ob bereits eine eindeutige Auslegung des § 6 Nr. 6 VOB/B dahingehend möglich ist, dass er nicht nur eine Haftungsbegrenzung für einen Schadensersatzanspruch gemäß §§ 280, 286 BGB enthält, sondern weitergehend einen Anspruch aus § 642 BGB ausschließt oder eben gerade nicht. Dabei ist das Gesamtsystem der Haftung des Auftraggebers und des Auftragnehmers nach der VOB/B zu berücksichtigen. Demnach steht beiden im Falle einer Pflichtverletzung der anderen Seite ein durch § 6 Nr. 6 VOB/B eingeschränkter Schadensersatzanspruch zu, womit ein Gleichlauf der Haftung gewährleistet ist. Wenn man daneben § 642 BGB anwenden wollte, so könnte man auf den ersten Blick der Auffassung sein, dass hiermit der Auftragnehmer einen ungerechtfertigten Vorteil in Form eines weiteren Anspruches bekäme, dem kein Korrelat durch einen ähnlichen verschuldensunabhängigen Anspruch des Auftraggebers gegenüber steht. Eine solche Betrachtungsweise ließe indes die besondere Regelungssituation des § 642 BGB außer Acht. Dieser gibt nämlich nicht nur einen Anspruch im Falle einer Pflichtverletzung des Auftraggebers, sondern weitergehend auch bei einer Obliegenheitsverletzung. Ein hiermit vergleichbarer Anspruch muss für den Auftraggeber gar nicht existieren, weil dem Auftragnehmer nur Pflichtverletzungen zur Last fallen können. Die VOB/B enthält zudem zugunsten des Auftragnehmers keinen Anspruch für den Fall von Obliegenheitsverletzungen, weshalb bei Bejahung eines Ausschlusses des § 642 BGB eine Lücke im Schutz des Auftragnehmers entstünde. Aus dem Schweigen der VOB/B bezüglich der Anwendbarkeit des § 642 BGB zu folgern, dass eine solche Lücke nach der Systematik der VOB/B vorliegen soll, entspricht nicht einer objektiven Auslegung der VOB/B. Ein durchschnittlicher Anwender wird dem Schweigen der VOB/B vielmehr entnehmen, dass die allgemeinen gesetzlichen Regelungen anwendbar sind. Dies ergibt sich aus dem allgemeinen Prinzip, nach dem das dispositive Recht anwendbar ist, sofern nicht ausdrücklich etwas anderes geregelt ist. Eines Hinweises auf diese Selbstverständlichkeit bedarf es nicht. Schon allein deshalb ist eine Auslegung des § 6 Nr. 6 VOB/B, nach der § 642 BGB nicht abbedungen ist, näher liegend, so dass §§ 305c Abs. 2, 307 BGB überhaupt nicht angewendet werden müssen.

891 BGH, NJW 2002, S. 3232, 3233; Lindacher in: Wolf/Horn/Lindacher, AGBG, § 5, Rn. 28.

Selbst wenn man das Ergebnis einer Auslegung als offen ansehen wollte, käme man über § 305c Abs. 2 BGB zum gleichen Resultat, sofern der Auftraggeber Verwender der VOB/B ist. Wenn man tatsächlich § 6 Nr. 6 VOB/B einen Ausschluss des § 642 BGB entnehmen wollte, so würde das einer analogen Anwendung des § 6 Nr. 6 VOB/B gleich kommen. Die Vorschrift betrifft nach richtigem Verständnis nur den Fall einer Pflichtverletzung[892] und damit nur einen Teil des Anwendungsbereichs des § 642 BGB. Wenn man nun die Haftung für eine Obliegenheitsverletzung oder eine unverschuldete Pflichtverletzung ganz ausschließen wollte, so wäre dies nichts anderes als die analoge Anwendung des § 6 Nr. 6 VOB/B auf im BGB eindeutig anders geregelte Sachverhalte. Eine analoge Anwendung eine AGB-Bestimmung verstößt aber gegen § 305c Abs. 2 BGB.[893] Außerdem geht die Unklarheit der VOB/B im Hinblick auf das Verhältnis von § 6 Nr. 6 VOB/B zu § 642 BGB nach § 305c Abs. 2 BGB zu Lasten des Verwenders.

Im Falle der Verwendung der VOB/B durch den Auftraggeber läge zudem ein Verstoß gegen § 307 Abs. 2 Nr. 1 BGB vor, denn die Verneinung eines Anspruches wegen der Verletzung einer Mitwirkungsobliegenheit oder im Falle einer unverschuldeten Mitwirkungspflichtverletzung ist mit dem Grundgedanken der §§ 642, 293ff BGB nicht vereinbar. Der historische Gesetzgeber hat ausdrücklich die besondere Schutzbedürftigkeit des Unternehmers bei einer unterlassenen Bestellermitwirkung gesehen und einer über § 304 BGB hinausgehenden Regelung zugeführt. Dieser Grundgedanke einer Kompensation der Nachteile durch die Verneinung einer Pflicht zur Mitwirkung durch die Gewährung einer angemessenen Entschädigung wäre hinfällig, wenn man § 642 BGB im VOB/B-Vertrag nicht anwenden wollte. Wie bereits im Zusammenhang mit der Einordnung der Bestellermitwirkung erwähnt, finden sich in der Literatur vielfältige Bemühungen, sämtliche Mitwirkungshandlungen des Auftraggebers als Pflichten einzustufen, um so zum Schutze des Auftragnehmers zu einem Schadensersatzanspruch zu gelangen. Unabhängig von der fehlenden Überzeugungskraft einer solchen pauschalen Qualifizierung[894] stünde die Annahme eines Ausschlusses des § 642 BGB hiermit in einem nicht zu vereinbarenden Widerspruch. Nach der gesetzlichen Grundkonzeption soll der Schutz des Bestellers/Auftraggebers gerade durch die Gewährung eines verschuldensunabhängigen Anspruches auf angemessene Entschädigung gemäß § 642 BGB erfolgen. Diesen Schutz im Bereich VOB/B als ausgeschlossen anzusehen würde der Gesetzesintention entgegen stehen und

---

892 S. oben Siebentes Kapitel, B. III. 1.

893 BGH, BauR 1997, S. 1027, 1028; Kapellmann in: FS Vygen, S. 194, 199; Oberhauser, S. 35.

894 S. oben Drittes Kapitel, C.

den Auftragnehmer unangemessen benachteiligen, da er dann im Falle einer Obliegenheitsverletzung außer dem Aufwendungsersatz nach § 304 BGB anspruchslos gestellt wäre. Wenn also der Auftraggeber die VOB/B verwendet, lässt sich eine Spezialität des § 6 Nr. 6 VOB/B dogmatisch auch aufgrund eines Verstoßes gegen §§ 305c Abs. 2, 307 Abs. 2 Nr. 1 BGB nicht begründen.

Möglich wäre allerdings, sofern man keine eindeutige Auslegung des § 6 Nr. 6 VOB/B bejaht, die Annahme einer Spezialität des § 6 Nr. 6 VOB/B, wenn der Auftragnehmer Verwender der VOB/B ist. Dann wäre die Klausel allein für den Verwender belastend und es läge somit kein Verstoß gegen §§ 305c Abs. 2, 307 Abs. 2 Nr. 1 BGB vor. In der gerichtlichen Praxis ist mit einer solchen gespaltenen Lösung der Spezialitätsfrage aber kaum zu rechnen. Vielmehr werden die Gerichte eine eindeutige Auslegung des § 6 Nr. 6 VOB/B mit dem Ergebnis der Anwendbarkeit des § 642 BGB bejahen, weil dies der Rechtsprechung des BGH entspricht. Generell wendet der BGH regelmäßig § 305c Abs. 2 BGB erst gar nicht an, weil er vom klaren Vorrang seines Auslegungsergebnisses ausgeht.[895] Folglich wird es in der gerichtlichen Praxis u.U. überhaupt nicht zur Inhaltskontrolle oder Anwendung des § 305c Abs. 2 BGB kommen und eine unterschiedliche Beantwortung der Spezialitätsfrage je nachdem, wer Verwender ist, wird kaum drohen. Eine Auslegung des § 6 Nr. 6 VOB/B, nach der er einen Anspruch aus § 642 BGB unberührt lässt, ist entsprechend der obigen Ausführungen zudem nicht nur ohne weiteres begründbar, sondern auch richtig. Will man die insoweit verbleibende geringe Unsicherheit, dass ein Gericht zu einem anderen Auslegungsergebnis kommt und die Bestimmung bei einer Verwendung durch den Auftragnehmer für wirksam hält, vermeiden, muss in § 6 Nr. 6 VOB/B zur Klarstellung der Hinweis auf den daneben anwendbaren § 642 BGB aufgenommen werden.

3. Ergebnis

Eine Spezialität des Anspruches aus §§ 280, 286 BGB, 6 Nr. 6 VOB/B lässt sich nach dem vorstehenden nicht begründen. Im Gegenteil besteht ein Bedürfnis, den Auftragnehmer über die Gewährung des Anspruches aus § 642 BGB für den Fall einer verschuldeten oder unverschuldeten Obliegenheitsverletzung einen finanziellen Ausgleich zu geben. Die Gegenmeinung beruht letztlich auf der abzulehnenden Annahme, dass zumindest im VOB/B-Vertrag sämtliche Mitwirkungs-

---

895 v.Rintelen in: Kapellmann/Messerschmidt, Einleitung VOB/B, Rn. 110, sieht deshalb für eine Anwendung des § 305c Abs. 2 BGB in der Praxis keinen Raum. In der Tat ist es nur schwer vorstellbar, dass angesichts der Entscheidung „Vorunternehmer II" ein Gericht der Auffassung sein könnte, hinsichtlich des Verhältnisses von § 6 Nr. 6 VOB/B zu § 642 BGB gäbe es kein klares Auslegungsergebnis.

handlungen Pflichten sind.[896] Nur dann entstünde keine Lücke im Schutz des Auftragnehmers, denn er könnte bei Vorliegen der weiteren Voraussetzungen den Anspruch aus §§ 280, 286 BGB, 6 Nr.6 VOB/B geltend machen. Geht man aber richtigerweise von der Existenz einzelner Mitwirkungsobliegenheiten aus, so muss § 642 BGB anwendbar bleiben. Dabei kann der Auftragnehmer zwar nicht sowohl Schadensersatz als auch eine angemessene Entschädigung verlangen, jedoch ist prozessual eine Staffelung der Anspruchsgrundlagen möglich und wegen der Unterschiede in Voraussetzungen und Rechtsfolge sinnvoll. Ob durch die parallele Existenz der beiden Ansprüche die Behinderungsanzeige Makulatur ist, ist nach alledem für das Verhältnis der Regelungen zueinander entgegen vielfacher Ansicht ohne Bedeutung. Allenfalls kann man hieraus ggf. die Notwendigkeit einer solchen Anzeige bei § 642 BGB folgern.[897]

III. Wertungswiderspruch zwischen den Rechtsfolgen

Als Resultat der parallelen Anwendbarkeit könnte ein Wertungswiderspruch zwischen der Rechtsfolge des Schadensersatzanspruches gemäß §§ 280, 286 BGB, 6 Nr. 6 VOB/B und des vergütungsgleichen Anspruches aus § 642 BGB bestehen. Im Falle einer verschuldeten Pflichtverletzung hat der Auftragnehmer die Wahl zwischen dem Anspruch aus §§ 280, 286 BGB, 6 Nr. 6 VOB/B, bei dem er entgangenen Gewinn nur bei Vorsatz oder grober Fahrlässigkeit des Auftraggebers verlangen kann, und § 642 BGB, der sogar bei einer unverschuldeten Pflichtverletzung und einer bloßen Obliegenheitsverletzung einen Gewinnzuschlag enthält, obwohl die dem Auftraggeber zur Last fallende Vertragsverletzung weniger schwer wiegend ist.

1. Übertragung der Haftungsbeschränkung § 6 Nr. 6 VOB/B auf § 642 BGB?

Zur Vermeidung eines solchen Wertungswiderspruches kann man daran denken, die Haftungsbeschränkung des § 6 Nr. 6 VOB/B auch auf § 642 BGB anzuwenden[898], also im Falle der Vereinbarung der VOB/B einen Gewinnzuschlag bei § 642 BGB nur bei grober Fahrlässigkeit oder Vorsatz des Auftraggebers zu gewähren. Auf Basis der hier vertretenen Auffassung, dass § 6 Nr. 6 VOB/B nur auf Mitwirkungspflichten und nicht auf Obliegenheiten anwendbar ist[899], ist eine Anwendung der Haftungsbeschränkung auf § 642 BGB jedoch nicht zu rechtfer-

896 Die Befürworter eines Ausschlusses des § 642 BGB sind allesamt dieser Meinung.
897 S. unten Neuntes Kapitel, B. IV.
898 Motzke in: Beck´scher VOB-Kommentar, Teil B, § 6 Nr. 6, Rn. 31.
899 S. oben Siebentes Kapitel, B. III. 1.

tigen. In Betracht käme sie nur, wenn der Auftragnehmer bei einem Verstoß des Auftraggebers gegen eine Mitwirkungspflicht keinen Schadensersatzanspruch geltend macht, sondern seine Forderung auf § 642 BGB stützt. Wendet man dann § 6 Nr. 6 VOB/B auf § 642 BGB an, so könnte der Auftraggeber bei einer unverschuldeten oder nur einfach oder leicht fahrlässigen Pflichtverletzung auch über § 642 BGB keinen Gewinnzuschlag erhalten. Dies würde jedoch nicht zur vollständigen Beseitigung des Wertungswiderspruchs führen, denn im Falle einer Obliegenheitsverletzung ist der Tatbestand des § 6 Nr. 6 VOB/B nicht erfüllt. Die Entschädigung im Falle eines Obliegenheitsverstoßes würde also selbst bei einer Anwendung des § 6 Nr. 6 VOB/B auf § 642 BGB Gewinn umfassen. Eine Anwendung der Haftungsbeschränkung trägt daher nicht zur Lösung des Wertungswiderspruchs bei und muss infolgedessen konsequenterweise in Gänze unterbleiben.

2. Wirksamkeit der Haftungsbeschränkung § 6 Nr. 6 VOB/B

Da der Wertungswiderspruch durch eine Anwendung der Haftungsbeschränkung auf § 642 BGB nicht beseitigt werden kann, stellt sich die Frage, ob § 6 Nr. 6 VOB/B überhaupt wirksam ist, also einer Inhaltskontrolle standhält. Der Unternehmer könnte durch den Ausschluss des Ersatzes von Gewinn für die Dauer der Behinderung unangemessen benachteiligt sein, weil damit von einem Grundgedanken des § 642 BGB, nämlich der Gewährung eines Gewinnzuschlags, abgewichen wird und dies gerade für den Fall einer schuldhaften Pflichtverletzung, also der schwerwiegendsten Vertragsverletzung.

a. Meinungsstand

Überwiegend wird die AGB-Konformität des § 6 Nr. 6 VOB/B dennoch bejaht.[900] Aufgrund der Wirkung der Haftungsbeschränkung sowohl zu Lasten des Auftraggebers als auch des Auftragnehmers läge keine unangemessene Benachteiligung vor.[901] Teilweise wird zur Erlangung dieses Ergebnisses eine „wohlwollende Auslegung" der Bestimmung unter Berücksichtigung ihres Regelungszweckes vorgeschlagen.[902] Nach ihrem Zweck solle § 6 Nr. 6 VOB/B den Auftragnehmer davor schützen, die vorab schwer überschaubaren Folgen eines Ver-

---

900 Döring in: Ingenstau/Korbion, § 6 Nr. 6 VOB/B, Rn. 45; Zanner in: Franke/Kemper/Zanner/Grünhagen, § 6 VOB/B, Rn. 114ff; Herig, § 6 VOB/B, Rn. 44f; Reister/Silbe in: Leinemann, § 6 VOB/B, Rn. 114.

901 Markus in: Markus/Kaiser/Kapellmann, Rn. 108.

902 Kapellmann in: Kapellmann/Messerschmidt, § 6 VOB/B, Rn. 72; Nicklisch in: Nicklisch/Weick, § 6 VOB/B, Rn. 51; Kniffka in: Kniffka/Koeble, 8. Teil, Rn. 31.

zuges mit hohem entgangenen Gewinn des Auftraggebers, z.B. wegen fehlender Nutzungsmöglichkeit des Bauwerks, tragen zu müssen.[903] Dann müsste umgekehrt der Auftraggeber ebenfalls nur vor schwer überschaubaren Folgen geschützt werden; hierunter fiele gerade nicht der aus der Ursprungskalkulation zu entnehmende Gewinnaufschlag für das konkrete Projekt.[904] Deshalb soll § 6 Nr. 6 VOB/B nur den Ersatz des Gewinns aus anderen Verträgen, die wegen der Behinderung nicht durchgeführt werden konnten, ausschließen.[905] Hingegen soll auf die Schadenspositionen ein Gewinnzuschlag entsprechend dem der Ursprungskalkulation erfolgen.[906] Folgt man dieser „wohlwollenden Auslegung", ist der Wertungswiderspruch beseitigt und § 6 Nr. 6 VOB/B wirksam.

Nach anderen Ansichten soll § 6 Nr. 6 VOB/B demgegenüber generell[907] oder zumindest im Falle der Verwendung der VOB/B durch den Auftraggeber[908] unwirksam sein.

b. Stellungnahme

Ein Verstoß gegen § 307 Abs. 2 Nr. 1 BGB kommt zunächst nur in Betracht, wenn der Auftraggeber der Verwender der VOB/B ist, da es dem Auftragnehmer grundsätzlich frei steht, eine für ihn nachteilige Haftungsbeschränkung zu vereinbaren.

Gegen eine „wohlwollende" Auslegung des § 6 Nr. 6 VOB/B bestehen rechtsdogmatische Bedenken aufgrund des klaren Wortlauts der Bestimmung. Ein durchschnittlicher Anwender der VOB/B wird die Bestimmung im Sinne eines völligen Gewinnausschlusses auch für die Zeit der Behinderung verstehen. Letztlich wäre die „wohlwollende Auslegung" nichts anderes als eine geltungserhaltende Reduktion. Eine solche ist grundsätzlich unzulässig, da andernfalls ein Unternehmer unwirksame Klauseln zum einen in der Hoffnung verwenden könnte, dass der Verbraucher ihnen in Unkenntnis der Unwirksamkeit Folge leistet und keinen Prozess anstrengt, und zum anderen in der Gewissheit, dass schlimmstenfalls die gerade noch zulässige Reduktion der Klausel gilt.[909] Zudem

903 Kapellmann/Schiffers, Bd. 1, Rn. 1491.
904 Kapellmann/Schiffers, Bd. 1, Rn. 1491.
905 Kapellmann in: Kapellmann/Messerschmidt, § 6 VOB/B, Rn. 72; Nicklisch in: Nicklisch/Weick, § 6 VOB/B, Rn. 51; Kniffka in: Kniffka/Koeble, 8. Teil, Rn. 31.
906 Kapellmann in: Kapellmann/Messerschmidt, § 6 VOB/B, Rn. 72; Nicklisch in: Nicklisch/Weick, § 6 VOB/B, Rn. 51.
907 Frikell in: Glatzel/Hofmann/Frikell, S. 48.
908 Eicherberger/Kleine-Möller in: Kleine-Möller/Merl, § 4, Rn. 108.
909 BGHZ 84, S. 109, 116; Heinrichs in: Palandt, Vorb. §§ 307 – 309, Rn. 8; Schlosser in: Staudinger, AGBG, § 6, Rn. 16; Schmidt in: Ulmer/Brandner/Hensen, AGBG, § 6, Rn. 14.

würde eine geltungserhaltende Reduktion zu einem Verstoß gegen das verbraucherschützende Transparenzgebot führen.[910]

Von dieser Regel hat der I. Zivilsenat des BGH aber Ausnahmen gemacht. Bei unter Beteiligung der maßgeblichen Verkehrskreise zustande gekommenen AGB, wie die ADSp und die AGNB, greife der Verbraucherschutz nicht im gleichen Maße ein, weil diese kollektiv ausgehandelten Vertragsbestimmungen eine „fertig bereitliegende Rechtsordnung“ seien und einen im Ganzen ausgewogenen Ausgleich der beteiligten Interessen gewährleisten würden.[911]

Diese Entscheidungen sind teilweise heftiger Kritik der Literatur ausgesetzt. Die Annahme „fertig bereitliegender Rechtsordnungen“ sei mit der Konzeption des AGBG nicht vereinbar[912] und treffe auch nicht die vertragsrechtliche Natur von AGB-Bestimmungen.[913] Ein evtl. ausgewogener Interessenausgleich könne nur ein Argument für eine eingeschränkte Inhaltskontrolle sein, nicht aber den Verstoß gegen das Transparenzgebot rechtfertigen.[914]

Andere Teile der Literatur halten die Entscheidungen für richtig und plädieren für eine Übertragung auch auf die VOB/B.[915] Prävention zum Schutze des Verbrauchers spiele bei der Erarbeitung von Regelwerken wie ADSp und VOB/B keine Rolle.[916] Auch im Bereich der VOB/B habe der BGH bereits durch seine einschränkende Auslegung von § 2 Nr. 6 VOB/B und § 10 Nr. 2 Abs. 2 VOB/B der Sache nach eine geltungserhaltene Reduktion vorgenommen.[917] Gleiches gelte für die sogar bei einseitig gestellten AGB praktizierte Teilung von Klauseln trotz entgegenstehenden Wortlauts und für die Anwendung der Grundsätze über die ergänzende Vertragsauslegung.[918] Das Verbot der geltungserhaltenden Reduktion sei insbesondere dann nicht sachgerecht, wenn die Unwirksamkeit auf einer Rechtsprechungsfortentwicklung beruht, die vom Verwender nicht einkalkuliert werden konnte.[919] Dann müsse schon aus Gründen des Vertrauensschutzes eine geltungserhaltende Reduktion erfolgen.[920]

---

910 Schlosser in: Staudinger, AGBG, § 6, Rn. 16; Schmidt in: Ulmer/Brandner/Hensen, AGBG, § 6, Rn. 14.

911 BGH, NJW 1995, S. 3117, 3118; BGHZ 129, S. 323, 327f.

912 Heinrichs, NJW 1996, S. 1381, 1384.

913 Schmidt in: Ulmer/Brandner/Hensen, AGBG, § 6, Rn. 15a.

914 Löwe, ZIP 1995, S. 1273, 1274.

915 v.Rintelen in: Kapellmann/Messerschmidt, Einl. VOB/B, Rn. 112; Schlosser in: Staudinger, AGB, § 6, Rn. 17b; Pauly, BauR 1996, S. 328, 334.

916 Schlosser in: Staudinger, AGB, § 6, Rn. 17b.

917 v.Rintelen in: Kapellmann/Messerschmidt, Einl. VOB/B, Rn. 112.

918 v.Rintelen in: Kapellmann/Messerschmidt, Einl. VOB/B, Rn. 113.

919 Roloff in: Erman, § 306, Rn. 9; Schlosser in: Staudinger, AGB, § 6, Rn. 17b.

920 Roloff in: Erman, § 306, Rn. 9; Heinrichs in: Palandt, Vorb. §§ 307-309, Rn. 10.

Anhand der hier zu beurteilenden Wirksamkeit des § 6 Nr. 6 VOB/B wird die Problematik des Verbots einer geltungserhaltenden Reduktion deutlich. Die VOB/B und mit ihr § 6 Nr. 6 VOB/B ist älter als die erstmals mit dem AGBG eingeführten Regeln über eine Inhaltskontrolle. Bereits deshalb kann man an Vertrauensschutz denken.[921] Für diesen spricht auch, dass der DVA bei Schaffung des § 6 Nr. 6 VOB/B mit einiger Sicherheit nicht an die juristisch diffizile Unterscheidung zwischen Mitwirkungspflichten und –obliegenheiten gedacht hat und auch gar nicht denken musste. Die einschlägige Problematik ist erst durch die Entscheidung „Vorunternehmer II" des BGH[922] aktuell geworden.[923] Davor gingen die überwiegende Rechtsprechung und Literatur von einem Ausschluss des § 642 BGB im ungekündigten VOB-Vertrag aus[924], so dass kein Wertungswiderspruch entstehen konnte. Eine geltungserhaltende Reduktion des § 6 Nr. 6 VOB/B wäre sogar im Interesse beider Vertragsteile, denn die Haftungsbeschränkung wirkt nicht nur zugunsten des Verwenders.[925] Wenn man also § 6 Nr. 6 VOB/B für unwirksam erachten würde, droht beiden Vertragsparteien selbst bei Verträgen, die noch vor der Rechtsprechungsänderung abgeschlossen wurden, ein hohes Haftungsrisiko bezüglich entgangenen Gewinns aus anderen Verträgen. Es ist daher im Interesse aller Beteiligten, eine geltungserhaltende Reduktion des § 6 Nr. 6 VOB/B vorzunehmen. Der sonst hiergegen sprechende Verbraucherschutz in Form des Transparenzgebotes spielt deshalb im konkreten Fall keine Rolle. Die Klausel ist demnach so zu verstehen, dass nur der entgangene Gewinn aus anderen Verträgen lediglich bei Vorsatz oder grober Fahrlässigkeit zu ersetzen ist, wohingegen für die Zeit der Behinderung entgangener Gewinn geltend gemacht werden kann.

---

921 Vgl. BGH, NJW 1984, S: 2404, 2406, wonach bei Regelungen in Altverträgen eine Unwirksamkeit nur bei einem unerträglichen Widerspruch zu grundlegenden Wertungsmaßstäben erfolgen soll.

922 BGH, BauR 2000, S. 722.

923 Außerdem entsteht der Wertungswiderspruch erst, wenn der BGH seine in dieser Entscheidung vertretene Auffassung bezüglich des Ausschlusses von Gewinn bei § 642 BGB ändert.

924 S. oben Neuntes Kapitel, B. I. 1. a.

925 Auch der BGH, NZBau 2002, S. 559, 560, hat im Wege der ergänzenden Vertragsauslegung eine unwirksame Klausel (Bürgschaft auf erstes Anfordern) auf das zulässige Maß zurückgeführt, weil andernfalls ein nicht interessengerechtes Ergebnis vorliegen würde. Gerechtfertigt sei dies aber nur, sofern ein Verwender nicht auch nach der Entscheidung eine solche unwirksame Klausel verwendet. Der Sache nach hat der BGH damit letztlich eine geltungserhaltende Reduktion vorgenommen und dies mit Vertrauensschutzgesichtspunkten begründet.

IV. Übertragung der Behinderungsanzeige gemäß § 6 Nr. 1 VOB/B auf § 642 BGB

Will der Auftragnehmer im VOB-Vertrag einen Anspruch auf Schadensersatz aus §§ 280, 286 BGB, 6 Nr. 6 VOB/B oder auf Fristverlängerung gemäß § 6 Nr. 2 VOB/B geltend machen, muss er nach § 6 Nr. 1 VOB/B die Behinderung unverzüglich schriftlich anzeigen. Aufgrund der parallelen Anwendbarkeit der Ansprüche aus §§ 280, 286 BGB, 6 Nr. 6 VOB/B und § 642 BGB kann man an eine Übertragung dieser Voraussetzung auf § 642 BGB denken.

1. Zur Behinderungsanzeige

Bevor eine nähere Schilderung und Lösung der Problematik erfolgen kann, ist zunächst die Behinderungsanzeige nach § 6 Nr. 1 VOB/B näher zu betrachten.

a. Funktion und Voraussetzungen

Die Behinderungsanzeige soll den Auftraggeber informieren, warnen und ihm die Möglichkeit zur Abhilfe schaffen.[926] Auf diese Art und Weise wird der Auftraggeber zudem vor unberechtigten Behinderungsansprüchen geschützt, da ihm die Anzeige die Möglichkeit zur Beweissicherung eröffnet.[927]

Inhaltlich erfordert die Anzeige die Angabe sämtlicher Tatsachen zum Beginn, Umfang und Grund der Behinderung, so dass dem Auftraggeber die hieraus resultierenden Konsequenzen klar vor Augen geführt werden.[928] Nicht erforderlich sind Angaben über die voraussichtliche Dauer der Behinderung[929] oder die Höhe eventueller hieraus resultierender Ansprüche.[930] Die Schriftform dient nach überwiegender Auffassung lediglich Beweiszwecken, weshalb eine mündliche Anzeige ausreichen kann, um den negativen Konsequenzen einer fehlenden An-

---

926 BGH, BauR 2000, S. 722, 723; OLG Koblenz, NJW-RR 1988, S. 851, 852; Nicklisch in: Nicklisch/Weick, § 6 VOB/B, Rn. 17; Kniffka, Jahrbuch Baurecht 2001, S. 1, 10.

927 BGH, BauR 2000, S. 722, 723; Kniffka, Jahrbuch Baurecht 2001, S. 1, 10; so zuvor bereits Kapellmann, FS Vygen, S. 194, 203.

928 BGH, BauR 2000, S. 722, 723; BauR 1990, S. 210, 212; Döring in: Ingenstau/Korbion, § 6 Nr. 1 VOB/B, Rn. 6; Kapellmann in: Kapellmann/Messerschmidt, § 6 VOB/B, Rn. 6.

929 Kniffka, Jahrbuch Baurecht 2001, S. 1, 11; weitergehende Anforderungen hat der BGH, BauR 2000, S. 722, 723 entgegen Kraus, BauR 2000, S. 1105, 1108, nicht gestellt.

930 BGH, BauR 1990, S. 210, 212.

zeige zu entgehen.[931] Entbehrlich ist die Anzeige nur bei Offenkundigkeit der Behinderung, wenn also der Auftraggeber zweifellos hierüber unterrichtet ist oder die zugrunde liegenden Tatsachen offenkundig i.S.v. § 291 ZPO sind.[932]

b. Rechtliche Qualität

Die rechtliche Einordnung der Behinderungsanzeige als Obliegenheit oder Nebenpflicht ist streitig. Vereinzelt findet sich die Qualifizierung als Obliegenheit.[933] Nach dieser Meinung dient die Anzeige allein dem Interesse des Auftragnehmers an der Verlängerung seiner Ausführungsfristen gemäß § 6 Nr. 2 VOB/B.[934] Es wäre eine Verkennung der vertraglichen Verantwortungsbereiche, wenn der Auftragnehmer sich schadensersatzpflichtig machen würde, weil er den Auftraggeber nicht auf eine aus dessen Sphäre stammende Behinderung hingewiesen hat.[935]

Nach überwiegender Auffassung ist eine Behinderungsanzeige hingegen eine Nebenpflicht oder Nebenleistungspflicht, deren Unterlassen einen Schadensersatzanspruch aus § 280 Abs. 1 BGB zugunsten des Auftraggebers nach sich zieht.[936]

Entsprechend den allgemeinen Grundsätzen kommt es zur Abgrenzung von Obliegenheiten und Pflichten auf die Interessenlage an. Die Erfüllung einer Obliegenheit besteht in erster Linie im Interesse des mit ihr Belasteten, wohingegen die Erfüllung einer Pflicht vorderrangig deren Gläubiger dient.[937] Ausgehend von der Funktion der Behinderungsanzeige trifft Letzteres auf sie zu. Sie hat eine

931 OLG Koblenz, NJW-RR 1988, S. 851, 852; OLG Köln, BauR 1981, S. 472, 474; Riedl in: Heiermann/Riedl/Rusam, § 6 VOB/B, Rn. 7; Heiermann, BB 1981, S. 876, 877; Oberhauser, BauR 2001, S. 1177, 1178; aA Kapellmann in: Kapellmann/Messerschmidt, § 6 VOB/B, Rn. 7; Denzinger, BB 1981, S. 1123, 1127.

932 Döring in: Ingenstau/Korbion, § 6 Nr. 1 VOB/B, Rn. 11; Oberhauser, BauR 2001, S. 1177, 1179.

933 Leinemann in: Leinemann, § 6 VOB/B, Rn. 12; Kraus, BauR 2000, S. 1105, 1109; unklar und dogmatisch unhaltbar: Kniffka, Jahrbuch Baurecht 2001, S. 1, 9: Obliegenheit und gleichzeitig Nebenpflicht.

934 Leinemann in: Leinemann, § 6 VOB/B, Rn. 18.

935 Leinemann in: Leinemann, § 6 VOB/B, Rn. 18.

936 Motzke in: Beck´scher VOB-Kommentar, Teil B, vor § 6, Rn. 4ff; Döring in. Ingenstau/Korbion, § 6 Nr. 1 VOB/B, Rn. 4; Kapellmann in: Kapellmann/Messerschmidt, § 6 VOB/B, Rn. 5; Mai/Merl in: Kleine-Möller/Merl, § 14, Rn. 27; Heiermann, BB 1981, S. 876, 877; Oberhauser, BauR 2001, S. 1177, 1179; Fuchs, S. 218; Wahl, S. 101.

937 S. oben Zweites Kapitel, B.

Warn-, Hinweis- und Schutzfunktion zugunsten des Auftraggebers.[938] Hierin liegt ein entscheidender Unterschied z.B. zur Rügeobliegenheit gemäß § 377 HGB, an der der Verkäufer kein eigenes Interesse hat, da der Kaufvertrag bereits abgewickelt ist und ihm nur noch nachteilige Gewährleistungsansprüche drohen. Die Situation auf einer Baustelle ist indes eine andere, insbesondere findet kein einmaliger Leistungsaustausch statt.[939] Die notwendige Kooperation erfordert den Hinweis des Auftragnehmers an seinen Vertragspartner auf Leistungshindernisse, die diesem unbekannt sind. Nur so ist überhaupt der Gesamterfolg des Bauvorhabens im Wege der ineinander greifenden Werkleistungen verschiedener Auftragnehmer zu erreichen. Das Interesse des Auftragnehmers an der Erfüllung der Anzeigepflicht erschöpft sich demgegenüber in der Abwendung der negativen Folgen in Form des Verlustes der Ansprüche auf Schadensersatz und Fristverlängerung. Diese negativen Folgen treten neben die pflichtentypische Rechtsfolge Schadensersatz. Auch dies ist konsequent und interessengerecht, weil dem Auftraggeber allein ein Schadensersatzanspruch wenig nützt, wenn die Arbeiten auf der Baustelle zunächst einmal ohne sein Wissen zumindest teilweise zusammengebrochen sind. In so einer Situation ist aus Sicht des Auftraggebers Prävention in Form der Behinderungsanzeige gefragt und nicht nur eine nachträgliche Sanktionierung in Form eines Schadensersatzanspruches. Zwar ist die Behinderungsanzeige nichts anderes als eine spezielle Ausformung des § 254 Abs. 2 S. 1 BGB[940], der als Obliegenheit[941] einzustufen ist. Im Gegensatz hierzu rechtfertigen aber eben der Kooperationsgedanke und die spezielle Situation auf einer Baustelle die Annahme eines überwiegenden Interesses des Schädigers und damit die Erstarkung zur Pflicht. Da demnach das Interesse des Auftraggebers an der Abgabe der Behinderungsanzeige überwiegt, ist diese als Nebenpflicht zu qualifizieren.

---

938 Dem stimmt auch Leinemann in: Leinemann, § 6 VOB/B, Rn. 11, zu, geht hierauf aber im Zusammenhang mit der rechtlichen Qualität nicht mehr ein, sondern stellt allein auf den Ausschluss einer Fristverlängerung nach § 6 Nr. 2 VOB/B ab. Diese Verletzungsfolge muss aber nicht zwangsläufig die einzige sein.

939 Vgl. zur besonderen Interessenlage oben Drittes Kapitel, C. I.

940 Eine Warnung gemäß § 254 Abs. 2 S. 1 BGB bedarf es auch, wenn der Schädiger noch nicht einmal vom Drohen eines Schadens weiß, vgl. Oetker in: MüKo, BGB, § 254, Rn. 70; Schiemann in: Staudinger, § 254, Rn. 75.

941 BGH, NJW 1984, S. 354; Larenz, SchR AT, § 31 I a Fn. 2; Schmidt, S. 105f; Wieling, AcP 176 (1976), S. 334, 350. Diese Einstufung des § 254 BGB ist im nicht unumstritten, vgl. ausführlich Lange/Schiemann, § 10 VI. 1.

In Folge der vom BGH[942] zu recht vorgenommenen parallelen Anwendung von §§ 280, 286 BGB, 6 Nr. 6 VOB/B und § 642 BGB ist eine kontroverse Diskussion über die Notwendigkeit einer Behinderungsanzeige auch für den Anspruch gemäß § 642 BGB im VOB-Vertrag in Gang gekommen.

Der BGH hat in der Entscheidung „Vorunternehmer II" eine Behinderungsanzeige als zu einem ordnungsgemäßen Angebot gemäß §§ 294ff BGB gehörend angesehen.[943] Nachfolgend hat er konkretisierend festgestellt, dass neben der Behinderungsanzeige regelmäßig ein wörtliches Angebot nach § 295 BGB genügt.[944] Dem ist ein Teil der Literatur gefolgt.[945] *Kniffka* sieht in § 6 Nr. 1 VOB/B die bauvorhabengerechte Ausgestaltung des § 295 BGB.[946] *Motzke* betrachtet die Anzeige bei § 642 BGB als selbstverständlich und interessengerecht, da § 6 Nr. 1 VOB/B jegliche Berücksichtigung der Behinderung von einer Anzeige abhängig mache.[947]

Überwiegend lehnt die Literatur die Anwendung des § 6 Nr. 1 VOB/B auf § 642 BGB jedoch ab. Der BGH habe diese zusätzliche Anspruchsvoraussetzung nur schaffen müssen, weil er fälschlicherweise § 642 BGB im ungekündigten VOB/B-Vertrag anwendet und deshalb eine Umgehung des § 6 Nr. 1 VOB/B vermeiden musste.[948] Eine Anzeigepflicht als Voraussetzung des § 642 BGB sei systemwidrig.[949] Die von § 295 BGB vorgesehene Wahlmöglichkeit zwischen einem wörtlichen Angebot und einer Aufforderung an den Gläubiger zur Erbringung der Mitwirkungshandlung sei damit weggefallen.[950] Es wäre widersinnig dem Auftragnehmer bei einer Obliegenheitsverletzung des Auftraggebers die Nebenpflicht zur Anzeige aufzuerlegen.[951] Eine aufgrund des AGB-Charakters not-

942 BGH, BauR 2000, S. 722, 725.
943 BGH, BauR 2000, S. 722, 725.
944 BGH, NJW 2003, S. 1601, 1602.
945 Peters in: Staudinger, § 642, Rn. 23; Kraus, BauR 2000, S. 1105, 1110; Raab, JZ 2001, S. 251, 254.
946 Kniffka, § 642, Rn. 33.
947 Motzke in: Beck'scher VOB-Kommentar, Teil B, § 6 Nr. 6, Rn. 29f.
948 Döring, FS Jagenburg, S. 111, 115; Döring in: Ingenstau/Korbion, § 6 Nr. 6 VOB/B, Rn. 5, der dort unrichtigerweise aus BGH, NJW 2003, S. 1601, folgert, der BGH habe von dem Erfordernis einer Behinderungsanzeige Abstand genommen. Dies ist dem Urteil nicht zu entnehmen, vielmehr beruft sich das Gericht ausdrücklich auf die Entscheidung „Vorunternehmer II", BauR 2000, S. 722.
949 Leinemann in: Leinemann, § 6 VOB/B, Rn. 77; Fuchs, S. 218.
950 Kapellmann in: Kapellmann/Messerschmidt, § 6 VOB/B, Rn. 10; Kapellmann/Schiffers, Bd. 1, Rn. 1396.
951 Kapellmann in: Kapellmann/Messerschmidt, § 6 VOB/B, Rn. 10.

wendige restriktive Auslegung des § 6 Nr. 1 VOB/B ergäbe dessen Unanwendbarkeit auf § 642 BGB.[952] Nichtsdestotrotz sei der Auftragnehmer aufgrund einer entsprechenden allgemeinen Nebenleistungspflicht zum Hinweis auf die Behinderung verpflichtet.[953]

3. Stellungnahme

Die Notwendigkeit eines Hinweises an den Besteller auf ein Leistungshindernis, das diesem möglicherweise nicht bekannt ist, entspricht allgemeinen Rechtsgrundsätzen. So ist es in der Rechtsprechung auch bei Werkverträgen außerhalb des Baurechts anerkannt, dass aus § 242 BGB der Unternehmer zu einem solchen Hinweis verpflichtet ist.[954] Dogmatisch folgt diese Pflicht auch nach der Schuldrechtsmodernisierung aus § 242 BGB, weil es sich nicht um eine Schutzpflicht i.S.v. § 241 Abs. 2 BGB handelt, sondern um eine Ausprägung der allgemeinen Leistungstreuepflicht.[955] Auch im Rahmen des § 642 BGB besteht daher eine solche Nebenpflicht, so dass die Frage nur sein kann, ob die strengen Voraussetzungen bzgl. des Inhalts und der Form der Behinderungsanzeige gemäß § 6 Nr. 1 VOB/B Anwendung finden und die negativen Folgen, insbesondere der Verlust des Anspruches aus § 642 BGB, eintreten können. Zu berücksichtigen ist dabei, dass bereits das für den Eintritt des Annahmeverzuges notwendige Angebot den Besteller auf das Fehlen einer Mitwirkungshandlung hinweist. Eine Verschärfung der Voraussetzungen für den Annahmeverzug ist zwar aufgrund der Dispositivität der §§ 293ff BGB möglich, muss sich aber bei Verwendung in AGB an den §§ 307ff BGB messen lassen.[956] Hierbei ist zwischen einer Mitwirkungsobliegenheit und einer -pflicht zu differenzieren. Bei einer Obliegenheit scheitert die Anwendbarkeit des § 6 Nr. 1 VOB/B auf § 642 BGB wegen eines Verstoßes gegen § 307 Abs. 2 Nr. 1 BGB, sofern der Auftraggeber Verwender der VOB/B ist. Die Pflicht zu einer Behinderungsanzeige wäre mit wesentlichen Gedanken der gesetzlichen Regelung nicht zu vereinbaren und daher eine unangemessene Benachteiligung des Auftragnehmers. Die gesetzlichen Bestimmungen über die Art des Angebots und dessen Entbehrlichkeit beinhalten einen ausgewogenen Interessenausgleich unter Berücksichtigung des Obliegenheitscharakters der Annahme durch den Gläubiger. Es entstünde ein Wertungswiderspruch, wenn der Schuld-

---

952 Wahl, S. 100f.

953 Fuchs, S. 218; Wahl, S. 101; auch Motzke, Beck'scher VOB-Kommentar, Teil B, vor § 6, Rn. 3, erkennt eine solche Nebenpflicht an.

954 OLG München, CR 1989, S. 803, 806; OLG Köln, CR 1995, S. 28, 32.

955 Krebs in: AnwK, § 241, Rn. 19; Fuchs, S. 207f; dies verkennen Riedl in: Heiermann/Riedl/Rusam, § 6 VOB/B, Rn. 9, und Peters in: Staudinger, § 642, Rn. 49.

956 Löwisch in: Staudinger vor §§ 293- 304, Rn. 4.

ner verpflichtet wäre, den Gläubiger auf das Fehlen einer in dessen überwiegenden Interesse liegenden Mitwirkungshandlung hinzuweisen. Die §§ 294ff BGB beachten diese Interessenlage und verlangen vom Schuldner gerade bei einer erforderlichen Mitwirkungshandlung nur ein wörtliches Angebot oder eine Aufforderung zur Erbringung der Mitwirkung. Hiermit ist es nach dem Grundgedanken des § 295 BGB getan und der Gläubiger ist dadurch auch über die fehlende Möglichkeit des Schuldners zur Leistungserbringung informiert. Ab diesem Zeitpunkt muss er selbst wissen, ob er die Handlung zeigt oder nicht, denn als Obliegenheit ist die Erfüllung eben in seinem überwiegenden Interesse. Damit wäre es unvereinbar, den Schuldner mit den Anforderungen des § 6 Nr. 1 VOB/B zu belasten; er würde durch die strengen Voraussetzungen und die negativen Folgen des § 6 Nr. 1 VOB/B unangemessen benachteiligt. Erst recht gilt dies bei Vereinbarung eines nach dem Kalender bestimmbaren Termins. Ein Angebot ist dann gemäß § 296 BGB entbehrlich, weil es allein Sache des Gläubigers ist, sicherzustellen, dass der Termin durch ihn oder eine Hilfsperson eingehalten wird.

Steht demzufolge fest, dass bei dem Unterlassen einer Mitwirkungsobliegenheit eine Behinderungsanzeige gemäß § 6 Nr. 1 VOB/B keine Voraussetzung für § 642 BGB ist, so kann nichts anderes bei einer Mitwirkungspflicht gelten. Zwar greifen dann nicht die gleichen Überlegungen, jedoch verstieße eine Auslegung des § 6 Nr. 1 VOB/B dahingehend, dass er auch auf den Anspruch aus § 642 BGB Anwendung findet, wenn eine Mitwirkungspflicht im Raume steht, nicht aber bei einer Mitwirkungsobliegenheit, gegen das Transparenzgebot gemäß § 305c Abs. 2 BGB. Eine solche Unterscheidung ist der Bestimmung nicht zu entnehmen und zudem müsste der Auftragnehmer andernfalls doch auf jeden Fall eine Behinderungsanzeige abgeben, da häufig von ihm nicht ohne Weiteres beurteilt werden kann, ob der Auftraggeber einen Mitwirkungsobliegenheit oder -pflicht verletzt.

Allerdings gelten diese Grundsätze nur im Falle der Verwendung der VOB/B durch den Auftraggeber, da §§ 307 Abs. 2 Nr. 1, 305c Abs. 2 BGB jeweils den Vertragspartner schützen wollen. Wenn der Auftragnehmer selbst Verwender ist, so kann ihn eine Anwendung des § 6 Nr. 1 VOB/B auf § 642 BGB nicht unangemessen benachteiligen oder gegen das Transparenzgebot verstoßen. Dieses für die Praxis schwierige Ergebnis kann letztlich nur durch eine Klarstellung der VOB/B korrigiert werden.

Zehntes Kapitel: Verjährung des Anspruches

Schließlich ist noch zu klären, wann der Anspruch aus § 642 BGB verjährt. Ausschlaggebend für den Beginn der dreijährigen Regelverjährungsfrist des § 195

BGB ist in erster Linie der Zeitpunkt des Entstehens des Anspruches gemäß § 199 Abs. 1 Nr. 1 BGB, da die Kenntnis von den anspruchsbegründenen Tatsachen und der Person des Schuldners wohl so gut wie nie fehlen dürfte. Ein Anspruch ist dann entstanden, wenn er erstmals geltend gemacht und ggf. im Klagewege verfolgt werden kann.[957] Erforderlich hierfür ist regelmäßig die Fälligkeit der Forderung, wenngleich dieser Begriff nicht immer mit dem des Entstehens des Anspruches identisch sein muss.[958] Zu untersuchen ist also, wann der Anspruch aus § 642 BGB entsteht und ob für ihn etwaige zusätzliche Fälligkeitsvoraussetzungen existieren. Im Zusammenhang hiermit steht die Frage nach einem Anspruch des Unternehmers auf Abschlagszahlungen, die von hoher praktischer Relevanz ist.

A. Zeitpunkt des Entstehens des Anspruches

Zuerst soll der Zeitpunkt, in dem der Anspruch aus § 642 BGB entsteht, ermittelt werden.

I. Meinungsstand

Der Zeitpunkt des Entstehens des Anspruches aus § 642 BGB ist umstritten. Teilweise soll bereits der Beginn des Annahmeverzuges ausreichend sein.[959]

Kapellmann stellt auf den Eintritt des ersten „Schadens" ab, da es kein Hindernis gebe, einen sich noch entwickelnden Ersatzanspruch nicht als Entstanden zu betrachten.[960] Dies entspräche der einschlägigen Rechtsprechung des BGH zu Schadensersatzansprüchen und der Unternehmer habe dann die Möglichkeit einer verjährungshemmenden Feststellungsklage.[961]

Eine dritte Meinung bejaht das Entstehen erst nach Abschluss der Schadensentwicklung. Vorher sei keine Bewertbarkeit des Mehraufwandes möglich, zumal regelmäßig erst mit Beendigung des Auftrages überhaupt feststehe, ob Mehraufwand entstanden sei.[962] Der Anspruch beziehe sich anders als ein Schadensersatzanspruch auf eine andauernde Vertragsverletzung, entstehe also während des

---

957 BGHZ 55, S. 340, 341; BGH NJW-RR 2000, S. 647, 648; Schmidt-Räntsch in: Erman, § 199, Rn. 3; Grothe in: MüKo, BGB, Bd. 1a, § 199, Rn. 4.
958 BGH, WM 1977, S. 553, 554; Grothe in: MüKo, BGB, Bd. 1a, § 199, Rn. 4.
959 Schwenker in: Erman, § 642, Rn. 6; Hofmann, FS Craushaar, S. 219, 224.
960 Kapellmann, BauR 1985, S. 123, 127.
961 Kapellmann, BauR 1985, S. 123, 127.
962 Döring in: Ingenstau/Korbion, § 6 Nr. 6 VOB/B, Rn. 53; Heinle, BauR 1992, S. 428, 431.

Verzugs ständig neu.[963] Die Gegenmeinung führe zu einem unangemessenen frühzeitigem Ablauf der Verjährung[964] und das Vertrauensverhältnis auf der Baustelle würde zerstört, wenn noch während der laufenden Arbeiten Feststellungsklage erhoben werden müsste.[965]

II. Stellungnahme

Zur Klärung der Frage ist ein Blick auf die allgemeinen Grundsätze zum Entstehen von Ansprüchen erforderlich, um Parallelen ziehen zu können.

1. Entstehenszeitpunkt von Schadensersatzansprüchen

Rechtsprechung und Literatur ist vor allem zu Schadensersatzansprüchen vorhanden, da § 852 BGB a.F. eine dem § 199 BGB n.F. vergleichbare Regelung enthielt. In diesem Bereich treten zudem häufig Konstellationen auf, in denen zumindest ein Teil des Schadens nicht sofort nach der schädigenden Handlung eintritt, so dass die Situation mit der bei § 642 BGB vergleichbar ist. Die von Rechtsprechung und Lehre aufgestellten Grundsätze zum Zeitpunkt des Entstehens von Schadensersatzansprüchen können deshalb von Relevanz für die Ermittlung des Entstehenszeitpunkts des Anspruches aus § 642 BGB sein.

Ein Schadensersatzanspruch entsteht mit Eintritt des ersten Schadens infolge der schädigenden Handlung und dann auch bezüglich erst in Zukunft fällig werdender Beträge.[966] Keine zwingende Voraussetzung ist zudem die Bezifferbarkeit des Anspruches, vielmehr reicht die Möglichkeit der Erhebung einer Feststellungsklage zum Entstehen des Anspruches aus.[967] Bei einem Unterlassen kommt es ebenfalls darauf an, wann durch dieses erstmals ein Schaden verursacht wurde.[968]

Aufbauend auf diesen Grundsätzen haben Rechtsprechung und Literatur bestimmte Fallgruppen gebildet. Bei einem schädigenden Dauerverhalten entsteht

---

963 Jochem, BauR 1976, S. 392, 395.

964 Heinle, BauR 1992, S. 428, 432.

965 Jochem, BauR 1992, S. 392, 395.

966 BGHZ 50, S. 21, 24; BGH, NJW 1991, S. 2833, 2835; Heinrichs in: Palandt, § 199, Rn. 14; Mansel/Stürner in: AnwK § 199, Rn. 19, unter Hinweis auf den gesetzgeberischen Willen zur Fortgeltung dieser Rechtsprechung auch nach der Schuldrechtsreform, BT-Drs. 14/6040, S. 108, und BT-Drs. 14/7052, S. 180.

967 BGHZ 79, S. 176, 178; 113, 188, 193; Henrich in: Bamberger/Roth, § 199, Rn. 5; Schmidt-Räntsch in: Erman, § 199, Rn. 3; Jauernig in: Jauernig, § 199, Rn. 2.

968 BGH, NJW-RR 1998, S. 742, 743.

ein Anspruch auf Schadensersatz erst nach Abschluss des Verhaltens.[969] Löst hingegen eine einmalige Handlung eine dauerhafte Beeinträchtigung aus, wie z.B. im Falle des Pflanzens eines Baums zu nah an der Grundstücksgrenze, entsteht der Anspruch bereits mit der Handlung, da hierdurch die Grundlage aller Schäden geschaffen wurde.[970] Bei wiederholten, gleichartigen Handlungen, die jeweils eine neue Beeinträchtigung erzeugen, wie z.B. das rechtswidrige Überfahren des Nachbargrundstücks, setzt jede Handlung eine neue Verjährungsfrist in Gang.[971] Die Abgrenzung zu einer Dauerhandlung ist dabei nicht immer einfach, da eine solche auch als sich wiederholende Beeinträchtigung angesehen werden kann.[972] So hat z.B. der BGH in einer Entscheidung beim rechtswidrigen Gebrauch einer Firma auf die täglichen Umsatzgeschäfte und damit auf sich wiederholende Handlungen abgestellt und keine Dauerhandlung angenommen.[973] Lediglich das Reichsgericht hat bezüglich einer rechtswidrig eingetragenen Firma ein Dauerverhalten bejaht.[974]

2. Ergebnis

Legt man die Rechtsprechung zu Schadensersatzansprüchen zugrunde, so ist für den Entstehenszeitpunkt also entscheidend, ob das den Annahmeverzug begründende Unterlassen einer dauerhaften schädigenden Handlung gleichzusetzen ist, ob eine sich wiederholende Beeinträchtigung vorliegt oder eine einmalige Handlung mit dauerhaften Auswirkungen. In den beiden letzten Fällen entstünde der Anspruch mit dem Eintritt der ersten finanziellen Einbuße, im ersten Fall erst mit der Beendigung des Annahmeverzuges.

Der Annahmeverzug ist ein Dauerzustand, der nicht durch wiederholtes Unterlassen geprägt ist, sondern durch eine fortwährende, ununterbrochene Vertragsverletzung, die lediglich immer neue finanzielle Einbußen beim Unternehmer verursacht. Es wäre eine unnatürliche Annahme, wenn man z.B. mit jedem neuen Tag ein neues Unterlassen bejahen würde. Der Besteller setzt nicht immer

---

969 BGH, BB 2002, S. 1507, 1508; RGZ 80, S. 436, 437f; Henrich in: Bamberger/Roth, § 199, Rn. 7; Schmidt-Räntsch in: Erman, § 199, Rn. 9; Grothe in: MüKo, BGB, Bd. 1a, § 199, Rn. 13; Heinrichs in: Palandt, § 199, Rn. 21.

970 BGHZ 60, S. 235, 240f; Heinrichs in: Palandt, § 199, Rn. 21; Peters in: Staudinger, § 199, Rn. 21 u. 77f.

971 BGH, NJW 1990, S. 2555, 2556; BGHZ 97, S. 97, 110; Henrich in: Bamberger/Roth, § 199, Rn. 7; Heinrichs in: Palandt, § 199, Rn. 21.

972 Grothe in: MüKo, BGB, Bd. 1a, § 199, Rn. 13; kritisch zur Rechtsfigur der Dauerhandlung deshalb Peters in: Staudinger, § 199, Rn. 21.

973 BGH, NJW 1985, S. 1023, 1024.

974 RGZ 80, S. 436, 437f.

wieder erneut an, sondern die einmal eingetretene Verspätung der Mitwirkungshandlung dauert lediglich bis zur verzugsbeendenden Vornahme der Handlung an. Infolgedessen liegt die Annahme eines Dauerverhaltens nahe. Dies ließe jedoch außer Acht, dass ein Unterlassen notwendigerweise ein Dauerzustand ist, der bis zur Vornahme der Handlung oder deren Unmöglichkeit andauert. Es käme dann bei einem schädigenden Unterlassen als Entstehenszeitpunkt immer erst der Abschluss des Unterlassens in Betracht. Dies entspricht nicht der Rechtsprechung zum Entstehen eines Anspruches bei schädigendem Unterlassen und es läge ein Widerspruch zur Rechtslage bei einem schädigenden positiven Tun vor, bei dem regelmäßig die Verjährung früher beginnt als mit dem Abschluss der schädigenden Auswirkungen. Dies zeigt, dass die ohnehin kaum angewendeten Grundsätze zu einem schädigenden Dauerverhalten auf ein Unterlassen nicht übertragbar sind.

Das Unterlassen einer Mitwirkungshandlung steht zudem der einmaligen Schaffung einer Störungsquelle, die dann bis zur ihrer Entfernung fortwährend zu einer Beeinträchtigung führt, näher. Der Eintritt des Annahmeverzuges ist nicht nur vom Unterlassen der Mitwirkungshandlung abhängig, sondern auch von einem ordnungsgemäßen Angebot gemäß §§ 294ff BGB. Liegt einmal Annahmeverzug vor, so ist indes nicht ständig ein neues Angebot zur Aufrechterhaltung des Verzugs notwenig. Die finanziellen Einbußen des Unternehmers haben ihre Grundlage deshalb bereits in einem einmaligen Ereignis, nämlich dem Beginn des Annahmeverzuges, und nicht in einem dauerhaften Unterlassen. Der Anspruch entsteht also bereits mit der ersten finanziellen Einbuße beim Unternehmer.

B. Zusätzliche Fälligkeitsvoraussetzungen

Als zusätzliche Fälligkeitsvoraussetzungen kommen die Erstellung einer prüffähigen Schlussrechnung und die Abnahme der Werkleistung in Betracht.

I. Prüffähige Schlussrechnung

Im VOB-Vertrag sieht die nahezu einhellige Auffassung eine prüffähige Schlussrechnung gemäß § 16 Nr. 3 Abs. 1 S. 1 VOB/B als Fälligkeitsvoraussetzung an. Diese Regelung sei auf Ansprüche wegen Behinderungen, sei es aus §§ 280, 286

BGB, 6 Nr. 6 VOB/B[975] oder aus § 642 BGB[976] aufgrund deren Vergütungsgleichheit anwendbar. Zur Begründung führt insbesondere der BGH an, dass entsprechend dem Sinn und Zweck der VOB/B-Regelung, nämlich die Abwicklung eines beendeten Vertrages zu vereinfachen und auf Grundlage einer prüfbaren Abrechnung durchzuführen, die Gleichbehandlung der inhaltlich gleichartigen Ansprüche auf Vergütung, vergütungsgleichen Schadensersatz und angemessene Entschädigung notwendig sei.[977]

Dem ist unter Berücksichtigung der vergütungsgleichen Rechtsnatur des Anspruches aus § 642 BGB zuzustimmen. Die Berechnung der Entschädigung erfolgt auf Basis der Auftragskalkulation nach Vergütungsmaßstäben, so dass kein Grund ersichtlich ist, das Erfordernis der Schlussrechnung nicht zu übertragen. Dementsprechend ist die Entschädigung erst mit Schlussrechnungslegung und Ablauf der Prüffrist gemäß § 16 Nr. 3 Abs. 1 S. 1 VOB/B fällig.

Dies kann allerdings nicht auf den BGB-Werkvertrag übertragen werden. Denn nach der umstrittenen, aber aufgrund der eindeutigen Regelung des § 271 BGB zu billigenden, überwiegenden Rechtsprechung tritt in diesem die Fälligkeit des Werklohns grundsätzlich mit der Abnahme unabhängig von einer prüffähigen Schlussrechnung ein[978], wobei aber die schlüssige Darlegung des Vergütungsanspruches eine nachvollziehbare Berechnung erfordert.[979] Infolgedessen kann eine prüffähige Schlussrechnung auch keine Fälligkeitsvoraussetzung des vergütungsgleichen Anspruches aus § 642 BGB sein.

---

975 BGH, NJW 1974, S. 236; BauR 1987, S. 95, 96; Döring in: Ingenstau/Korbion, § 6 Nr. 6 VOB/B, Rn. 53; Kapellmann in: Kapellmann/Messerschmidt, § 6 VOB/B, Rn. 87; grundlegend: Kapellmann, BauR 1985, S. 123ff; aA nur OLG Frankfurt, BauR 1980, S. 570, 571.

976 BGH, BauR 1987, S. 95, 96; Hofmann in: Beck'scher VOB-Kommentar, Teil B, § 9 Nr. 3, Rn. 17; Riedl in: Heiermann/Riedl/Rusam, § 9 VOB/B, Rn. 23; Döring in: Ingenstau/Korbion, § 6 Nr. 6 VOB/B, Rn. 53; Vygen in: Ingenstau/Korbion, § 9 Nr. 3 VOB/B, Rn. 18; v.Rintelen in: Kapellmann/Messerschmidt, § 6 VOB/B, Rn. 94; Kapellmann/Schiffers, Bd. 1, Rn. 1652; aA früher Kapellmann, BauR 1985, S. 123, 130f, der auf den Zeitpunkt der Kündigung nach § 9 Nr. 1 VOB/B abstellen wollte, weil erst hierdurch § 642 BGB im VOB/B-Vertrag anwendbar würde.

977 BGH, BauR 1987, S. 95, 96.

978 BGH, BauR 1981, S. 199, 200; OLG Bamberg, BauR 2003, S. 1227, 1228; OLG Köln, BauR 1996, S. 725, 726; OLG Celle, NJW 1986, S. 327; BauR 1997, S. 1052; aA OLG Frankfurt/M, BauR 1997, S. 856; Werner in: Werner/Pastor, Rn. 1371; kritisch auch Peters in: Staudinger, § 199, Rn. 15, der aber im Hinblick auf den Verjährungsbeginn die Rechtsprechung des BGH billigt.

979 OLG Bamberg, BauR 2003, S. 1227, 1228; OLG Celle, BauR 1997, S. 1052.

II. Abnahme

Als weitere Fälligkeitsvoraussetzung kommt sowohl im BGB- als auch VOB-Vertrag die Abnahme der Werkleistung in Betracht. *Döring* verlangt die Abnahme der betroffenen Werkleistung als Fälligkeitsvoraussetzung.[980] *Kapellmann* hingegen meint, die Fälligkeit könne nicht davon abhängen, dass der Auftraggeber das durch sein Unterlassen hervorgerufene Nichtergebnis auch noch abnehmen müsse.[981]

1. Vergleichbare Ansprüche

Zunächst sollen vergleichbare Ansprüche untersucht werden, um Rückschlüsse zu ermöglichen. Der Anspruch auf Nutzungsentschädigung nach § 546a Abs. 1 BGB wird entsprechend der vertraglichen oder gesetzlichen Regelung zur Fälligkeit der Miete, also regelmäßig zu Beginn oder zum Ablauf eines bestimmten Zeitabschnitts, fällig.[982]

Koller stellt für die Fälligkeit des Standgeldanspruches aus § 412 Abs. 3, 2. Alt. HGB bei einer Überschreitung der Beladezeit auf die Ablieferung des Gutes ab und verweist zur Begründung auf den Vergütungscharakter des Standgeldes, weshalb dieses nicht frühret als die Vergütung fällig werden könne.[983]

Zur Verjährung des Anspruches aus § 304 BGB liegt lediglich ein Urteil des BGH vor, in dem er für ein Abwicklungsverhältnis in Folge einer Wandelung gemäß §§ 462, 465, 467 BGB a.F. die Verjährungsfrist von sechs Monaten gemäß § 477 BGB a.F. für anwendbar erklärte, da der Anspruch aus § 304 BGB lediglich ein Nebenanspruch zur Wandelung sei und deshalb keiner längeren Verjährungsfrist unterliegen könne.[984]

2. Ergebnis

Bei der Frage nach der Abnahme als etwaige zusätzliche Fälligkeitsvoraussetzung des Anspruches aus § 642 BGB ist zunächst zwischen einem fortgesetzten Vertrag und einem gekündigten Vertrag zu unterscheiden. Im letzteren Fall ist die Abnahme nicht Fälligkeitsvoraussetzung für den Werklohn[985] und kann es daher auch nicht für den Anspruch aus § 642 BGB sein. Anders ist die Lage beim fort-

---

980 Döring in: Ingenstau/Korbion, § 6 Nr. 6 VOB/B, Rn. 53.
981 Kapellmann, BauR 1985, S. 123, 129.
982 Schilling in: MüKo, BGB, § 546a, Rn. 15; Jendrek in: Erman, § 546a, Rn. 7.
983 Koller, Transportrecht, § 412 HGB, Rn. 59.
984 BGH, WM 1982, S. 793.
985 BGH, BauR 1987, S. 95; Peters in: Staudinger, § 640, Rn. 14.

gesetzten Vertrag. Zwar kann eine Abnahme nicht in dem Sinne verlangt werden, dass der Besteller das „Ergebnis“ des Annahmeverzuges als vertragsgemäß billigt. Jedoch kann die Abnahme des Werkes selbst eine Fälligkeitsvoraussetzung nicht nur für den Werklohn, sondern auch für den Anspruch aus § 642 BGB sein. Hierfür spricht die Parallelität des Anspruches zur Vergütungsforderung. In einem VOB/B-Vertrag findet die Fälligkeitsvoraussetzung der prüffähigen Schlussrechnung auf den Anspruch aus § 642 BGB mit der Begründung Anwendung, dass es sich um einen vergütungsgleichen Anspruch handelt. Diese Argumentation rechtfertigt auch die Übertragung des Abnahmeerfordernisses. Bei der angemessenen Entschädigung handelt es sich um eine zusätzliche Vergütung für die nutzlose Bereithaltung von Personal und Gerät während der Zeit des Annahmeverzuges. Sofern des Weiteren eine zusätzliche Leistung zwischen den Vertragsparteien ausdrücklich vereinbart oder im VOB-Vertrag gemäß § 1 Nr. 3 VOB/B angeordnet wird, wird die diesbezügliche zusätzliche Vergütung ebenfalls erst mit der Abnahme der Werkleistung fällig. Ein sachlicher Grund von diesem Prinzip abzuweichen, weil der Annahmeverzug nicht auf einer Anordnung sondern auf einem Unterlassen beruht, ist nicht ersichtlich. Bestätigt wird dieses Ergebnis mit einem Blick auf §§ 546a BGB, 412 Abs. 3 HGB. Bei beiden Ansprüchen werden die für die Vergütung bestehenden Fälligkeitsvoraussetzungen auf den Entschädigungsanspruch übertragen. Auch die Übertragung der Verjährungsfrist des Hauptanspruches auf den Aufwendungsersatz gemäß § 304 BGB durch den BGH zielt in die gleiche Richtung. Demnach ist beim fortgesetzten Vertrag die Abnahme der Werkleistung eine zusätzliche Fälligkeitsvoraussetzung, weshalb die Verjährung erst mit Abschluss des Jahres, in dem die Abnahme erfolgt, beginnt. Hingegen existiert beim gekündigten Vertrag keine weitere Fälligkeitsvoraussetzung, so dass die Verjährung mit Abschluss des Jahres beginnt, in dem die erste finanzielle Einbuße eingetreten ist. Dieses Ergebnis ist unter Berücksichtigung der Berechenbarkeit des Anspruches aus § 642 BGB auch sachgerecht, denn sowohl zum Zeitpunkt der Abnahme als auch bei der kündigungsbedingten Vertragsbeendigung kann der Unternehmer sämtliche Entschädigungspositionen beziffern.

C. Abschlagszahlungen

Aufgrund der zusätzlichen Fälligkeitsvoraussetzungen kommt der Frage nach einem Recht des Unternehmers auf Abschlagszahlungen erhebliche Bedeutung zu.

Im VOB-Vertrag kann der Auftragnehmer auch wegen auf § 642 BGB gestützten Forderungen Abschlagszahlungen nach § 16 Nr. 1 Abs. 1 VOB/B verlangen.[986] Diese werden bereits 18 Werktage nach Zugang einer prüffähigen Abschlagsrechnung fällig, § 16 Nr. 1 Abs. 3 VOB/B. Auch hier gibt es keine sachliche Rechtfertigung einer Differenzierung zwischen dem vergütungsgleichen Anspruch aus § 642 BGB und der Vergütung selbst. Vielmehr besteht auch im Falle der durch den Annahmeverzug verursachten Mehrkosten ein Bedürfnis des Auftragnehmers zur zumindest teilweisen Deckung seiner laufenden Kosten durch Abschlagszahlungen. Im Ergebnis entspricht dies auch dem bei Schadensersatzansprüchen geltenden Grundsatz, dass bei noch nicht abgeschlossener Schadensentwicklung bereits Klage auf Ersatz des bereits entstandenen Schadens erhoben werden kann.[987]

Im BGB-Vertrag können Abschlagszahlungen auf den Werklohn gemäß § 632a BGB gefordert werden. Fälligkeitsvoraussetzung ist ein Verlangen des Unternehmers nach Erreichen des betreffenden Leistungsstands, nicht aber eine prüffähige Abrechnung.[988] Diese Regelung ist auf den Anspruch aus § 642 BGB aufgrund der gleichen Überlegungen wie zu § 16 Nr. 1 Abs. 1 VOB/B übertragbar.

D. Ergebnis zur Verjährung

Bei der Frage nach der Verjährung des Anspruches aus § 642 BGB ist nach dem Vorstehenden zu differenzieren. Beim durchgeführten BGB-Vertrag setzt die Fälligkeit die Abnahme der Werkleistung voraus, beim gekündigten BGB-Vertrag existieren hingegen keine zusätzlichen Fälligkeitsvoraussetzungen und die Verjährung beginnt bereits mit dem Eintritt der ersten finanziellen Einbuße. Im VOB-Vertrag tritt die Fälligkeit bei Kündigung des Vertrages mit Ablauf der Prüffrist bezüglich der Schlussrechnung ein, beim durchgeführten Vertrag ist zusätzlich die Abnahme der Werkleistung erforderlich. Im letzteren Falle beginnt die Verjährung also erst mit dem Eintritt der jeweils später vorliegenden Fälligkeitsvoraussetzung. Sowohl im BGB- als auch VOB-Vertrag hat der Unternehmer einen Anspruch auf Abschlagszahlungen.

---

986 Leinemann in: Leinemann, § 6 VOB/B, Rn. 169; Kapellmann/Schiffers, Bd. 1, Rn. 1652.

987 Grüneberg in: Bamberger/Roth, vor § 249, Rn. 135; Oetker in: MüKo, BGB, § 249, Rn. 304f.

988 Peters in: Staudinger, § 632a, Rn. 10.

Zusammenfassung

Die Unterscheidung zwischen Mitwirkungsobliegenheiten und -pflichten hat vorbehaltlich einer eindeutigen vertraglichen Vereinbarung anhand einer Interessenabwägung zu erfolgen. Sofern das Interesse des Bestellers an der Vornahme der Handlung überwiegt, ist sie im Einklang mit der gesetzlichen Grundkonzeption als Obliegenheit einzustufen, bei überwiegendem Unternehmerinteresse als Pflicht. Methodisch ist im Wege der Rechtsfortbildung für bestimmte, immer wiederkehrende Mitwirkungshandlungen zu ermitteln, ob die hierbei typischerweise anzutreffenden Parteiinteressen die Einordnung der Handlung als Pflicht gebieten. Dabei ist eine nach einzelnen Handlungen differenzierte Betrachtung notwendig, da sich eine pauschale Einordnung z.B. aller baurechtlichen Mitwirkungshandlungen nicht rechtfertigen lässt.

Die rechtzeitige Bereitstellung der mangelfreien Vorunternehmerleistung ist als Obliegenheit zu kategorisieren. Ein überwiegendes Interesse des Unternehmers liegt nicht vor, zumal gewichtige Belange des Bestellers, der nur sehr begrenzten Einfluss auf die Erbringung der Vorunternehmerleistung hat, der Einordnung als Pflicht entgegenstehen.

Die bei der Herstellung von Individualsoftware oder der kundenorientierten Anpassung von Standardsoftware erforderlichen Mitwirkungshandlungen wie die Erstellung des Pflichtenhefts und die Bereitstellung von Daten, Informationen über betriebliche Abläufe etc. sind als Obliegenheiten einzuordnen.

Der Anspruch aus § 642 BGB ist als vergütungsgleich einzustufen. Der Unternehmer erhält also für die Zeit des Annahmeverzuges eine zusätzliche Vergütung für die Vorhaltung von Personal und Gerät. Die angemessene Entschädigung umfasst dementsprechend die Direkten Kosten des Stillstands inklusive etwaiger Mehrkosten aufgrund der Verlagerung der Werkleistung in einen späteren Zeitraum, die ggf. zusätzlichen Baustellengemeinkosten sowie einen Zuschlag für Allgemeine Geschäftskosten, Gewinn und Wagnis. Bei der Bestimmung der Höhe der einzelnen Positionen ist von den Ansätzen in der Auftragskalkulation auszugehen. Ein Abweichen von dieser ist jedoch gerechtfertigt, wenn andernfalls ein Über- oder Unterschreiten der tatsächlichen Kosten von ca. 20 % vorläge. Die abzuziehenden ersparten Aufwendungen sind immer auf Basis des tatsächlich Ersparten zu berechnen. Der Anspruch unterliegt zudem der Umsatzsteuer. Die Haftungsbeschränkung § 6 Nr. 6 VOB/B schließt den Anspruch gemäß § 642 BGB nicht aus, weil dieser verschuldete und unverschuldete Obliegenheitsverletzungen sowie verschuldete und unverschuldete Pflichtverletzungen umfasst, wohingegen § 6 Nr. 6 VOB/B nur bei schuldhaften Pflichtverletzungen eingreift. Die AGB-rechtliche Wirksamkeit des § 6 Nr. 6 VOB/B ist nur im Wege der geltungserhaltenden Reduktion sicherzustellen. Als deren Ergebnis ist nur der entgangene Gewinn aus anderen Verträgen lediglich bei Vorsatz oder grober Fahrlässigkeit zu ersetzen.

Eine Behinderanzeige gemäß § 6 Nr. 1 VOB/B ist keine Voraussetzung für die Geltendmachung eines Anspruches aus § 642 BGB. Des Weiteren besteht nur bei einer Mitwirkungspflicht ein Anspruch auf Vornahme der Handlung. Eine Selbstvornahme oder Kostenerstattung bei eigenmächtiger Selbstvornahme scheidet aus.

Der Anspruch entsteht mit Eintritt der ersten finanziellen Einbuße. Im BGB-Vertrag ist bei durchgeführtem Vertrag die Abnahme der Werkleistung zusätzliche Fälligkeitsvoraussetzung. Im Geltungsbereich der VOB/B ist außerdem eine prüffähige Schlussrechnung für die Fälligkeit erforderlich. Entsprechend der Regelungen zum Werklohnanspruch kann der Unternehmer Abschlagszahlungen verlangen.

FSC
www.fsc.org
MIX
Papier | Fördert gute Waldnutzung
FSC® C083411

Kolibri 360 GmbH
Ferdinand-Jühlke-Straße 7
99095 Erfurt, Deutschland
produktsicherheit@kolibri360.de

Druck:
CPI Druckdienstleistungen GmbH
im Auftrag der
Kolibri 360 GmbH
Ferdinand-Jühlke-Str. 7
99095 Erfurt